한국어능력시험
중급

TOPIK Test Of Proficiency In Korean

어휘로 잡아라!

저자 소개

천성옥
  이화여자대학교 국제대학원 한국학과 한국어교육 석사
  현) 한국국제교류재단 문화센터 한국어교실 팀장
  현) 인덕대학교 국제어학원 한국어 강사
  『열린한국어』(2011, 공저)
  『셰프 한국어』(2010)
  『한 번에 패스하기』TOPIK 대비서 (2010)

정미진
  가톨릭대학교 한국어교육학과 박사 수료
  현) 국민대학교 국제교육원 한국어 강사
  현) 한국국제교류재단 문화센터 한국어교실 교사
  『열린한국어』(2011, 공저)
  『학령기 자녀를 둔 결혼이민자를 위한 한국어』(2012, 공저)

이순정
  한국외국어대학교 국제지역대학원 한국학과 박사 과정
  현) 건국대학교 언어교육원 한국어강사
  현) 한국국제교류재단 문화센터 한국어교실 교사
  『열린한국어』(2011, 공저)

장수영
  한성대학교 한국어문학과 한국어교육 석사
  현) 한성대학교 언어교육원 한국어 강사
  현) 한국국제교류재단 문화센터 한국어교실 교사

TOPIK 어휘로 잡아라!

초판 1쇄 발행 2012년 9월 25일

지은이	천성옥 · 정미진 · 이순정 · 장수영
펴낸이	박영호
기획팀	박민우, 송인성
편집팀	박우진, 박영숙, 김영주, 김정아, 최미라
관리팀	임선희, 정철호, 김성언, 나영일, 최유나
펴낸곳	(주)도서출판 하우
주소	서울시 중랑구 망우로 68길 48
전화	(02)922-7090
팩스	(02)922-7092
홈페이지	http://www.hawoo.co.kr
e-mail	hawoo@hawoo.co.kr
등록번호	제306-2004-22호

값 18,000원
ISBN 978-89-7699-902-3 13710

이 책은 저작권법에 따라 보호받는 저작물이므로 무단전재와 무단복제를 금지하며,
이 책 내용의 전부 또는 일부를 이용하려면 반드시 저작권자와 도서출판 하우의 서면 동의를 받아야 합니다.

한국어능력시험
중급

TOPIK
Test Of Proficiency In Korean

어휘로 잡아라!

천성옥・정미진・이순정・장수영

도서
출판 夏雨

머리말

　외국어를 공부할 때 가장 필요한 것은 어휘력이라고 할 수 있을 것이다. 아무리 문법을 잘 알고 있다고 하더라도 어휘력이 떨어진다면 유창한 언어 구사는 머나먼 길이 아닐 수 없다. 이와 마찬가지로 한국어능력시험을 준비하는 학습자들 역시도 자주 출제되는 고빈도의 필수 어휘를 익혀 두어야만 좋은 성적을 거둘 수 있을 것이다.

　이번에 출간되는 어휘집은 수험자들의 목마름을 단번에 해소할 수 있는 필수 어휘 1200개와 실전 연습 문제를 포함하고 있다. 한국어능력시험의 16회부터 25회까지 총 10회의 기출문제에서 사용된 고빈도 어휘만을 추출하여 분석하였고 기출 회차와 함께 영어, 일본어, 중국어 번역을 수록해서 학습을 용이하게 하였다.

　시험에 출제된 관련어까지 모두 예문과 함께 제시하였으며 어휘 및 문법 영역에서의 유형별 연습 문제를 풍부하게 수록하여 수험 준비를 완벽하게 할 수 있도록 하였다. 표제어를 찾아보기 편리하도록 가나다순으로 정렬하여 학습자의 입장을 최대한 고려하였다. 또한 10회부터 25회까지 출제되었던 모든 속담을 알기 쉬운 예문을 통해 학습할 수 있게 하였다.

함께 출간되는 유형별 전략 대비서와 본 어휘집으로 시험을 준비한다면 중급 단계의 한국어능력시험에서 좋은 결과를 얻을 수 있을 것으로 기대한다.

아울러 다양한 한국어 교재를 만들기 위해 늘 많은 관심과 열정을 보여주시는 도서출판 하우의 박영호 대표님을 비롯하여 예쁜 책으로 거듭날 수 있게 도와주신 편집팀과 여러 관계자 여러분께 깊은 감사의 뜻을 전한다.

2012년 8월
저자 일동

이 책의 구성

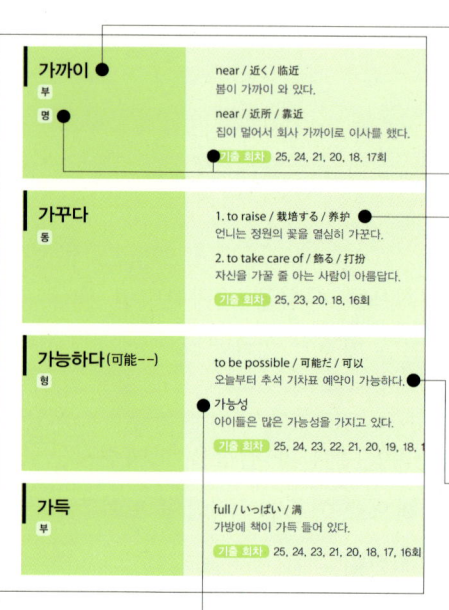

1. 한국어능력시험 16회~25회에 출제된 어휘가 가나다순으로 정리되어 쉽게 찾아볼 수 있습니다.

2. 각각의 어휘에는 품사 정보와 함께 기출 회차가 표기되어 있어 사용 빈도를 학습자 스스로 확인해 볼 수 있습니다.

3. 표제어에는 영어, 일본어, 중국어로 된 번역어를 표기하였습니다.

4. 기출문제에서 사용된 의미를 기준으로 예문을 수록하여 시험에서 자주 쓰이는 의미 중심의 어휘 학습이 가능합니다.

5. 한국어능력시험에 출제된 관련어를 수록하였으므로 어휘를 확장하여 익히기 수월합니다.

6. 학습한 어휘를 바로 확인해 볼 수 있도록 6쪽마다 15개의 연습 문제가 수록되어 있습니다. 한국어능력시험 어휘·문법 영역의 문제 유형을 최대한 반영하여 어휘 학습과 확인까지 충분하게 할 수 있게 하였습니다.

기출 속담 예문 (10회~25회)

소 잃고 외양간 고친다
To lock the stable door after the horse is stolen.
後の祭り、泥棒を見て縄をなう(牛を盗まれてから、牛舎を修繕する。)
亡羊補牢

가: 왜 그렇게 힘이 없어요?
나: 요즘 부모님 생각이 많이 나네요. 살아 계셨을 때 좀 더 잘해드렸으
   면 커드린 것 같아서 마음이 아파요.
가: 소 잃고 외양간 고친다는 말처럼 부모님이 돌아가신 후에는 후회해도

원숭이도 나무에서 떨어진다
Even Homer sometimes nods.
猿も木から落ちる
人有失手, 马有失蹄。(猴子也有失手的时候。)

가: 어제 방송을 보니까 아나운서가 발음을 잘못하더라고요.
나: 그래요? 원숭이도 나무에서 떨어진다는데 아나운서도 사람이니까 실

고래 싸움에 새우 등 터진다
An innocent bystander gets hurt in a fight.
けんかのそば杖になる(鯨のケンカにエビの背中が裂ける。)

---

7. 한국어능력시험 10회~25회의 어휘·문법 영역에 출제된 속담을 상황별 예문과 함께 수록하였고 각각의 번역문을 병기하여 이해를 쉽게 하였습니다.

8. 각각의 표현마다 그 표현이 사용되는 예문을 함께 제시하여 맥락을 통해 그 의미를 확인할 수 있습니다.

차례

필수 어휘 1200 + 연습 문제 660 ··· 8

기출 속담 예문 (10회~25회) ·· 352

가구¹ (家具)
명

furniture / 家具 / 家具
우리 집에는 비싼 가구가 하나도 없다.

기출 회차 23, 21, 20, 16회

가구² (家口)
명

family / 世帯 / 住户
이 곳에는 열 가구가 살고 있어요.

기출 회차 25회

가까이
부
명

near / 近く / 临近
봄이 가까이 와 있다.

near / 近所 / 靠近
집이 멀어서 회사 가까이로 이사를 했다.

기출 회차 25, 24, 21, 20, 18, 17회

가꾸다
동

1. to raise / 栽培する / 养护
언니는 정원의 꽃을 열심히 가꾼다.

2. to take care of / 飾る / 打扮
자신을 가꿀 줄 아는 사람이 아름답다.

기출 회차 25, 23, 20, 18, 16회

가능하다 (可能--)
형

to be possible / 可能だ / 可以
오늘부터 추석 기차표 예약이 가능하다.

가능성
아이들은 많은 가능성을 가지고 있다.

기출 회차 25, 24, 23, 22, 21, 20, 19, 18, 17, 16회

가득
부

full / いっぱい / 满
가방에 책이 가득 들어 있다.

기출 회차 25, 24, 23, 21, 20, 18, 17, 16회

가리다
동

to hide / 隠す / 捂
너무 부끄러워서 손으로 얼굴을 가렸다.

기출 회차 24, 17회

가볍다
형

1. to be light / 軽い / 轻
이 노트북은 가벼워서 들고 다니기가 편하다.

2. to be not serious / 軽い / 轻微
길을 가다가 넘어져서 가벼운 상처를 입었다.

3. to be light / 軽い / 轻微
아침에는 가벼운 운동이 좋다.

4. lightly / 軽い / 轻
환경오염 문제를 가볍게 생각하면 안 된다.

기출 회차 25, 24, 23, 21, 20, 17, 16회

가습기 (加濕器)
명

humidifier / 加湿器 / 加湿器
방이 건조하지 않게 가습기를 켜 놓았다.

기출 회차 25, 20, 16회

가입하다 (加入--)
동

to join / 加入する / 加入
테니스를 배우고 싶어서 동아리에 가입했다.

기출 회차 20, 18, 17회

가전제품 (家電製品)
명

home appliances / 家電製品 / 家用电器
가전제품 매장은 백화점 8층에 있다.

기출 회차 25, 24, 21, 20, 19, 17, 16회

가지
명

a kind of / 種類 / 种
이 단어는 세 가지 뜻이 있다.

기출 회차 25, 24, 21, 20, 19, 17, 16회

가치 (價値)
명

value / 価値 / 价值
그 상품은 가치가 아주 높다고 할 수 있다.
기출 회차 24, 20, 19, 18회

각 (各)
관

each, every / 各 / 各个
각 학교마다 행사 안내문을 보냈다.
기출 회차 22, 21, 20, 18회

각종 (各種)
명

all kinds of / 各種 / 各种
이 운동장에서는 각종 운동 경기가 열린다.
기출 회차 25, 24, 21, 20, 18, 17, 16회

간단하다 (簡單--)
형

to be simple / 簡単だ / 简单
이 세탁기는 사용법이 아주 간단하다.

간단히
오늘 회의 내용을 간단히 정리했다.
기출 회차 24, 21, 20, 18, 17회

간신히
부

barely / 辛うじて / 好不容易
시험이 어려워서 간신히 합격했다.
기출 회차 25, 18회

간직하다
동

1. to keep / 保管する / 保管
중요한 물건은 잘 간직해야 한다.

2. to keep in one's bosom / 秘める / 铭记
선생님의 말씀을 가슴속 깊이 간직하고 있다.

기출 회차 25, 17회

감독(監督)
명

coach / 監督 / 教练
내 꿈은 축구팀 감독이 되는 것이다.

기출 회차 21, 20, 17회

감동(感動)
명

impression / 感動 / 感动
그의 노래는 사람들에게 감동을 주었다.

기출 회차 25, 19, 17회

감상하다(鑑賞--)
동

to enjoy, to appreciate / 感賞する / 欣赏
나는 혼자 영화 감상하는 것을 좋아한다.

감상평
이번 연극에 대한 감상평을 발표했다.

기출 회차 23, 20, 19, 16회

감소하다(減少--)
동

to decrease / 減る / 减少
인구가 점점 감소하고 있다.

기출 회차 25, 24, 22, 20, 17, 16회

감정(感情)
명

feeling, emotion / 感情 / 感情
같은 그림을 보고 느끼는 감정은 모두 다르다.

기출 회차 25, 24, 23, 22, 20, 18, 17회

감추다
동

1. to hide / 隠す / 藏
다른 사람이 보지 못하게 일기장을 서랍 속에 감추었다.

2. to keep back one's tears / 抑える / 忍住
눈물을 감추고 하늘을 보았다.

3. to disappear / 晦ます / 消隐
겨울이 되니 꽃들이 모습을 감추었다.

기출 회차 19, 16회

갑작스럽다
형

to be sudden / 突然だ / 突然
할아버지의 갑작스러운 죽음으로 모두 슬픔에 빠져 있다.

기출 회차 19, 18회

강력하다 (强力--)
형

to be strong / 強力だ / 强大
이 약은 효과가 매우 강력하다.

기출 회차 21, 19회

강의 (講義)
명

class / 講義 / 讲课
김 선생님의 강의는 정말 재미있다.

강의실
강의실은 2층에 있다.

기출 회차 22, 21, 18회

강조하다 (强調--)
동

to emphasize / 強調する / 强调
아버지는 언제나 가족의 행복을 강조하셨다.

강조되다
이 옷을 입으면 허리선이 강조되어 날씬해 보인다.

기출 회차 24, 21, 16회

강하다(强--)
형

1. to be strong / 強い / 强
그 남자는 힘이 아주 강하다.
2. to be strong / 強い / 强大
붓은 칼보다 강하다.

기출 회차 25, 24, 23, 22, 21, 20, 19, 18회

연습 문제

※ [1~7] 다음 (   )에 알맞은 것을 고르십시오.

1 햇빛이 너무 강해서 커튼으로 (   ).
① 가렸다　　② 올렸다　　③ 닫았다　　④ 내렸다

2 다른 사람의 (   )도 존중해 줘야 합니다.
① 감사　　② 배려　　③ 인사　　④ 감정

3 지갑에 돈이 (   ) 들어 있으면 좋겠다.
① 전혀　　② 가득　　③ 이미　　④ 아주

4 환경오염을 막기 위해서는 좀 더 (   ) 법이 필요하다.
① 깨끗한　　② 유리한　　③ 유력한　　④ 강력한

5 그런 (   ) 없는 일에 시간을 낭비하면 안 된다.
① 가치　　② 평가　　③ 존재　　④ 상태

6 선생님의 편지를 받고 큰 (   )을 받았다.
① 결정　　② 경험　　③ 감동　　④ 감탄

7 어머니는 나에게 저축의 필요성을 (   )하셨다.
① 강조　　② 감상　　③ 가입　　④ 개발

※ [8~10] 다음 밑줄 친 부분과 의미가 비슷한 것을 고르십시오.

8 이 섬에는 열 <u>세대</u> 미만이 살고 있다.
① 가구　　② 주민　　③ 사람　　④ 인구

정답: 1.① 2.② 3.② 4.④ 5.① 6.③ 7.① 8.①

9 아이가 엄마의 신발을 몰래 <u>감췄다</u>.
① 버렸다　　② 밝혔다　　③ 신었다　　④ 숨겼다

10 갑자기 집에 불이 나서 <u>간신히</u> 몸만 빠져 나왔다.
① 따로　　② 급히　　③ 겨우　　④ 멀리

※ [11~12] 다음 (　)에 공통적으로 들어갈 단어를 고르십시오.

11
어머니는 정원을 예쁘게 (　　　).
나이가 들수록 자신을 더욱 (　　　) 한다.
우리 문화를 잘 (　　　) 발전시켜야 한다.

① 만들다　　② 가꾸다　　③ 지키다　　④ 만지다

12
그 선수는 큰 대회에 (　　　).
오늘은 아침부터 바람이 (　　　) 불었다.
어려운 일이 있을 때 마음을 더 (　　　) 먹어야 한다.

① 세다　　② 약하다　　③ 강하다　　④ 부드럽다

※ [13~15] 다음 밑줄 친 부분과 의미가 반대인 것을 고르십시오.

13 우리 집은 서울과 <u>멀리</u> 떨어진 시골로 이사를 했다.
① 거의　　② 가까이　　③ 대부분　　④ 얼마나

14 이 청소기는 사용법이 <u>복잡해서</u> 쓰기가 어렵다.
① 편리해서　　② 유익해서　　③ 안전해서　　④ 간단해서

15 요즘은 대중교통을 이용하는 사람이 점점 <u>증가하고</u> 있다.
① 추가하고　　② 감소하고　　③ 결정하고　　④ 확인하고

정답 9.④ 10.③ 11.② 12.③ 13.② 14.④ 15.②

강화하다 (强化--)
동

to strengthen / 強める / 加强
미래를 위해 자신의 능력을 좀 더 강화해야 한다.

기출 회차 25, 23, 21, 19회

갖다
동

to have / 持つ / 拥有
사람은 누구나 좋은 것을 갖고 싶어 한다.

기출 회차 25, 24, 23, 20, 19, 18, 17, 16회

갖추다
동

to be equipped / 備える / 具备
이 학교는 컴퓨터실과 수영장을 갖추고 있다.

기출 회차 22, 21, 19, 16회

개발 (開發)
명

development / 開発 / 开发
프로그램 개발을 위해 밤을 새우며 노력을 하고 있다.

개발자
오늘 게임 개발자와 만나기로 했다.

개발되다
세계를 놀라게 할 신기술이 개발되었다.

개발하다
새로운 도시를 개발하고 있다.

기출 회차 25, 23, 22, 21, 20, 19, 18, 17, 16회

개별 (個別)
명

individual / 個別 / 个别
단체 여행에서 개별 행동을 하면 안 된다.

기출 회차 20, 17회

개선 (改善)
명

improvement / 改善 / 改善
생활 환경 개선을 위해 아파트 주변에 나무를 심었다.

개선되다
복잡했던 학교의 주변 환경이 개선되었다.

개선하다
문제점을 개선하려는 노력이 필요하다.

기출 회차 25, 24, 23, 22, 21회

개성 (個性)
명

personality / 個性 / 个性
자신만의 개성을 가지고 있어야 한다.

기출 회차 25, 20, 18, 16회

개인 (個人)
명

person, personal / 個人 / 个人
개인 정보는 아주 중요하다.

개인당
생수를 개인당 한 개씩 나눠 주었다.

기출 회차 25, 21, 20, 19, 18, 17회

개최 (開催)
명

being held, opening, a host / 開催 / 举行
그 나라는 올림픽 개최로 경제적 이익을 얻었다.

개최되다
여기에서 그 작가의 전시회가 개최되었다.

개최하다
한국은 1988년에 서울올림픽을 개최했다.

기출 회차 25, 22, 21, 19, 17, 16회

거두다
동

to achieve, to gain / 収める / 取得
좋은 결과를 거두기 위해서 열심히 노력했다.

기출 회차 21, 18회

거래처 (去來處)
명

a client / 取引先 / 客户
거래처에 물건을 배달했다.

거래
거래를 성공적으로 끝냈다.

거래되다
금이 최고 가격으로 거래되었다.

기출 회차 23, 20, 18회

필수 어휘 1200 + 실전 연습 문제 660

거리¹ (距離)
명

distance / 距離 / 距离
집에서 학교까지 거리가 너무 멀다.

기출 회차 25, 21, 17, 16회

거리²
명

street / 街 / 街
나는 거리를 걷는 것을 좋아한다.

기출 회차 24, 23, 21, 20, 17, 16회

거의
부

almost / ほとんど / 几乎
약속 시간이 거의 다 되었다.

기출 회차 25, 24, 23, 22, 21, 20, 19, 18, 17, 16회

거주 (居住)
명

residence / 居住 / 居住
국내 거주 외국인이 점점 늘고 있다.

기출 회차 23, 21, 20, 17회

거치다
동

1. to go through / (過程を)履む / 经过
초등학교, 중학교, 고등학교를 거쳐 대학에 입학한다.

2. to pass through, via / 経る, 経由する / 经由
이 기차는 대전을 거쳐 부산까지 간다.

기출 회차 24, 18회

걱정스럽다
형

to be worried / 心配だ / 令人担忧
부모님의 건강이 걱정스럽다.

기출 회차 25, 19, 18, 17회

건네다
동

1. to pass, to hand / 渡す / 交给
동생에게 전화기를 건넸다.

2. to talk, to speak / (挨拶を)交わす / 搭(话)
새로 온 친구에게 인사말을 건넸다.

건네주다
음료수를 친구에게 건네주었다.

기출 회차 25, 24, 16회

건물 (建物)
명

a building / 建物 / 建筑物, 建筑
은행은 건너편 건물 1층에 있다.

기출 회차 25, 24, 23, 22, 20, 18, 17회

건설 (建設)
명

construction / 建設 / 建设
그 건설 회사는 주로 아파트를 짓는다.

건설업계
그 회사는 건설업계 1위이다.

건설되다
바다 위에 도시가 건설되었다.

기출 회차 23, 21, 19, 16회

건조하다 (乾燥--)
형

to be dry / 乾燥 / 干燥
방 안이 건조해서 가습기를 켰다.

기출 회차 25, 20, 16회

건지다
동

1. to rescue / 救う / 捡回
위험한 상황에서 간신히 목숨을 건졌다.

2. to scoop, to pick up / 拾い上げる / 捞, 打捞
강에서 쓰레기를 건졌다.

3. to recover, to get back / 取り戻す / 捞(本儿)
얼마 건지지도 못하고 결국 가게 문을 닫았다.

기출 회차 23, 18회

건축 (建築)
명

architecture / 建築 / 建设
학교에서 도서관 건축을 하기로 결정했다.

건축물
불국사는 아름답고 훌륭한 건축물이다.

기출 회차 25, 23, 22, 17회

검사 (檢査)
명

examination, inspection / 検査 / 检查
일정한 기간마다 자동차 검사를 받아야 한다.

기출 회차 23, 21, 19, 18, 17회

검토하다 (檢討--)
동

to examine, to review / 検討する / 检讨
여러 가지 방법을 검토해 보았다.

기출 회차 24, 22, 19회

게다가
부

furthermore, in addition / しかも、その上 / 而且
비도 오고 게다가 바람까지 불어서 너무 추웠다.

기출 회차 25, 18, 17회

겨우
부

barely, narrowly / やっと、ようやく / 好不容易
며칠 밤을 새워서 겨우 일을 끝냈다.

기출 회차 24, 22, 21, 19, 17회

겪다
동

1. to suffer, to undergo / 遭う、経験する / 经历
외국에서 살면서 많은 일을 겪었다.

2. to experience / 付き合う / 接触
사람은 겪어 봐야 좋은 사람인지 나쁜 사람인지 알 수 있다.

기출 회차 24, 23, 22, 21, 18, 16회

연습 문제

※ [1~9] 다음 (   )에 알맞은 것을 고르십시오.

1 외모, 성격, 능력을 모두 (   ) 사람은 별로 없다.
  ① 세운   ② 갖춘   ③ 끝낸   ④ 맞는

2 이 지역은 문화재를 보호하기 위해 (   )이 제한되어 있다.
  ① 경쟁   ② 경험   ③ 개학   ④ 개발

3 유행을 따르는 것보다 (   )을 살리는 것이 중요하다.
  ① 개성   ② 인성   ③ 느낌   ④ 기억

4 그 식당은 값도 비싸고 (   ) 맛도 없었다.
  ① 게다가   ② 오히려   ③ 절대로   ④ 얼마나

5 (   ) 지역에 따라 쓰레기봉투가 다르다.
  ① 주택   ② 거주   ③ 가구   ④ 지방

6 교육 제도 (   )을 위해서 좀 더 많은 고민이 필요하다.
  ① 승진   ② 인상   ③ 교환   ④ 개선

7 열심히 노력하더니 결국 성공을 (   ).
  ① 끝냈다   ② 당겼다   ③ 거두었다   ④ 일으켰다

8 집 앞에 상가 (   )이 생겨서 아주 편리하다.
  ① 건축   ② 건설   ③ 건물   ④ 환경

9 운전면허시험에 5번을 떨어지고 나서 (   ) 합격했다.
  ① 겨우   ② 벌써   ③ 설마   ④ 무척

정답 1. ② 2. ④ 3. ① 4. ① 5. ② 6. ④ 7. ③ 8. ③ 9. ①

※ [10~12] 다음 밑줄 친 부분과 의미가 비슷한 것을 고르십시오.

10 틀린 곳이 없는지 시험지를 다시 한 번 <u>검토하는</u> 것이 좋다.
① 검색하는   ② 결제하는   ③ 강조하는   ④ 확인하는

11 이불은 햇빛이 좋을 때 밖에서 잘 <u>건조해야</u> 해요.
① 씻어야   ② 빨아야   ③ 말려야   ④ 쌓아야

12 그 도시는 올림픽을 두 번이나 <u>개최하였다</u>.
① 얻었다   ② 지었다   ③ 열었다   ④ 풀었다

※ [13~15] 다음 (   )에 공통적으로 들어갈 단어를 고르십시오.

13
지하철이 고장 나서 출근길에 불편을 (   ).
그 사람을 오래 (   ) 보지 않았지만 좋은 사람인 것 같아요.
오랜 시간 변화를 (   ) 후에 안정을 찾게 되었다.

① 겪다   ② 보다   ③ 지나다   ④ 사귀다

14
물에 빠진 사람을 (   ).
교통사고가 크게 났지만 다행히 생명은 (   ).
가게가 문을 닫는 바람에 들어간 돈을 하나도 (   ) 못했다.

① 살리다   ② 꺼내다   ③ 가리다   ④ 건지다

15
이 비행기는 도쿄를 (   ) 뉴욕으로 간다.
어떤 재료라도 어머니의 손을 (   ) 맛있는 음식이 된다.
우리 학교를 (   ) 간 훌륭한 선배들이 아주 많다.

① 향하다   ② 거치다   ③ 만나다   ④ 나가다

정답 10. ④ 11. ③ 12. ③ 13. ① 14. ④ 15. ②

견디다
동

1. to bear / 耐える、我慢する / 忍受
이제 조금만 더 참고 견디면 된다.

2. to endure / 耐える、堪える / 经受
겨울의 추위를 견디고 봄꽃이 피었다.

3. to hold / 耐える、堪える / 禁受
오래된 건물이 지진을 견디지 못하고 무너졌다.

기출 회차 23, 20, 19, 17회

결국 (結局)
부

finally, after all / 結局、とうとう / 终于
포기하지 않고 계속 도전해서 결국 성공했다.

기출 회차 24, 22, 21, 18, 17, 16회

결정 (決定)
명

decision, determination / 決定 / 决定
어떤 일이든지 결정을 내리는 것은 쉬운 일이 아니다.

결정되다
시험 결과가 나와야 합격, 불합격이 결정된다.

결정하다
회사를 그만두고 대학원에 가기로 결정했다.

기출 회차 24, 20, 19, 18, 16회

결제 (決濟)
명

payment, settlement / 決済、支払い / 结算
결제는 어떻게 하시겠습니까?

결제하다
택시비를 카드로 결제했다.

기출 회차 24, 18회

겹치다
동

1. to coincide, to occur at once / 重なる / 重叠
졸업식 날과 면접일이 겹쳐서 졸업식에 가지 못했다.

2. to overlap / 重ねる / 叠加
날씨가 추워서 옷을 여러 벌 겹쳐 입었다.

기출 회차 24, 21회

경기 (競技)
명

game, event / 競技、試合 / 比赛
경기에서 이기는 팀이 상을 받는다.

경기장
올림픽 경기장은 잠실에 있다.

기출 회차 25, 23, 21, 19, 17, 16회

경력 (經歷)
명

career, work experience / 経歴 / 阅历
그는 20년 운전 경력을 자랑했다.

기출 회차 25, 22, 16회

경영 (經營)
명

management, administration / 経営 / 经营
올해부터 회사의 경영을 맡게 되었다.

경영난
그 회사는 경영난으로 결국 문을 닫았다.

기출 회차 23, 22회

경우 (境遇)
명

case, circumstances / 場合、状況 / 情况
눈이 많이 오면 비행기가 출발을 못하는 경우도 있다.

기출 회차 25, 24, 23, 22, 21, 20, 19, 18, 17, 16회

경쟁 (競爭)
명

competition / 競争 / 竞争
요즘 휴대 전화 시장 경쟁이 아주 심하다.

경쟁력
국가 경쟁력을 키워야 한다.

경쟁심
지나친 경쟁심이 뜻하지 않은 사고를 불러왔다.

기출 회차 25, 20, 16회

경제 (經濟)
명

economy / 経済 / 经济
세계 경제 상황이 나빠졌다.

경제력
생활이 안정되려면 경제력부터 갖춰야 한다.

기출 회차 24, 22, 21, 20, 18, 17, 16회

경향 (傾向)
명

tendency, trend / 傾向 / 倾向
외모만 중시하는 경향은 문제가 있다.

기출 회차 22, 20회

경험 (經驗)
명

experience / 経験 / 经验
교통 사고의 경험 때문에 운전하기가 무섭다.

경험하다
젊을 때는 외국 생활을 경험해 보는 것도 좋다.

기출 회차 25, 24, 23, 22, 21, 20, 19, 18, 17, 16회

곁
명

at one's side / そば、わき、よこ / 近旁
선생님께서는 언제나 곁에서 도와주셨다.

기출 회차 25, 20회

계기 (契機)
명

chance, opportunity / きっかけ、契機 / 契机
이번 일을 계기로 우리는 친구가 되었다.

기출 회차 24, 22, 19회

계산하다 (計算--)
동

to calculate, to pay (a bill) / 計算する / 结账
친구가 식사비를 계산했다.

기출 회차 25, 22, 21, 19, 18회

계속되다 (繼續--)
동

to continue / 続く / 持续
며칠째 더운 날씨가 계속되었다.

계속하다
피아노 연습을 하루 종일 계속했다.

기출 회차 25, 21, 20, 19, 18, 17, 16회

계획 (計劃)
명

plan, scheme / 計画 / 计划
주말에 친구를 만나서 휴가 계획을 세우기로 했다.

계획하다
준비가 부족해서 행사가 계획한 대로 진행되지 못했다.

기출 회차 25, 23, 22, 21, 20, 19, 18, 17, 16회

고개
명

head / 首 / 头
아이는 병원이 싫다며 고개를 흔들었다.

기출 회차 22, 21, 16회

고객 (顧客)
명

customer, client / 顧客、お客 / 顾客
세일이 시작되어 백화점 고객이 많이 늘었다.

고객 센터
휴대폰이 고장 나서 고객 센터로 전화를 했다.

기출 회차 25, 24, 23, 20, 19, 18, 17회

고려하다 (考慮--)
동

to consider / 考慮する / 考虑
현실을 고려해서 문제를 해결해야 한다.

기출 회차 25, 24, 20, 18, 17, 16회

고민(苦悶)
명

worry, trouble / 悩み / 苦恼
자꾸 피부에 문제가 생겨서 고민이다.

고민거리
고민거리가 생기면 언제든지 이야기를 해라.

고민하다
공부를 계속할지 취직을 할지 고민했다.

기출 회차 24, 23, 22, 21, 20, 19, 18, 17, 16회

고생(苦生)
명

hardship, trouble, suffering / 苦労、苦しみ / 辛劳
젊었을 때의 고생은 좋은 경험이 된다.

고생하다
길을 몰라서 고생했다.

기출 회차 24, 17, 16회

고유하다(固有--)
형

to be intrinsic, to be inherent / 固有だ / 固有
한국의 고유한 문화를 잘 지켜야 한다.

기출 회차 25, 24회

고전(古典)
명

classic / 古典 / 古典
요즘 학생들은 고전 문학을 잘 읽지 않는다.

고전 음악
고전 음악은 언제 들어도 좋다.

기출 회차 23, 18회

고치다
동

1. to repair, to fix / 直す、修理する / 修理
컴퓨터가 고장이 나서 고치러 갔다.

2. to cure, to treat / 治す / 治疗
병을 고치려면 생활 습관을 바꿔야 한다.

3. to change, to correct / 直す、正す / 改变
습관은 고치기가 쉽지 않다.

기출 회차 25, 24, 23, 22, 21, 20, 19, 18, 17, 16회

고통 (苦痛)
명

pain, agony / 苦痛、苦しみ / 苦难
의사는 환자의 고통을 줄이기 위해서 최선을 다했다.

고통받다
병으로 고통받는 사람들이 많다.

고통스럽다
아이가 아픈 것을 보는 것이 부모에게는 가장 고통스럽다.

기출 회차 23, 22, 21, 19, 16회

연습 문제

※ [1~7] 다음 (   )에 알맞은 것을 고르십시오.

1 아르바이트 (   )이 취직할 때 도움이 되었다.
① 경험　　② 역할　　③ 공연　　④ 참석

2 함께 등산을 한 것이 (   )가 되어 친해지게 되었다.
① 목표　　② 계기　　③ 경우　　④ 가치

3 어떻게 할지 (   )하고 나니까 오히려 마음이 편해졌다.
① 예상　　② 결정　　③ 가입　　④ 강조

4 여기에서 (   )을 쌓아서 큰 회사에 가고 싶다.
① 경영　　② 감정　　③ 경력　　④ 희망

5 나라마다 (   ) 언어와 문화를 가지고 있다.
① 고유한　　② 궁금한　　③ 깨끗한　　④ 강력한

6 회의 날짜가 (   ) 않게 다시 한 번 검토해 주세요.
① 생기지　　② 나오지　　③ 보이지　　④ 겹치지

7 요즘 젊은 사람들은 결혼을 늦게 하는 (   )이 있다.
① 환경　　② 경향　　③ 상황　　④ 일정

※ [8~13] 다음 밑줄 친 부분과 의미가 비슷한 것을 고르십시오.

8 <u>고객</u>을 만족시키기 위해 최선을 다하고 있다.
① 사람　　② 직원　　③ 주인　　④ 손님

정답　1.① 2.② 3.② 4.③ 5.① 6.④ 7.② 8.④

9 운동선수가 시합 중에 다치는 일은 흔하다.
　① 경기　　② 경쟁　　③ 검사　　④ 검토

10 시장 상황을 생각해서 가격을 낮추었다.
　① 계획해서　② 준비해서　③ 강조해서　④ 고려해서

11 내가 힘들 때마다 그 친구가 곁에 있었다.
　① 밖　　② 안　　③ 옆　　④ 속

12 친구는 고생 끝에 결국 꿈을 이뤘다.
　① 대부분　② 마침내　③ 간신히　④ 반드시

13 열심히 공부를 하는데도 성적이 오르지 않아서 고민이다.
　① 걱정　　② 고통　　③ 자랑　　④ 정성

※ [14~15] 다음 (　)에 공통적으로 들어갈 단어를 고르십시오.

14
> 너의 급한 성격을 (　　) 않으면 안 된다.
> 병을 (　　)기 위해 꾸준히 약을 먹었다.
> 휴대 전화를 (　　) 서비스센터에 가려고 해요.

　① 낫다　② 찾다　③ 바꾸다　④ 고치다

15
> 북극곰은 추위를 잘 (　　).
> 겨우 이 돈으로는 며칠 (　　) 못할 것이다.
> 아무리 힘들어도 참고 (　　) 좋은 날이 올 것이다.

　① 타다　② 살다　③ 견디다　④ 지내다

정답　9. ①　10. ④　11. ③　12. ②　13. ①　14. ④　15. ③

곧다 형

1. to be straight / まっすぐだ / 笔直
곧게 뻗은 도로가 시원하다.

2. to be right / 正直だ / 正直
항상 옳고 곧은 마음을 가져야 한다.

기출 회차 23, 21회

곧바로 부

immediately, at once / すぐ、まっすぐ / 马上
내 친구는 학교를 졸업한 후에 곧바로 결혼을 했다.

기출 회차 25, 21회

골고루 부

evenly, equally / 等しく、均等に / 均匀
음식을 골고루 먹는 것이 건강에 좋다.

기출 회차 23, 19, 16회

골목 명

alley, narrow path / 小道、路地 / 胡同
우리 집은 좁은 골목을 지나서 오른쪽에 있다.

골목길
이 골목길을 지나면 큰 도로가 나온다.

기출 회차 22, 17회

골칫거리 명

trouble, nuisance / 厄介者、頭痛の種 / 挠头的事
피서객들이 버린 쓰레기를 처리하는 것이 골칫거리이다.

기출 회차 21, 19, 17회

곱다
형

1. to be good-hearted / 優しい / 善意
사람들의 곱지 않은 시선에 마음이 괴롭다.

2. to be fine, to be refined / 美しい、きれいだ / 漂亮
우리 할머니는 나이가 들어도 여전히 고우시다.

3. to be beautiful, to be pretty / 美しい、きれいだ / 美丽
단풍이 곱게 물들었다.

기출 회차 22, 18, 16회

공간 (空間)
명

space, room / 空間 / 空间
아이들이 놀 수 있는 공간이 있었으면 좋겠다.

기출 회차 25, 24, 23, 21, 20, 19, 17회

공개 (公開)
명

opening to the public / 公開 / 公开
방송국으로 공개 방송을 보러 갔다.

공개되다
설문 조사 결과가 모두에게 공개되었다.

공개하다
정치인들이 재산을 공개했다.

기출 회차 24, 17회

공격하다 (攻擊--)
동

to attack / 攻撃する、攻める / 攻击
다른 사람을 무조건 공격하는 것은 옳지 않다.

공격력
그 축구팀은 강한 공격력을 갖추고 있다.

공격성
호랑이는 공격성이 아주 강한 동물이다.

공격수
그 선수는 아주 훌륭한 공격수이다.

기출 회차 23, 21, 17회

공공(公共)
명

the public / 公共 / 公共
공원과 같은 공공시설에서는 금연을 해야 한다.

공공건물
공공건물은 시민들이 사용하기 편리하게 만들어져야 한다.

공공요금
교통비, 전기세 등 공공요금이 올랐다.

공공장소
공공장소에서는 담배를 피우면 안 된다.

기출 회차 25, 23, 19, 18, 17, 16회

공기(空氣)
명

air, atmosphe / 空気 / 空气
산에 오르니까 공기가 좋다.

기출 회차 25, 24, 23, 21, 20, 19, 18, 17회

공동(共同)
명

being shared by / 共同 / 公用
공동 주택에서는 다른 사람을 생각하는 마음이 필요하다.

공동시설
주차장 등의 공동시설은 깨끗하게 사용해야 한다.

기출 회차 19, 17, 16회

공모전(公募展)
명

contest exhibit / 公募展 / 大奖赛
이번 공모전에서 상을 받았으면 좋겠다.

공모하다
지하철에서 겪은 이야기를 공모했다.

기출 회차 23, 21, 20, 17회

공사(工事)
명

construction work / 工事 / 施工
지하철 공사 때문에 길이 복잡하다.

기출 회차 25, 23, 20, 17회

공연 (公演)
명

concert / 公演、コンサート / 演出
내가 좋아하는 가수의 공연을 보러 가기로 했다.

공연장
공연장에서는 휴대전화를 끄는 것이 좋다.

기출 회차 25, 24, 23, 22, 21, 19, 18, 16회

공장 (工場)
명

factory, plant / 工場 / 工厂
자동차 공장에서 큰 불이 났다.

기출 회차 24, 23, 16회

공지 (公知)
명

announcement, notice / 通知 / 公告
공지 사항을 게시판에 올렸다.

공지하다
직원들에게 야유회 날짜를 공지했다.

기출 회차 24, 23, 20, 17회

과연 (果然)
부

1. sure enough, indeed / さすが / 的确
제주도에 직접 가 보니 듣던 대로 과연 아름다운 섬이었다.

2. really / 果たして / 果真
그렇게 공부를 안 하고 과연 시험에 합격할 수 있을까?

기출 회차 21, 19회

과정 (過程)
명

process / 過程、コース / 过程
모든 일은 결과도 중요하지만 과정도 중요하다.

기출 회차 25, 24, 23, 22, 21, 18회

과제 (課題) 명

process / 過程、コース / 过程
환경 문제는 우리 모두가 해결해야 할 과제다.

기출 회차 25, 17회

과학 (科學) 명

science / 科学 / 科学
과학의 발전은 우리의 생활을 편리하게 해 준다.

과학자
아인슈타인은 훌륭한 과학자다.

기출 회차 24, 23, 22, 20, 19, 18, 16회

관객 (觀客) 명

audience / 観客 / 观众
이번 공연에는 관객들이 아주 많았다.

기출 회차 25, 19, 18, 16회

관계 (關係) 명

1. relationship / 関係 / 关系
내가 가장 중요하게 생각하는 것이 친구 관계다.

2. relation, connection / 関係、関連 / 相关
학교를 졸업하고 교육에 관계된 일을 하고 싶다.

관계자
이곳은 관계자만 들어갈 수 있다.

기출 회차 25, 24, 23, 22, 20, 19, 18, 17, 16회

관광 (觀光) 명

sightseeing / 観光 / 旅游
가을에는 단풍 관광을 떠나는 사람들이 많다.

관광객
제주도는 외국 관광객들이 가장 많이 찾는 관광지다.

기출 회차 24, 23, 22, 19, 17회

관람(觀覽)
명

watching, viewing / 觀覽、見物 / 观看
주말에 친구와 함께 야구 경기를 관람하기로 했다.

관람객
야구장에 관람객들이 버린 쓰레기가 쌓여 있었다.

기출 회차 22, 21, 19, 16회

연습 문제

※ [1~6] 다음 (   )에 알맞은 것을 고르십시오.

1 시립 미술관은 사람들이 많이 찾는 문화 (   )으로 인기가 많다.
① 공간   ② 공연   ③ 경향   ④ 감상

2 오랫동안 (   )였던 문제들이 잘 해결되었다.
① 먹을거리   ② 골칫거리   ③ 자랑거리   ④ 구경거리

3 발표를 준비하는 (   )에서 많은 것을 배웠다.
① 계획   ② 경력   ③ 과정   ④ 경영

4 집 앞 도로 (   ) 때문에 다니기가 불편하다.
① 공장   ② 공지   ③ 공모   ④ 공사

5 그는 인격과 실력을 (   ) 갖춘 사람이다.
① 도무지   ② 드디어   ③ 골고루   ④ 가까이

6 이번 일이 (   ) 크게 문제가 될 것이다.
① 설치되면   ② 운행되면   ③ 공개되면   ④ 발명되면

※ [7~10] 다음 밑줄 친 부분과 의미가 비슷한 것을 고르십시오.

7 이렇게 직접 만나 보니 들던 대로 <u>과연</u> 미인이시네요.
① 겨우   ② 거의   ③ 저절로   ④ 정말로

8 제주도에 도착하면 우선 <u>구경</u>을 하고 나서 배를 타 보고 싶다.
① 경험   ② 관광   ③ 관람   ④ 감상

정답: 1.① 2.② 3.③ 4.④ 5.③ 6.③ 7.④ 8.②

9 자연을 지키고 보호하는 일은 우리가 해결해야 할 <u>과제</u>이다.
① 학습　　② 숙제　　③ 선택　　④ 강의

10 공원을 사용하려면 <u>관련</u> 기관의 허락을 받아야 한다.
① 개별　　② 건설　　③ 개최　　④ 관계

※ [11~15] 다음 (　)에 공통적으로 들어갈 단어를 고르십시오.

11
봄에는 색이 (　　) 옷을 입고 싶다.
어머니가 한복을 (　　) 차려 입으셨다.
새들의 (　　) 노랫소리가 듣기 좋다.

① 곱다　　② 싸다　　③ 가볍다　　④ 강하다

12
나무가 (　　) 자라려면 햇볕이 충분해야 한다.
그 사람은 (　　) 마음을 가졌기 때문에 믿을 수 있어요.
허리를 (　　) 펴고 앉는 것이 좋다.

① 넓다　　② 곧다　　③ 편하다　　④ 예쁘다

※ [13~15] 다음 밑줄 친 부분과 의미가 반대인 것을 고르십시오.

13 식사가 끝나면 <u>곧바로</u> 회의에 들어갑시다.
① 가만히　　② 게다가　　③ 나중에　　④ 천천히

14 <u>공동</u> 물품도 내 것처럼 아껴서 사용해야 한다.
① 개발　　② 개인　　③ 개성　　④ 개선

15 상대방의 약점을 잡아서 <u>공격하는</u> 것은 좋지 않다.
① 검토하는　　② 강화하는　　③ 방어하는　　④ 계산하는

정답　9.② 10.④ 11.① 12.② 13.③ 14.② 15.③

관련 (關聯)
명

being related to / 関連 / 关联
신문에 연예인 관련 기사가 많이 났다.

관련성
식사 습관과 살이 찌는 것은 관련성이 깊다.

관련되다
이 일에 누가 관련되었는지 알고 싶다.

기출 회차 25, 24, 23, 22, 21, 19, 18회

관리 (管理)
명

management, administration / 管理 / 护理
계절이 바뀔 때에는 건강 관리가 아주 중요하다.

관리비
아파트 관리비를 내러 은행에 갔다.

관리 사무소
주차증을 받으러 관리 사무소에 갔다.

기출 회차 23, 21, 20, 19, 17, 16회

관심 (關心)
명

interest, attention / 関心 / 关心
부모는 항상 관심을 가지고 아이들을 지켜봐야 한다.

기출 회차 25, 24, 23, 22, 21, 20, 19, 18, 17, 16회

관점 (觀點)
명

point of view / 観点、見方 / 观点
같은 결과를 두고도 관점에 따라 해석이 달라질 수 있다.

기출 회차 19, 18회

관찰하다 (觀察--)
동

to observe, to watch / 観察する / 观察
식물이 어떻게 생겼는지 관찰해 보았다.

관찰되다
사람의 눈으로는 관찰되지 않는 것이 많다.

기출 회차 25, 24, 23, 19, 18회

광고(廣告)
명

advertisement / 広告 / 广告
광고는 사람의 마음을 움직이는 데 목적을 두고 있다.

광고문
광고문을 여기에 붙이지 마세요.

광고지
신문 사이에 광고지가 끼어서 배달되었다.

기출 회차 25, 24, 22, 21, 20, 19, 18, 17, 16회

광장(廣場)
명

square, plaza / 広場 / 广场
시청 앞 광장에 사람들이 많이 모여 있다.

기출 회차 22, 16회

괜히
부

uselessly, in vain / むなしく、やたらに / 白白地
괜히 필요 없는 곳에 돈을 쓰지 마라.

기출 회차 24, 22, 21, 19, 16회

괴롭다
형

to being painful / 辛い、苦しい / 难受
부모님께 잘못을 하고 나서 마음이 괴로웠다.

기출 회차 23, 21, 18회

교류(交流)
명

exchange, interchange / 交流 / 交流
다른 나라의 문화를 받아들이는 것이 국제 교류의 시작이다.

기출 회차 25, 20, 17회

교육 (敎育)
명

education, training / 教育 / 教育
교육은 학교에서만 하는 것이 아니다.

교육원
어머니께서는 요즘 언어 교육원에서 영어를 배우고 계신다.

교육자
우리 선생님은 아주 훌륭한 교육자이시다.

교육청
교육청에서는 새로운 교육 방법을 개발하고 있다.

교육하다
아이들을 교육하는 일은 쉬운 일이 아니다.

기출 회차 24, 23, 22, 21, 20, 19, 18, 17, 16회

교환 (交換)
명

exchange, swap / 交換 / 更換
구입한 물건은 1주일 안에 교환이 가능하다.

교환하다
어제 산 가방을 교환하기 위해 다시 백화점에 갔다.

기출 회차 24, 20, 17, 16회

구매 (購買)
명

purchase / 購買、買い入れ / 购买
물건을 싸게 사려면 공동 구매를 하는 것이 좋다.

구매하다
물건을 구매할 때에는 한 번 더 생각하는 것이 좋다.

기출 회차 23, 20, 19, 17, 16회

구석구석
명

everywhere / 隅々 / 角角落落
방 안 구석구석을 깨끗하게 청소했다.

기출 회차 23, 21, 16회

구성 (構成)
명

composition, setup / 構成 / 结构
이 책은 구성이 아주 잘 되어 있다.

구성되다
바른 교육을 위한 학부모 모임이 구성되었다.

기출 회차 25, 17회

구역 (區域)
명

area, quarter / 区域 / 区
이곳은 금연 구역이다.

기출 회차 25, 21, 19회

구입 (購入)
명

purchase / 購入 / 买到
그 책은 다 팔려서 구입이 어렵다.

구입하다
이사를 하면서 새 가구를 구입하였다.

기출 회차 24, 23, 22, 21, 20, 19, 18, 17, 16회

구조¹ (構造)
명

structure, constitution / 構造、仕組み / 结构
이 건물의 구조는 아주 복잡하다.

기출 회차 24, 18회

구조² (救助)
명

rescue, help / 救助 / 救护
많은 사람들이 산에서 떨어진 등산객의 구조를 도왔다.

구조대
우리 아버지는 119 구조대에서 일하신다.

구조대원
구조대원들을 위한 교육이 진행되고 있다.

구조되다
물에 빠진 아이가 구조대원들에게 구조되었다.

구조하다
모두 힘을 합쳐 교통사고를 당한 사람들을 구조하였다.

기출 회차 25, 23, 21, 18, 17회

구체적 (具體的)
명

concrete, specific / 具体的 / 具体的
시험에 합격하려고 구체적으로 계획을 세웠다.

기출 회차 25, 22, 21, 19, 18, 16회

구하다¹ (求--)
동

to look for / 求める / 找
학교 근처에 있는 집을 못 구할 것 같아서 걱정이다.

기출 회차 23, 22, 20, 19, 17, 16회

구하다² (救--)
동

to rescue, to save / 救う、助ける / 救
소방관이 불이 난 건물에서 사람을 구했다.

기출 회차 25, 24, 22, 21, 20, 18, 16회

국제 (國際)
명

internation / 国際 / 国际
부산 국제 영화제에 대한 기대가 크다.

국제 회의
다음 달 1일부터 서울에서 국제 회의가 개최된다.

기출 회차 21, 20회

굳이
부

obstinately / あえて、強いて / 执意
네가 그렇게 하겠다면 굳이 반대할 생각은 없다.

기출 회차 24, 23회

굵다
형

to be thick, to be big / 太い / 粗
다리가 굵어서 치마를 잘 안 입는다.

기출 회차 22, 16회

굽다
동

to roast, to broil / 焼く / 烤
이 생선은 구워서 먹는 것이 맛있다.

기출 회차 24, 23, 18회

궁금하다
형

to be curious / 気になる / 想知道
나는 그 사람의 마음이 정말 궁금하다.

궁금해하다
부모님께서 시험 결과를 궁금해하셨다.

기출 회차 24, 21, 20, 18, 16회

권하다 (勸--)
동

1. to offer / 勧める / 劝
선생님께서는 내게 차를 권하셨다.

2. to recommend / 勧める / 劝勉
서울시에서는 시민들에게 자전거 타기를 권하고 있다.

3. to suggest / 勧める / 推荐
가게 점원이 내게 빨간색 구두를 권했다.

기출 회차 23, 16회

연습 문제

※ [1~6] 다음 (   )에 알맞은 것을 고르십시오.

1 그는 이번 사건과 아주 (   )이 깊은 사람이다.
① 경험　　② 관련　　③ 생각　　④ 결정

2 사람들에게 상품을 많이 알리는 것이 (   )의 목적이다.
① 건축　　② 경력　　③ 광장　　④ 광고

3 이 건물의 (   )는 매우 복잡해서 화장실을 찾기가 어렵다.
① 구조　　② 문제　　③ 기초　　④ 공사

4 안 가는 게 좋겠지만 (   ) 같이 가겠다면 할 수 없지요.
① 따로　　② 굳이　　③ 거의　　④ 겨우

5 이 책의 내용이 (   ) 서점에 가서 찾아보세요.
① 지루하면　　② 단순하면　　③ 궁금하면　　④ 건조하면

6 집에서 잠이나 잘 걸 (   ) 밖에 나와서 고생만 한 것 같다.
① 별로　　② 보통　　③ 잠시　　④ 괜히

※ [7~11] 다음 밑줄 친 부분과 의미가 비슷한 것을 고르십시오.

7 저는 그 말이 이해가 안 되는데 좀 더 <u>자세히</u> 말해 보세요.
① 개별적으로　　② 결정적으로　　③ 구체적으로　　④ 절대적으로

8 이 옷이 너무 커서 <u>교환하고</u> 싶습니다.
① 고치고　　② 바꾸고　　③ 가꾸고　　④ 건지고

정답　1. ②　2. ④　3. ①　4. ②　5. ③　6. ④　7. ③　8. ②

9 어제 산 가방을 잃어버려서 속상하다.
   ① 계산한   ② 구성한   ③ 가입한   ④ 구입한

10 학생의 입장에서 생각해 보면 쉽게 이해할 수 있다.
   ① 경향   ② 관점   ③ 관심   ④ 관계

11 아이가 화났을 때 하는 행동을 잘 관찰해 보세요.
   ① 살펴   ② 가려   ③ 건네   ④ 고쳐

※ [12~13] 다음 (   )에 공통적으로 들어갈 단어를 고르십시오.

12
좋은 직장을 (   ) 것은 그렇게 쉬운 일이 아니다.
요즘은 일 잘하는 사람을 (   ) 너무 힘들어요.
사고 현장에서 가장 먼저 해야 할 일은 사람을 (   ) 것이다.

① 잡다   ② 뽑다   ③ 구하다   ④ 살리다

13
부모님께서는 내게 외국 유학을 (   ).
선생님은 내게 따뜻한 차 한 잔을 (   ) 미소를 지었다.
친구가 (   ) 준 책을 읽었는데 정말 감동적이었다.

① 전하다   ② 보내다   ③ 마시다   ④ 권하다

※ [14~15] 다음 밑줄 친 부분과 의미가 반대인 것을 고르십시오.

14 밤새 비가 내리더니 아침에는 빗줄기가 더 굵어졌다.
   ① 가벼워졌다   ② 가늘어졌다   ③ 거칠어졌다   ④ 무거워졌다

15 대학교 때 아르바이트로 물건을 판매하는 일을 했다.
   ① 결제하는   ② 검토하는   ③ 구매하는   ④ 확인하는

정답 9. ④ 10. ② 11. ① 12. ③ 13. ④ 14. ② 15. ③

귀국하다(歸國--)
동

to return home / 帰国する / 回国
오늘은 해외여행을 갔던 언니가 귀국하는 날이다.
기출 회차 23, 17회

귀찮다
형

to be troublesome / 面倒だ、厄介だ / 懶得
피곤하니까 밖에 나가기가 귀찮다.
기출 회차 20, 17, 16회

규모(規模)
명

scale, size / 規模、スケール / 規模
축구 경기장의 규모가 아주 크다.
기출 회차 24, 22, 21, 20, 19, 18, 17회

규제하다(規制--)
동

to regulate, to control / 規制する / 管制
청소년들의 인터넷 사용을 규제하는 것은 어려운 일이다.
기출 회차 23, 16회

규칙(規則)
명

rule, regulation / 規則、ルール / 規則
아버지는 축구 경기 규칙을 자세히 설명해 주셨다.
기출 회차 23, 18회

그늘
명

shade / 影、日陰 / 荫
날씨가 더워서 나무 그늘 아래에서 잠시 쉬었다.
기출 회차 22, 20회

그대로
부

1. as it is / そのまま / 原样
책상은 아침에 내가 정리한 그대로 있었다.

2. intactly / そのまま / 仍然(还是)
내가 불렀는데도 그 사람은 그대로 가 버렸다.

3. just so / ありのまま / 照(原话)
선생님께서 하신 말을 친구에게 그대로 전했다.

기출 회차 25, 23, 22, 20, 19, 18, 16회

그리다
동

to draw, to paint / 描く / 画画
종이에 그림을 그렸다.

기출 회차 25, 23, 22, 19, 16회

그립다
형

to be longing / 懐かしい、恋しい / 想念
몸이 아플 때는 고향에 계신 부모님이 그립다.

기출 회차 25, 24, 21, 20회

그만두다
동

to stop, to quit / やめる / 辞掉
몸이 아파서 회사를 그만두었다.

기출 회차 25, 23, 22, 21, 20, 19, 18회

그치다
동

1. to stop, to cease / 止む / 停
아침부터 내리기 시작한 눈이 이제 그친 것 같다.

2. to halt / 止まる / 停留
말로만 그치면 아무 일도 할 수 없다.

기출 회차 19, 18, 17회

극복하다 (克復--)
동

to overcome / 克服する、乗り越える / 克服
여러 번 실패를 극복하고 나서야 성공할 수 있었다.

기출 회차 24, 23, 22, 19회

근거 (根據)
명

grounds, basis / 根拠 / 根据
무슨 근거로 그렇게 주장하십니까?

기출 회차 24, 22, 21, 19, 18, 17, 16회

근무 (勤務)
명

work, being on duty / 勤務、勤め / 工作
보통 주말에는 근무를 하지 않는다.

근무자
그 일은 어제 근무자에게 물어보세요.

기출 회차 25, 24, 20, 17회

금방 (今方)
부

soon, shortly / たった今、まもなく / 刚才
금방 여기 있던 가방을 못 보셨어요?

기출 회차 24, 23, 21, 20, 19, 17, 16회

금액 (金額)
명

sum, amount / 金額 / 钱款
찾으실 금액을 거기에 써 주십시오.

기출 회차 23, 19회

금지되다 (禁止--)
동

to be banned / 禁止される / 禁止
한강에서는 수영이 금지되어 있다.

금지법
길거리 흡연 금지법이 만들어졌다.

금지시키다
겨울에는 등산객의 출입을 금지시킨다.

기출 회차 23, 19, 16회

급하다(急--)
형

1. to be urgent / 急だ、急ぐ / 紧急
급한 일이 아니면 밤늦게 전화하지 마세요.

2. to be impatient / 気が短い / 急躁
성격이 너무 급해서 실수를 많이 한다.

3. to be in a hurry / 速い、急ぐ / 快
버스가 너무 급하게 달려서 사고가 날 것 같았다.

기출 회차 25, 24, 23, 22, 21, 20, 19, 18, 17, 16회

긍정적(肯定的)
명

positive / 肯定的 / 积极的
긍정적으로 생각하는 것이 건강에도 좋다.

기출 회차 23, 21, 20, 18, 17회

기간(期間)
명

period, term / 期間 / 期间
시험 기간이라서 도서관에 학생들이 많다.

기출 회차 25, 24, 23, 22, 21, 20, 19, 18, 17, 16회

기계(機械)
명

machine, machinery / 機械 / 机械
이 기계는 아주 복잡해서 고치기가 어렵다.

기출 회차 24, 22, 17회

기관(機關)
명

institution, organization / 機関 / 机关
내년부터 정부 기관을 지방으로 옮기기로 했다.

기출 회차 21, 17, 16회

기능 (機能)
명

1. facility, capability / 機能 / 功能
요즘 휴대폰은 기능이 아주 많다.

2. function / 機能 / 机能
노인들은 소화 기능이 약해서 조심해야 한다.

3. role / 機能、働き / 功能
신문의 기능은 모두에게 필요한 정보를 알리는 것이다.

기능성
요즘에는 기능성 화장품이 많이 나오고 있다.

기출 회차 25, 23, 22, 20, 17, 16회

기대 (期待)
명

expectation, anticipation / 期待 / 期待
부모님이 나에게 기대를 많이 하신다.

기대되다
이번 여름휴가가 기대된다.

기대하다
사람들은 월급이 오르기를 기대하고 있다.

기출 회차 24, 23, 22, 21, 20, 19, 18, 16회

기록하다 (記錄--)
동

to record / 記録する / 记录
그 선수는 이번 경기에서 가장 높은 점수를 기록하였다.

기출 회차 24, 20회

기르다
동

1. to raise / 育てる、飼う / 饲养
아파트에서 강아지를 기르는 것은 쉽지 않다.

2. to cultivate / 養う、(身に)つける / 养成
어릴 때부터 좋은 습관을 길러야 한다.

3. to grow / 伸ばす / 留(头发)
머리를 길게 기르고 싶다.

기출 회차 24, 22, 21, 20, 19, 16회

기본(基本)
명

basis, foundation / 基本 / 基本
요가의 기본 동작은 생각보다 어려웠다.
기출 회차 23, 20, 19, 18, 17, 16회

연습 문제

※ [1~5] 다음 (   )에 알맞은 것을 고르십시오.

1 부모님의 (   )가 너무 커서 마음이 무겁다.
① 과제　　② 관계　　③ 기대　　④ 검사

2 무슨 일을 하든지 (   )을 잘 갖춰야 성공할 수 있다.
① 기록　　② 기본　　③ 기능　　④ 기간

3 햇빛이 너무 강해서 (   )로 자리를 옮겼다.
① 가지　　② 그늘　　③ 장소　　④ 기계

4 외국에서 오래 살다 보면 가족이 (   ) 눈물이 날 때가 있다.
① 가까워서　　② 괴로워서　　③ 그리워서　　④ 가벼워서

5 사람은 어떤 일이 있어도 (   ) 마음을 잃어서는 안 된다.
① 긍정적인　　② 구체적인　　③ 감정적인　　④ 공격적인

※ [6~10] 다음 밑줄 친 부분과 의미가 비슷한 것을 고르십시오.

6 이번 일만 잘 <u>견디면</u> 꼭 좋은 일이 생길 것이다.
① 경험하면　　② 고려하면　　③ 극복하면　　④ 간직하면

7 무슨 <u>근거</u>로 나에게 그런 말을 했는지 모르겠다.
① 경우　　② 계기　　③ 기회　　④ 이유

8 <u>바로</u> 출발할 테니까 조금만 기다려 주세요.
① 금방　　② 굳이　　③ 이미　　④ 괜히

정답　1.③　2.②　3.②　4.③　5.①　6.③　7.④　8.①

9 아이가 심하게 울더니 엄마를 보고 울음을 <u>그쳤다</u>.
① 가렸다　　② 거쳤다　　③ 숨겼다　　④ 멈췄다

10 방송에서는 담배 피우는 장면을 <u>규제하고</u> 있다.
① 허가하고　　② 가입하고　　③ 제한하고　　④ 완화하고

※ [11~12] 다음 (　)에 공통적으로 들어갈 단어를 고르십시오.

11
체력을 (　　) 매일 아침 운동을 시작했다.
동물을 (　　) 일은 그리 쉬운 일이 아니다.
아이를 잘 (　　) 위해 직장을 그만두었다.

① 늘리다　　② 자르다　　③ 돌보다　　④ 기르다

12
집에 (　　) 일이 생겨서 먼저 가보겠습니다.
차를 (　　) 운전하다가 사고가 났다.
그 사람은 성격이 (　　) 기다릴 줄을 모른다.

① 급하다　　② 괴롭다　　③ 귀찮다　　④ 빠르다

※ [13~15] 다음 밑줄 친 부분과 의미가 <u>반대인</u> 것을 고르십시오.

13 외출이 <u>금지되어</u> 동생이 답답해한다.
① 개방되어　　② 감소되어　　③ 허락되어　　④ 개선되어

14 10년 만에 <u>귀국했더니</u> 모든 것이 바뀌었다.
① 입국했더니　　② 출국했더니　　③ 고생했더니　　④ 관람했더니

15 집안 사정이 어려워져서 공부를 <u>그만두기로</u> 결정했다.
① 계속하기로　　② 고려하기로　　③ 간직하기로　　④ 강화하기로

정답) 9. ④　10. ③　11. ④　12. ①　13. ③　14. ②　15. ①

기부하다(寄附--)
동

to donate, to contribute / 寄付する / 捐献
전 재산을 사회에 기부한다는 것은 어려운 일이다.

기부금
그 사람은 기부금이 얼마인지 말하지 않았다.

기부액
기부액은 많을수록 좋다.

기부자
기부자의 이름은 아무도 모른다.

기출 회차 24, 21, 16회

기쁘다
형

to be glad, to be pleased / うれしい、喜ばしい / 高兴
친구를 오랜만에 만나니까 더 기쁘다.

기쁨
이 기쁨을 누구에게 전하고 싶습니까?

기출 회차 25, 22, 21, 20, 19회

기사(記事)
명

article, news / 記事 / 记事
오늘 아침 신문 기사를 보고 깜짝 놀랐다.

기출 회차 25, 23, 21, 20, 16회

기술(技術)
명

skill, technology / 技術 / 技术
예전부터 빵 만드는 기술을 배우고 싶었다.

기출 회차 24, 23, 22, 21, 20, 19, 17, 16회

기억(記憶)
명

memory, recollection / 記憶、もの覚え / 记忆
그 남자는 사고 후 기억을 잊어버렸다.

기억력
내 동생은 기억력이 아주 좋다.

기억나다
지갑을 어디에 두었는지 기억나지 않는다.

기억하다
가게 점원이 나를 기억하고 인사를 했다.

기출 회차 24, 23, 22, 21, 18, 17, 16회

기업 (企業)
명

company, corporation / 企業 / 企业
기업을 경영하는 것은 정말 어려운 일이다.

기업가
그는 성공한 기업가다.

기업인
대회의장에서 기업인들이 모임을 가졌다.

기출 회차 25, 24, 23, 22, 21, 20, 17, 16회

기온 (氣溫)
명

temperature / 気温 / 气温
내일은 전국의 기온이 영하로 떨어지겠습니다.

기출 회차 24, 23, 22, 21, 19회

기울이다
동

1. to pay (attention) / 傾ける、注ぐ / 集中
산에서는 주의를 기울이지 않으면 사고가 나기 쉽다.

2. to care about / 傾ける / 側(耳)
무슨 소리가 나는 것 같아서 귀를 기울였다.

기출 회차 25, 24, 23, 22, 20회

기존 (旣存)
명

the existing / 既存 / 现有
이 제품은 기존 제품보다 기능이 확실히 좋아졌다.

기출 회차 24, 21, 20, 18회

필수 어휘 1200 + 실전 연습 문제 660

기준(基準) 명

base, criteria / 基準 / 基准
성적을 기준으로 사람을 평가해서는 안 된다.

기준치
거리의 소음이 기준치를 넘었다.

기출 회차 25, 24, 22, 21, 20, 19, 17, 16회

기타(其他) 명

others / その他 / 其它
화장품이나 옷, 기타 생활용품을 모두 한 곳에서 구입할 수 있다.

기출 회차 24, 23, 18, 16회

기한(期限) 명

time limit, expiry date / 期限 / 期限
우유를 살 때에는 유통 기한을 꼭 확인해야 한다.

기출 회차 25, 24, 20, 17회

기혼(旣婚) 명

being married / 既婚 / 已婚
기혼 여성들이 가정과 직장 생활을 모두 잘하기가 어렵다.

기혼자
우리 학교 선생님은 모두 기혼자이다.

기출 회차 20, 18회

기회(機會) 명

1. opportunity / 機会、チャンス / 机会
그들은 드디어 공격의 기회를 갖게 되었다.

2. occasion / 機会、チャンス / 时间
너무 바빠서 친구를 만날 기회가 없다.

기출 회차 25, 24, 23, 22, 21, 20, 19, 17, 16회

긴장하다 (緊張--)
동

to string one's nerves / 緊張する / 紧张
너무 긴장하지 말고 마음을 편하게 가지세요.

긴장감
이 영화는 끝까지 긴장감을 늦출 수 없게 한다.

긴장되다
시험 때문에 긴장되어서 잠이 오지 않았다.

기출 회차 25, 22, 20, 19, 16회

깊다
형

1. to be considerate / (考えなどが)深い / 周到
그 여자는 생각이 깊은 사람이다.

2. to be deep / 深い / 深
이 수영장은 물이 깊어서 조심해야 한다.

깊이
시간이 있으면 좀 더 깊이 있는 여행을 하고 싶다.

기출 회차 25, 24, 22, 18, 16회

까닭
명

reason, cause / 理由、原因 / 理由
동생이 여행에서 예정보다 빨리 돌아온 까닭을 모르겠다.

기출 회차 25, 19, 17회

깜짝
부

to be startled / びっくり / (吓)一跳
아기가 큰 소리에 깜짝 놀라 울기 시작했다.

기출 회차 25, 21, 19, 18회

깨끗이
부

clean, cleanly / きれいに、さっぱりと / 干净
우리는 주말에 방을 깨끗이 청소했다.

기출 회차 19, 16회

깨다
동

to wake (up) / 覚める / 醒
빗소리에 잠이 깼다.

기출 회차 24, 20, 19회

깨닫다
동

to realize, to notice / 気づく、悟る / 意识到(错误)
친구는 자신의 잘못을 깨닫고 내게 사과를 했다.

기출 회차 24, 23, 22, 21, 19회

꺼내다
동

to take out / 取り出す、引き出す / 拿出
휴대전화를 꺼내어 책상 위에 올려놓았다.

기출 회차 25, 24, 22, 20, 17회

꺼리다
동

to avoid, to hesitate / 避ける、嫌がる / 不愿意
어머니께서는 택시비가 비싸다며 택시 타는 것을 꺼리셨다.

기출 회차 25, 18회

꼬리
명

tail / しっぽ / 尾巴
이 강아지는 몸은 큰데 꼬리가 짧네요.

기출 회차 24, 23회

꼼꼼히
부

carefully / 緻密に、几帳面に / 仔细
이 책을 처음부터 끝까지 꼼꼼히 읽어 보세요.

꼼꼼하다
우리 언니는 아주 꼼꼼한 성격이다.

기출 회차 22, 20, 16회

꼽다
동

to count / 指折る / 算
사람들은 세종대왕을 훌륭한 왕으로 꼽는다.

기출 회차 20, 16회

꽤
부

quite, pretty / かなり、ずいぶん / 相当
장사가 잘되어서 꽤 많은 돈을 모았다.

기출 회차 25, 24, 22, 21, 19, 16회

연습 문제

※ [1~5] 다음 (   )에 알맞은 것을 고르십시오.

1 (   )의 방법으로는 이 문제를 해결하기 어렵다.
   ① 기본　　　② 기존　　　③ 기준　　　④ 기술

2 뒤에서 갑자기 내 이름을 부르는 바람에 (   ) 놀랐다.
   ① 보통　　　② 깜짝　　　③ 굳이　　　④ 거의

3 좋은 (   )는 아무 때나 오는 것이 아니다.
   ① 기회　　　② 단계　　　③ 계기　　　④ 경우

4 너무 (   ) 시험을 잘 보기 어렵다.
   ① 기록하면　② 공격하면　③ 관찰하면　④ 긴장하면

5 예전에 비해 전화번호를 (   ) 사람이 적다.
   ① 고민하는　② 기억하는　③ 계산하는　④ 검사하는

※ [6~10] 다음 밑줄 친 부분과 의미가 비슷한 것을 고르십시오.

6 제출 <u>기한</u>이 지나서 보고서를 내지 못했다.
   ① 기일　　　② 계획　　　③ 관점　　　④ 과정

7 어른이 되고 나서 부모님의 마음을 <u>알게</u> 되었다.
   ① 믿게　　　② 갖게　　　③ 깨닫게　　④ 갖추게

8 친구가 수영을 못 하는 줄 알았는데 <u>제법</u> 잘해서 놀랐다.
   ① 늘　　　　② 꽤　　　　③ 아주　　　④ 매우

정답　1.② 2.② 3.① 4.④ 5.② 6.① 7.③ 8.②

9 요즘은 직원들에게 취미 생활을 적극적으로 권하는 회사들이 많다.
① 기관　　　② 기술　　　③ 기호　　　④ 기업

10 동생은 사람이 많은 곳에 가는 것을 꺼렸다.
① 그쳤다　　② 미뤘다　　③ 싫어했다　④ 포기했다

※ [11~12] 다음 (　)에 공통적으로 들어갈 단어를 고르십시오.

11
이 강은 (　　) 수영하면 위험하다.
밤이 (　　) 문을 연 가게가 없었다.
선생님의 (　　) 뜻을 오래 간직하겠습니다.

① 깊다　　　② 넓다　　　③ 좋다　　　④ 많다

12
컵을 (　　) 물이 쏟아지니까 조심하세요.
귀를 (　　) 새들의 노랫소리가 들린다.
사람의 마음을 움직이려면 정성을 (　　) 한다.

① 들다　　　② 흔들다　　③ 만지다　　④ 기울이다

※ [13~15] 다음 밑줄 친 부분과 의미가 반대인 것을 고르십시오.

13 기혼 직장 여성들을 위한 지원 정책이 필요하다.
① 결혼　　　② 미혼　　　③ 이혼　　　④ 재혼

14 그 남자는 가방에서 지갑을 꺼내어 밥값을 계산했다.
① 들어　　　② 넣어　　　③ 건져　　　④ 고쳐

15 어머니는 옷 한 벌을 사도 꼼꼼히 살펴본 후에 사신다.
① 대충　　　② 급히　　　③ 천천히　　　④ 자세히

정답　9. ④　10. ③　11. ①　12. ④　13. ②　14. ②　15. ①

꾸준히
부

steadily, constantly / 勤勉に、粘り強く / 坚持不懈地
운동을 꾸준히 하면 건강해진다.

기출 회차 25, 24, 23, 22, 21, 19, 18, 17, 16회

꿈
명

1. dream / 夢 / 梦
무서운 꿈을 꾸었다.

2. dream / 夢 / 理想
열심히 노력해서 꿈을 이루었다.

기출 회차 22, 20, 19, 18, 16회

끄다
동

1. to turn off / (電源を)切る / 关(机)
영화관에 들어갈 때 휴대전화를 껐다.

2. to turn off / 消す / 闭(灯)
외출할 때에는 불을 끄고 나가야 한다.

기출 회차 24, 19회

끊다
동

to hang up / 切る / 挂掉
통화를 하다가 친구가 갑자기 전화를 끊었다.

끊기다
인터넷 속도가 느려서 영화가 자꾸 끊겼다.

기출 회차 25, 23, 20, 16회

끌다
동

to attract, to draw / 引く / 吸引
요즘은 건강에 좋은 음식이 인기를 끌고 있다.

기출 회차 25, 24, 23, 22, 21, 20, 19, 18, 17, 16회

끝내
부

after all, at last / ついに、とうとう / 最终
그 사람은 끝내 오지 않았다.

기출 회차 23, 17회

끼치다
동

1. to cause, to occasion / (迷惑を)かける / 造成
불편을 끼쳐서 죄송합니다.

2. to influence / (影響を)及ぼす / 带来
과학의 발전은 사람들의 생활에 많은 영향을 끼친다.

기출 회차 25, 16회

나누다
동

1. to divide, to split (up) / 分ける / 分成
두 팀으로 나누어 경기를 시작했다.

2. to distribute / 配る / 分发
거리에서 광고지를 나누어 주는 일을 해 봤다.

기출 회차 23, 21, 20, 19, 18, 17, 16회

나다 동

1. to come to (membrance) / (記憶などが)思い出される / (想)起来
안경을 어디에 두었는지 기억이 나지 않는다.

2. to have (a breakdown) / (故障に)なる、壊れる / 发生(故障)
카메라가 고장이 나서 고치러 갔다.

3. to have (a sickness) / (病気に)なる / 生(病)
일을 너무 많이 해서 병이 났다.

4. to have (an article) / (新聞に)載る / 登載
신문에 건강에 관련된 기사가 많이 났다.

5. to have (a traffic accident) / (事故が)起こる / 发生(事故)
교통사고가 나서 많은 사람들이 다쳤다.

6. to get upset / (涙が)出る / 生(气)
너무 화가 나서 눈물이 났다.

7. to have a smell / (香りが)する / 有(味)
이 꽃에서는 좋은 냄새가 난다.

8. to bleed / (血が)出る / 出(血)
손을 다쳐서 피가 났다.

9. to have (time) / (時間が)空く / 有(空)
시간이 나면 놀러 오세요.

10. to make a (decision) / (結果が)出る、決まる / 做出(決定)
결정이 나면 바로 알려 주세요.

기출 회차: 25, 24, 23, 22, 21, 20, 19, 18, 17, 16회

나들이 명

trip, outing / 外出、お出かけ / 出游
봄이 되면 나들이를 가는 사람들이 많다.

기출 회차: 25, 18, 16회

나름 명

depending on / 次第 / 要看…
합격과 불합격은 공부하기 나름이다.

기출 회차: 22, 20회

나머지
명

the rest, the remainder / 余り、残り / 剩余
이 책만 두고 나머지는 모두 가지고 가세요.

기출 회차 25, 24회

낙엽 (落葉)
명

fallen leaves / 落ち葉 / 落叶
가을이 되면 거리에 낙엽이 많이 쌓인다.

기출 회차 23, 21회

나타나다
동

1. to appear, to show up / 現れる、表れる / 出現
골목길에서 갑자기 사람이 나타나서 놀랐다.

2. to produce (results) / 現れる、表れる / 显现
열심히 공부한 결과가 성적에 나타났다.

3. to show / 現れる、表れる / 表现
민족의 슬픔이 노래에 잘 나타나 있다.

기출 회차 25, 24, 23, 22, 21, 20, 19, 18, 16회

날개
명

wing / 翼 / 翅膀
닭은 날개가 있지만 날지 못한다.

날갯짓
새는 힘찬 날갯짓을 하며 하늘로 날아갔다.

기출 회차 23, 21, 20, 19회

날다
동

to fly / 飛ぶ / 飞
새가 하늘을 날고 있다.

날리다
아이들이 하늘 높이 연을 날리고 있다.

기출 회차 21, 20, 19, 16회

남다
동

1. to be left / 残る / 留下
여행을 다녀와서 남는 건 사진밖에 없다.

2. to be left over, to remain / 残る、余る / 剩
손님이 적게 와서 음식이 많이 남았다.

3. to be left / 残る / 留
수업이 끝나도 학생들이 교실에 남아 있었다.

4. to be left over, to remain / もうかる / 盈余
장사를 아무리 열심히 해도 남는 게 별로 없다.

5. to go down / (末永く)残る、伝わる / (永)存
불국사는 우리 역사에 길이 남을 만한 문화유산이다.

남기다
음식을 남기면 안 된다.

기출 회차 25, 24, 22, 21, 20, 19, 18, 17, 16회

낫다¹
형

to get better / 勝る、よい / 好
운동선수들은 좀 더 나은 기록을 내기 위해 밤낮으로 노력한다.

기출 회차 25, 23, 21, 20, 19회

낫다²
동

to recover / 治る / 痊愈
약을 먹었으니까 금방 나을 거예요.

기출 회차 21회

낭비 (浪費)
명

waste, dissipation / 無駄遣い / 浪費
그렇게 낭비가 심해서 언제 돈을 모을지 모르겠다.

낭비하다
지금 물이 부족하지 않다고 해서 낭비하면 안 된다.

기출 회차 25, 22, 19, 17, 16회

낮다
형

1. to be low / (高さなどが)低い / 矮
책상이 너무 낮아서 불편하다.

2. to be low / (温度が)低い / 下降
온도가 낮아져서 많이 추운 것 같다.

3. to be low / (確率などが)低い / 低
자녀가 많을수록 이혼율이 낮은 편이다.

4. to be low / (声などが)低い・小さい / 低(声)
그 사람은 조용하고 낮은 목소리로 말했다.

낮추다
눈높이를 낮추면 좋은 사람을 만날 수 있다.

기출 회차 25, 24, 23, 22, 21, 20, 19, 18, 17, 16회

낯설다
형

1. to be strange, to be unfamiliar / 見慣れない / 陌生
처음 만나는 사람인데도 낯설지 않다.

2. to be strange, to be unfamiliar / 見慣れない / 生疏
한국에 처음 왔을 때는 모든 것이 낯설었다.

기출 회차 24, 20, 17, 16회

연습 문제

※ [1~7] 다음 (   )에 알맞은 것을 고르십시오.

1 젊다고 해서 시간을 (   ) 안 된다.
① 낭비하면   ② 공지하면   ③ 정리하면   ④ 결정하면

2 아무리 기다려도 그 여자는 (   ) 오지 않았다.
① 마치   ② 끝내   ③ 과연   ④ 차마

3 요즘 인기를 (   ) 있는 노래를 들어 보았다.
① 받고   ② 끌고   ③ 걸고   ④ 끊고

4 지금은 힘들어도 (   ) 노력하다 보면 꼭 잘될 거예요.
① 아무리   ② 얼마나   ③ 꾸준히   ④ 오히려

5 시험에 합격하고 못 하고는 네가 하기 (   )이다.
① 마련   ② 때문   ③ 십상   ④ 나름

6 비가 오기 전에는 새가 낮게 (   ).
① 뛴다   ② 난다   ③ 본다   ④ 간다

7 꼭 필요한 것만 남기고 (   )는 모두 버렸다.
① 일부   ② 다수   ③ 나머지   ④ 마무리

※ [8~9] 다음 밑줄 친 부분과 의미가 비슷한 것을 고르십시오.

8 선생님의 말씀은 내 인생에 많은 영향을 <u>끼쳤다</u>.
① 주었다   ② 얻었다   ③ 남겼다   ④ 입었다

9 유명한 요리사가 되는 것이 나의 <u>꿈</u>이다.
① 기억   ② 희망   ③ 습관   ④ 관심

정답: 1.① 2.② 3.③ 4.③ 5.④ 6.② 7.③ 8.① 9.②

※ [10~12] 다음 ( )에 공통적으로 들어갈 단어를 고르십시오.

10
시간이 ( ) 차라도 한잔 같이 해요.
회의 날짜가 결정이 ( ) 바로 알려 주세요.
얼굴에 땀이 너무 많이 ( ) 수건으로 닦았다.

① 나다　　② 되다　　③ 흐르다　　④ 생기다

11
이렇게 싸게 팔면 ( ) 게 전혀 없어요.
역사에 길이 ( ) 만한 훌륭한 작품이다.
10명이 먹고도 ( ) 만큼 음식을 많이 만들었다.

① 주다　　② 남다　　③ 갖다　　④ 받다

12
소설 속에는 작가의 정신이 잘 ( ) 있다.
그 사람은 성공해서 친구들 앞에 다시 ( ).
몸에 다시 이상한 증세가 ( ) 빨리 병원에 오세요.

① 바뀌다　　② 가리다　　③ 드러나다　　④ 나타나다

※ [13~15] 다음 밑줄 친 부분과 의미가 반대인 것을 고르십시오.

13 급한 일이 생겨서 가스 불을 그냥 켜 놓고 나왔다.
① 꺼　　② 깨　　③ 그쳐　　④ 고쳐

14 일하는 것을 보니까 형보다 동생이 더 낫다.
① 진하다　　② 못하다　　③ 강하다　　④ 약하다

15 이사 온 지 얼마 안 되어서 모든 것이 낯설기만 하다.
① 새롭기만　　② 무섭기만　　③ 신선하기만　　④ 익숙하기만

정답　10. ①　11. ②　12. ④　13. ①　14. ②　15. ④

낳다 〈동〉

1. to give birth, to bear / 産む / 分娩
그 여자는 아기를 낳고 나서 편히 쉬지도 못했다.

2. to give birth / 生む、もたらす / 养育
그 사람은 한국이 낳은 훌륭한 과학자이다.

기출 회차 23, 21회

내내 〈부〉

through, all the time / ずっと、～中 / 一直
동생은 방학 내내 아르바이트를 했다.

기출 회차 25, 24, 23, 22, 21, 19회

내놓다 〈동〉

1. to unveil, to show / 出す / 推出
이번에 우리 회사에서 신제품을 내놓았다.

2. to deliver up / 出す、寄付する / 献出
그 기업가는 자신의 재산을 모두 사회에 내놓았다.

3. to offer, to put / 売りに出す / 出售
집을 팔려고 내놓은 사람들이 많다.

기출 회차 24, 21, 19회

내다 〈동〉

1. to pay / (お金を)払う、もてなす / 支付
오늘 식사비는 제가 내겠습니다.

2. to open (a store) / (店を)出す、始める / 开(店铺)
언니와 돈을 모아서 새로 가게를 냈다.

3. to express / (意見を)出す / 提出
좋은 의견을 내 주세요.

4. to make, to produce / (利益を)出す / 赢得(利润)
가게가 잘 안돼서 이익을 내지 못했다.

5. to get (angry) / 怒る / 生(气)
화를 내는 것은 건강에 좋지 않다.

6. to produce / (結果を)出す / 得出(结果)
좋은 결과를 내기 위해 많은 노력을 했다.

7. to publish, to put out / (本を)出す / 出(书)
오랜 기간 노력을 해서 책을 내게 되었다.

8. to apply / (願書を)出す / 提出
대기업에 지원서를 냈다.

9. to bring out / (味を)出す / 提(味)
맛을 내려면 좋은 재료를 사용해야 한다.

10. to have (an accident) / (事故を)起こす / 出(事故)
술을 마시고 운전을 하다가 사고를 냈다.

11. to make (a time) / (時間を)空ける・割く / 抽(时间)
안 바쁘시면 시간 좀 내 주세요.

12. to take (time off) / (休みを)とる / 请(假)
여행을 가려고 회사에 휴가를 냈다.

기출 회차 25, 24, 23, 22, 21, 20, 19, 18, 17, 16회

내리다
동

1. to fall, to come down / (雨が)降る / 下(雨)
아침부터 비가 내렸다.

2. to take down / (バスから)降りる / 下(车)
버스에서 내려서 한 시간을 걸었다.

3. to get out, to get off / (場所で)降りる / 下(车)
인사동에 가려면 안국역에 내려서 조금 걸어야 해요.

4. to lower, to decrease / (値段などが)下がる / 下降
등록금이 조금 내렸다.

5. to go down, to drop / (温度などが)下がる / 退(烧)
약을 먹었더니 열이 내렸다.

6. to make (a decision) / (結論などを)下す / 下(结论)
이것은 결론을 내리기 어려운 문제다.

7. to unload / (上から下へ)下す / 卸(货)
차에서 짐을 내려 주세요.

기출 회차 25, 24, 23, 22, 21, 20, 19, 18, 17, 16회

내밀다
동

to hold out, to stretch out / 出す、突き出す / 伸(手)
동생은 창밖으로 손을 내밀어서 흔들었다.

기출 회차 25, 17회

내보내다
동

1. to send out / 出す、送り出す / 播出
좋은 방송을 내보내기 위해서 많은 사람들이 일을 하고 있다.
2. to send out, to emit / 出す、噴出す、追い出す / 排(烟)
창문을 열고 담배 연기를 내보냈다.

기출 회차 25, 24, 16회

널리
부

widely / 広く、あまねく / 广泛地
그 이야기가 세상에 널리 알려졌다.

기출 회차 25, 22, 21, 20, 18, 17회

넘다
동

to exceed / 超える、越す / 超过
물건 값이 백만 원이 넘는다.

넘기다
버스는 예정 시간을 한 시간이나 넘겨서 도착했다.

기출 회차 25, 24, 23, 22, 21, 20, 19, 18, 17, 16회

넘치다
동

to overflow / 溢れる、満ちる / 充满
그 남자의 얼굴에는 자신감이 넘쳤다.

기출 회차 25, 23, 22, 20, 19, 18회

넣다
동

1. to put in / 入れる / 装
가방이 커서 이것저것 넣기에 좋다.

2. to put into / 入れる / 放
커피에 설탕을 넣었다.

3. to put in, to deposit / 預ける / 存
현금은 은행에 넣어 두는 것이 좋다.

4. to summit, to send in / 出す、提出する / 递交
건설회사에 이력서를 넣었다.

기출 회차 25, 24, 23, 22, 21, 20, 19, 18, 17, 16회

노동 (勞動)
명

abor, work / 労働 / 劳动
노동 시간을 줄이자는 의견이 나왔다.

노동량
그 회사는 월급에 비해 노동량이 너무 많다.

노동력
노인 인구가 늘면서 노동력이 감소되고 있다.

기출 회차 19, 18회

노력 (努力)
명

effort, exertion / 努力 / 努力
무슨 일이든지 노력을 기울여야 좋은 결과를 낼 수 있다.

노력하다
그동안 열심히 노력했으니까 꼭 합격할 거예요.

기출 회차 25, 24, 23, 22, 21, 20, 19, 18, 17, 16회

녹다
동

1. to thaw out / 解ける / 溶化
오후가 되면서 어젯밤에 내린 눈이 녹기 시작했다.

2. to dissolve / 溶ける / 溶解
설탕은 찬 물에 잘 녹지 않는다.

기출 회차 23, 22회

논리적 (論理的)
명

logic / 論理的 / 逻辑地
주장하는 글은 논리적으로 써야 한다.

기출 회차 24, 22, 21, 17회

놀라다
동

1. to be startled / 驚く、びっくりする / 惊吓
큰 소리가 나서 깜짝 놀랐다.

2. to be surprised / 驚く、びっくりする / 吃惊
백화점에 사람들이 생각보다 많아서 놀랐다.

기출 회차 25, 23, 21, 19, 18회

놀랍다
형

1. to be amazing / 素晴らしい、目覚しい / 惊人
과학이 발전하면서 놀라운 기술이 개발되고 있다.

2. to be marvelous / 驚くべきだ / 令人吃惊
그 아이는 놀랍게도 한 번 듣고 그 음악을 연주했다.

3. to be surprising / 驚くべきだ / 出乎意外
매일 싸우던 두 사람이 결혼을 하다니 정말 놀라운 일이다.

기출 회차 25, 19, 17회

놀이
명

play, amusement / 遊び / 游戏
아이들과 함께 재미있는 놀이를 했다.

놀이공원
처음으로 놀이공원에 가 보았다.

놀이방
직장에 다니는 엄마는 아이를 놀이방에 맡긴다.

놀이터
아이들이 놀이터에서 놀고 있었다.

기출 회차 25, 24, 21, 19, 17회

연습 문제

※ [1~7] 다음 ( )에 알맞은 것을 고르십시오.

1 윷놀이는 한국의 전통 ( )이다.
① 상황　② 작품　③ 습관　④ 놀이

2 자식을 ( ) 기르는 일은 매우 어렵고 힘든 일이다.
① 놓아　② 낳아　③ 닮아　④ 감아

3 나는 일 년 ( ) 아르바이트를 해서 등록금을 모았다.
① 내내　② 항상　③ 계속　④ 거의

4 독서는 ( )으로 사고하는 데에 도움이 된다.
① 부정적　② 감정적　③ 논리적　④ 절대적

5 이렇게 좋은 일은 사람들에게 ( ) 알려야 한다.
① 과연　② 널리　③ 괜히　④ 가득

6 그 사람은 내게 작은 상자 하나를 ( ).
① 열었다　② 가렸다　③ 내밀었다　④ 드러냈다

7 냉장고가 고장 나서 아이스크림이 모두 ( ) 버렸다.
① 얼어　② 녹아　③ 겹쳐　④ 날려

※ [8~10] 다음 밑줄 친 부분과 의미가 비슷한 것을 고르십시오.

8 어린 나이에 외국어를 그렇게 잘하다니 정말 <u>대단하다</u>.
① 기쁘다　② 놀랍다　③ 두렵다　④ 끝없다

9 입학 서류 제출 기한이 <u>지나서</u> 다음 학기까지 기다려야 한다.
① 나가서　② 끊겨서　③ 강해서　④ 넘어서

정답 1.④ 2.② 3.① 4.③ 5.② 6.③ 7.② 8.② 9.④

10 내가 회사에서 하는 일의 양에 비해 월급이 너무 적다.

① 노동　　　② 능력　　　③ 경쟁　　　④ 경험

※ [11~13] 다음 (　) 에 공통적으로 들어갈 단어를 고르십시오.

11
> 아이를 잃어버려서 신문에 광고를 (　　).
> 눈길에 빨리 달리다가 사고를 (　　) 말았다.
> 용기를 (　　) 그 사람에게 좋아한다고 말을 했다.

① 나다　　　② 내다　　　③ 가지다　　　④ 만들다

12
> 명함을 받아서 지갑에 (　　).
> 원하는 대학에 지원서를 (　　).
> 김치찌개에 돼지고기를 (　　) 끓였다.

① 넣다　　　② 담다　　　③ 보내다　　　④ 감추다

13
> 환율이 조금씩 (　　) 있어서 다행이다.
> 약을 먹었더니 열이 (　　).
> 차에서 (　　) 사람들이 한꺼번에 출구로 몰렸다.

① 오르다　　② 내리다　　③ 떨어지다　　④ 다가가다

※ [14~15] 다음 밑줄 친 부분과 의미가 반대인 것을 고르십시오.

14 내 동생은 모든 일에 자신감이 넘친다.

① 흐른다　　② 다친다　　③ 나타난다　　④ 모자란다

15 날씨가 좋아서 화분을 밖에 내놓았다.

① 집어넣었다　② 올려놓았다　③ 들여놓았다　④ 끌어넣었다

정답 10.③ 11.② 12.① 13.② 14.④ 15.③

놓다
동

1. to release / 放す / 松(手)
아이는 엄마 손을 놓지 않고 꼭 잡고 있었다.

2. to take it easy / 安心する、ほぐす / 放(心)
다 잘될 테니까 마음 놓으세요.

3. to lie / 置く / 摆放
책상 위에는 컴퓨터가 놓여 있다.

4. to give (an injection) / 打つ、注射する / 打(针)
주사를 놓으려고 하자 아이가 울기 시작했다.

기출 회차 24, 23, 22, 20, 19, 18, 17, 16회

놓치다
동

1. to miss, to lose / 落とす / 丢掉
그 사람은 들고 있던 가방을 놓쳤다.

2. to miss / 乗り遅れる、逃す / 搭不上
기차를 놓쳐서 약속 시간에 늦었다.

기출 회차 23, 22, 19, 18, 17, 16회

뇌(腦)
명

brain / 脳 / 大脑
친구는 교통사고로 머리를 다쳐서 뇌 수술을 했다.

기출 회차 25, 24, 22, 19, 18회

누르다
동

to press, to push / 押す、押さえる / 按
버스에서 내리려면 벨을 누르십시오.

기출 회차 24, 21회

누리다
동

to enjoy / 享受する / 享受
사람은 누구나 행복을 누리며 살고 싶어 한다.

기출 회차 18, 16회

눕다
동

to lie down / 横たわる、横になる / 躺
누워서 책을 보는 것은 좋지 않다.

눕히다
바닥에서 자는 아이를 침대에 눕혔다.

기출 회차 25, 21, 20, 16회

느끼다
동

1. to feel / 感じる / 感觉
자다가 배고픔을 느껴서 깼다.

2. to feel / 感じる / 感觉
하고 싶은 일을 하면서 살아야 기쁨을 느낄 수 있다.

3. to feel / 感じる / 感觉
우리는 환경 보호의 필요성을 느꼈다.

4. to feel / 感じる、思う / 感觉
선생님의 표정을 보고 시험에 떨어졌다는 것을 느낄 수 있었다.

기출 회차 25, 24, 23, 22, 21, 20, 19, 18, 17, 16회

늘
부

always, all the time / いつも、常に / 总是
아버지는 아침마다 늘 신문을 보신다.

기출 회차 24, 23, 22, 21, 18, 17회

늘다
동

1. to gain / 増える / 增加
밥을 많이 먹었더니 몸무게가 늘었다.

2. to improve / 伸びる / 提高
열심히 연습하니까 실력이 늘었다.

3. to increase / 伸びる、延長する / 延长
백화점 영업시간이 한 시간 늘었다.

늘리다
아이들을 위한 놀이 공간을 더 늘려야 한다.

늘어나다
가족과 함께 휴가를 떠나는 사람들이 늘어났다.

기출 회차 25, 24, 23, 22, 21, 20, 18, 17, 16회

능력(能力)
명

ability, capacity / 能力 / 能力
그 사람은 문제 해결 능력이 뛰어나다.

기출 회차 25, 24, 23, 22, 21, 19, 18, 17, 16회

다가가다
동

to approach / 近づく、近寄る / 接近
그 사람에게 다가가는 것이 너무 어렵다.

다가오다
친구가 웃으며 내게 다가왔다.

기출 회차 25, 20, 18, 17, 16회

다루다
동

1. to handle / 扱う、取り扱う / 使用
유리는 깨지기 쉬우니까 조심해서 다뤄야 한다.

2. to handle / 扱う / 登載
모든 신문에서 그 사건을 다루고 있다.

기출 회차 20, 17회

다소(多少)
부

somewhat, more or less / 多少 / 多少
집값이 작년보다 다소 내렸지만 그래도 아직은 비싸다.

기출 회차 25, 19, 17회

다수(多數)
명

majority / 多数 / 多数
이번 일은 다수의 의견에 따라 결정할 것이다.

기출 회차 19, 18회

다양하다 (多樣--)
형

to be various / 様々だ、いろいろだ / 各种各样
제주도는 먹을거리와 구경거리가 다양하다.

기출 회차 25, 24, 23, 22, 21, 20, 19, 18, 17, 16회

다치다
동

1. to hurt, to get hurt / 怪我する / 受伤
교통사고가 나서 많은 사람들이 다쳤다.

2. to hurt / 傷つく、痛む / 伤(心)
친구의 거짓말에 마음을 다쳤다.

3. to injure / 傷つける / 损坏
작품이 다치지 않도록 조심해 주세요.

기출 회차 24, 23, 22, 21, 19, 17, 16회

다투다
동

to argue, to fight / 戦う、争う / 吵架
친구와 다퉜는데 내가 먼저 사과를 했다.

기출 회차 24, 19회

다하다
동

1. to dedicate / 尽くす / 尽(力)
최선을 다해서 열심히 했으니까 잘될 거야.

2. to dedicate / 果たす / 尽(责)
자신의 책임을 다해 주기를 바란다.

기출 회차 24, 23, 21, 19, 18, 17, 16회

다행 (多幸)
명

a happy feature / 幸い、幸運 / 幸亏
잠깐이라도 얼굴을 봐서 다행이다.

다행히
사고가 났지만 다행히 다친 사람이 없었다.

기출 회차 25, 24, 23, 22, 21, 20, 18, 16회

닦다
동

1. to clean, to brush / 磨く / 刷(牙)
하루에 세 번 이를 닦는다.
2. to clean, to wipe / 拭く / 擦(汗)
그 남자는 땀이 나자 손수건으로 땀을 닦았다.

기출 회차 23, 21, 20, 17, 16회

단(但)
부

provided (that) / 但し / 但
얼마든지 놀아도 좋다. 단, 술은 마시면 안 된다.

기출 회차 20, 19, 16회

단계(段階)
명

stage, phase, step / 段階、レベル / 阶段
아이들의 성장 단계에 맞는 교육이 필요하다.

기출 회차 24, 17회

단순하다(單純--)
형

to be simple / 単純だ / 简单
그 사람이 화가 난 이유는 단순하지 않다.

단순히
이 문제는 그렇게 단순히 생각하면 안 된다.

기출 회차 24, 23, 18, 16회

단원(團圓)
명

member / 団員 / 队员
축구 단원이 되면 운동화를 무료로 받는다.

기출 회차 25, 20회

단위(單位)
명

1. unit / 単位 / 单位
요즘은 가족 단위의 관광객들이 늘고 있다.

2. (weekly) basis / 単位 / 单位
새로 시작한 아르바이트는 1주일 단위로 돈을 받는다.

기출 회차 25, 23, 22, 18회

연습 문제

※ [1~6] 다음 (   )에 알맞은 것을 고르십시오.

1 그 사람은 계산하는 데에 뛰어난 (   )을 가지고 있다.
① 기준   ② 능력   ③ 관심   ④ 관계

2 컴퓨터를 잘 (   ) 사람을 보면 정말 부럽다.
① 내리는   ② 거두는   ③ 가꾸는   ④ 다루는

3 (   )의 의견에 따라 야유회 장소가 결정되었다.
① 공개   ② 다수   ③ 기대   ④ 개별

4 이 버튼을 (   ) 따뜻한 물이 나옵니다.
① 닫으면   ② 끊으면   ③ 누르면   ④ 꺼내면

5 이 잡지는 1주일 (   )로 나온다.
① 단위   ② 단계   ③ 시기   ④ 계기

6 여러 사람들의 (   ) 의견을 듣고 싶다.
① 별다른   ② 다양한   ③ 무거운   ④ 귀찮은

※ [7~9] 다음 밑줄 친 부분과 의미가 비슷한 것을 고르십시오.

7 어머니는 내게 늘 긍정적인 마음을 가지라고 말씀하셨다.
① 거의   ② 모두   ③ 항상   ④ 전부

8 친한 친구와 <u>다투고</u> 나니까 마음이 무겁다.
① 만나고   ② 싸우고   ③ 나누고   ④ 고치고

9 친구와 이야기를 하고 나니 무거웠던 기분이 <u>다소</u> 가벼워졌다.
① 많이   ② 끝내   ③ 매우   ④ 조금

정답 1.② 2.④ 3.② 4.③ 5.① 6.② 7.③ 8.② 9.④

※ [10~12] 다음 ( )에 공통적으로 들어갈 단어를 고르십시오.

10
그 가구는 여기에 ( ) 주세요.
시험이 끝나서 마음 ( ) 놓았다.
일의 결과만 ( ) 보면 누가 잘못한 건지 알 수 없다.

① 잡다　　② 놓다　　③ 옮기다　　④ 겹치다

11
양로원에서 자원봉사를 하면서 보람을 ( ).
아이의 잘못에 대해 부모로서 책임을 ( ) 할 것이다.
혼자 나와 살면 가족의 중요성을 더욱 ( ) 수 있다.

① 견디다　　② 나누다　　③ 가지다　　④ 느끼다

12
비행기 사고로 많은 사람들이 ( ).
그림이 ( ) 않게 조심해서 가져다주세요.
이번 일로 학생이 마음을 ( ) 되어 안타깝다.

① 깨지다　　② 버리다　　③ 다치다　　④ 고치다

※ [13~15] 다음 밑줄 친 부분과 의미가 반대인 것을 고르십시오.

13 한국 사람과 이야기를 자주 하다 보니까 말하기 실력이 늘었다.
① 내렸다　　② 줄었다　　③ 맞았다　　④ 높았다

14 시험 문제가 너무 복잡해서 풀기가 어렵다.
① 훌륭해서　　② 강력해서　　③ 대단해서　　④ 단순해서

15 일을 많이 했더니 피곤해서 잠깐 누웠는데 잠이 들었다.
① 가져왔는데　　② 내놓았는데　　③ 일어났는데　　④ 나타났는데

정답 10. ②　11. ④　12. ③　13. ②　14. ④　15. ③

단체 (團體)
명

1. group / 団体、ツアー / 团体
단체 여행은 자유롭지 못해서 가고 싶지 않다.

2. organization / 団体 / 团队
대학생 때 환경 보호 단체에 가입했다.

기출 회차 24, 18회

단풍 (丹楓)
명

autumn colors / 紅葉 / 枫叶
산에 단풍이 들기 시작했다.

기출 회차 23, 21, 16회

닫다
동

1. to close, to shut / 閉める、閉じる / 关(门)
동생은 화가 나서 방문을 세게 닫았다.

2. to close up / 閉める / 关(门)
밤 12시에 가게 문을 닫는다.

3. to shut down / 閉める、閉鎖する / 停(业)
경제가 안 좋아서 크고 작은 회사들이 문을 닫았다.

기출 회차 25, 24, 22, 19, 16회

달리다
동

1. to run / 走る、駆ける / 跑
나는 지각하지 않으려고 학교까지 달렸다.

2. to drive / 走る / 奔驰
달리는 차에서 손을 내밀면 위험하다.

기출 회차 25, 24, 22, 21, 18회

달성하다 (達成--)
동

to achieve / 達成する / 达到
목적을 달성하려면 많은 노력이 필요하다.

기출 회차 21, 18회

닮다
동

1. to resemble, to look like / 似る / 相似
아들이 아버지와 꼭 닮았다.

2. to imitate / 見習う / 模仿
네 형을 닮아 공부 좀 해라.

기출 회차 22, 19회

담다
동

1. to put on(in) / 盛る、入れる / 放
과일을 접시에 담아서 식탁에 놓아두었다.

2. to contain / 込む、盛り込む / 承載
마음을 담은 선물을 하고 싶다.

담기다
정성이 가득 담긴 편지를 받았다.

기출 회차 25, 24, 22, 21, 20, 17회

담당하다 (擔當--)
동

to take charge of / 担当する / 负责
나는 청소를, 언니는 빨래를 담당했다.

담당자
자세한 것은 담당자에게 물어보세요.

기출 회차 24, 22, 21, 19, 18, 16회

답답하다
형

1. to be pent-up / 心配だ、いらいらする / 烦闷
친구와 며칠째 연락이 안 돼서 답답하다.

2. to be uncomfortable / 息苦しい、胸やけする / 闷心
너무 많이 먹어서 속이 답답하다.

3. to be suffocating / 苦しい、狭苦しい / 憋闷
방이 좁아서 답답하다.

답답해하다
입원 기간이 길어지면서 동생이 답답해했다.

기출 회차 25, 23, 22, 21, 19, 18회

답하다 (答--)
동

to answer / 答える / 回答
질문에 답하세요.

기출 회차 21, 16회

당국 (當局)
명

the authorities / 当局 / 当局
관계 당국이 이번 일에 대한 입장을 밝혔다.

기출 회차 21, 16회

당기다
동

1. to pull, to draw / 引っ張る / 拽
손잡이를 앞으로 당기면 문이 열린다.

2. to avdvance / 繰り上げる、早める / 提前
10월 예정이던 귀국 날짜를 9월로 당겼다.

3. to give (an appetite) / (食欲などを)注ぐ / 提(食欲)
가을은 식욕이 당기는 계절이다.

기출 회차 24, 23, 22, 21회

당분간 (當分間)
명

for a while / 当分の間 / 暫时
이번 일이 끝나면 당분간 쉴 계획이다.

기출 회차 25, 18, 16회

당시 (當時)
명

at that time / 当時 / 当时
오래전 일이지만 그 당시를 생각하면 아직도 마음이 아프다.

기출 회차 23, 17회

당연하다 (當然--)
형

to be natural / 当然だ、当たり前だ / 當然
부모가 자식을 걱정하는 건 당연하다.

당연히
어려운 사람을 보면 당연히 도와야 한다.

기출 회차 24, 23, 22, 20, 19, 17회

당장(當場)
명

for now, for the time being / 直ちに、すぐ / 马上
그 옷은 지금 당장은 아니지만 나중에 입을 거예요.

기출 회차 21, 19, 17회

당하다(當--)
동

1. to have (an accident) / (事故に)遭う / 遭受
아버지께서 사고를 당하셔서 병원에 입원하셨다.

2. to overcome / 適う、匹敵する / 比得上
술에 대해서는 그 사람을 당할 수가 없다.

3. to humiliate oneself / (恥を)かく / 丢(丑)
사람들 앞에서 창피를 당했다.

기출 회차 25, 23, 21, 20, 19, 18, 17회

당황스럽다 (唐慌---)
형

to be embarrassed / 慌てる、面食らう / 心慌
너에게 좋아한다는 말을 들으니까 당황스럽다.

당황하다
택시에 지갑을 두고 내려서 당황했다.

기출 회차 23, 20회

닿다
동

1. to reach, to touch / 届く、つく / 够着
책이 너무 높은 곳에 있어서 손이 닿지 않았다.

2. to reach, to touch / 届く、つく / 着(地)
물속에서 발이 땅에 닿지 않아서 무서웠다.

기출 회차 24, 23, 22, 21회

대기(待機)
명

standing by / 待機 / 等候
큰 병원은 대기 시간이 너무 길어서 불편하다.

기출 회차 20, 17, 16회

대다
동

1. to put, to touch / 当てる、つける / 贴
전화기를 귀에 대고 조용히 말했다.

2. to ride up to / 泊める、駐車する / 停车
주차장이 좁아서 차를 댈 곳이 없다.

기출 회차 21, 18회

대단하다
형

1. to be great, to be tremendous / 素晴らしい、凄い / 了不起
그 어려운 일을 해내다니 정말 대단하다.

2. to be great, to be tremendous / (程度が)甚だしい / 很高
그 선수에 대한 국민들의 기대가 대단하다.

기출 회차 21, 17회

대부분 (大部分)
명
부

majority, most (of) / 大部分 / 大部分
학생들 대부분이 아침을 먹지 않고 학교에 온다.
그 사람의 말은 대부분 믿을 수 없었다.

기출 회차 25, 22, 21, 20, 19, 18, 17, 16회

대상 (對象)
명

object, target / 対象 / 对象
그 여자는 언제나 관심의 대상이 된다.

기출 회차 25, 24, 23, 22, 21, 20, 19, 18, 17, 16회

대신 (代身)
명

1. instead of / 代わり、代用 / 替代
구두 대신 운동화를 신고 출근했다.

2. instead / 代わり / 补偿
이 집은 학교에서 먼 대신에 깨끗하다.

대신하다
오늘은 어머니를 대신해서 언니가 식사 준비를 했다.

기출 회차 24, 23, 20, 19, 18, 17, 16회

대여하다(貸與--)
동

to rent / レンタルする / 租借
회의실을 대여하는 데에 돈이 들었다.

기출 회차 24, 21회

대중(大衆)
명

the public / 大衆 / 大众
그 가수는 대중의 인기를 얻었다.

대중교통
주차장이 없으니까 대중교통을 이용하세요.

대중적
컴퓨터가 대중적으로 널리 보급되었다.

대중화
이제는 골프가 대중화되었다.

기출 회차 24, 21, 20, 18, 17, 16회

연습 문제

※ [1~4] 다음 (   )에 알맞은 것을 고르십시오.

1 어렸을 때에는 관심의 (   )이 자주 바뀐다.
① 대상　　② 경향　　③ 계획　　④ 계산

2 (   )의 마음을 얻으려면 끊임없는 노력을 기울여야 한다.
① 공공　　② 기관　　③ 대중　　④ 사회

3 공부를 전혀 하지 않았으니 시험에 떨어지는 것이 (   ).
① 궁금하다　　② 당연하다　　③ 솔직하다　　④ 냉정하다

4 몸이 좋지 않아서 (   ) 쉬고 싶습니다.
① 당시　　② 결국　　③ 나머지　　④ 당분간

※ [5~9] 다음 밑줄 친 부분과 의미가 비슷한 것을 고르십시오.

5 자전거를 <u>빌려</u> 주는 곳이 있는지 알아보았다.
① 대신해　　② 대여해　　③ 고려해　　④ 지급해

6 이번 지진으로 수많은 사람들이 피해를 <u>당했다</u>.
① 입었다　　② 견뎠다　　③ 구했다　　④ 끼쳤다

7 사람들은 <u>대부분</u> 크고 좋은 집에서 살고 싶어한다.
① 내내　　② 대개　　③ 무척　　④ 과연

8 길을 가다가 그 사람과 너무나 <u>비슷한</u> 사람을 보았다.
① 닮은　　② 다른　　③ 그리운　　④ 귀찮은

9 목표를 <u>달성하려면</u> 좀 더 노력해야 한다.
① 키우려면　　② 낳으려면　　③ 이루려면　　④ 가지려면

정답　1. ①　2. ③　3. ②　4. ④　5. ②　6. ①　7. ②　8. ①　9. ③

※ [10~12] 다음 (   )에 공통적으로 들어갈 단어를 고르십시오.

10
저의 마음을 (   ) 선물을 준비했습니다.
집에서 만든 술을 유리병에 (   ) 놓았다.
그 사람은 입에 (   ) 못할 말을 아무렇지 않게 했다.

① 담다　② 넣다　③ 타다　④ 갖다

11
차를 우리 집 문 앞에 (   ) 마십시오.
목소리가 작아서 전화기를 귀에 가까이 (   ).
벽에 칠을 했기 때문에 손을 (   ) 안 된다.

① 잡다　② 대다　③ 들다　④ 들다

12
문을 앞으로 (   ) 열립니다.
아버지가 편찮으셔서 결혼 날짜를 (   ).
식욕이 (   ) 걸 보니까 병이 다 나은 것 같다.

① 당기다　② 미루다　③ 생기다　④ 만지다

※ [13~15] 다음 밑줄 친 부분과 의미가 반대인 것을 고르십시오.

13 마음을 <u>열고</u> 귀를 기울이면 새로운 것이 보인다.
① 밀고　② 끊고　③ 끌고　④ 닫고

14 <u>단체</u> 생활을 할 때에는 규칙에 따라야 한다.
① 개인　② 공동　③ 단위　④ 기존

15 밖에 돌아다니지 말고 <u>당장</u> 집에 들어와라.
① 빨리　② 어서　③ 곧바로　④ 나중에

정답 10. ①　11. ②　12. ①　13. ④　14. ①　15. ④

대책 (對策)
명

measure, countermeasure / 対策 / 对策
그것은 이 문제에 대한 근본적인 대책이 아니다.

기출 회차 25, 24, 23, 21, 20, 19, 17회

대출 (貸出)
명

lending / 貸し出し / 出借
학생증이 있는 학생들에게만 책을 대출해 준다.

기출 회차 22, 18회

대충
부

roughly / おおまかに、大ざっぱに / 粗略
아무리 바빠도 일을 대충 하면 안 된다.

기출 회차 23, 18, 17회

대표 (代表)
명

representative / 代表 / 代表
그 사람은 국가 대표 선수로 올림픽에 나갔다.

대표적
선생님의 대표적인 작품에는 어떤 것들이 있습니까?

대표팀
국가 대표팀의 감독 자리를 모두 거절했다.

대표하다
제주도는 한국을 대표하는 관광지다.

기출 회차 25, 22, 21, 20, 19, 18, 17, 16회

대피 (待避)
명

evacuation / 待避、避難 / 避难
지진이 나면 대피 시설로 피해야 한다.

대피하다
화재가 나자 사람들이 재빨리 밖으로 대피했다.

기출 회차 25, 24, 18회

대하다(對--)
동

1. to face, to confront / 向かい合う / 面对面
서로 얼굴을 대하고 이야기하면 좋겠다.

2. to treat / 相手にする / 待(人)
그 선생님은 학생들을 친구처럼 대해 주신다.

기출 회차 24, 23, 22, 20, 17회

더욱
부

more, increasingly / もっと、さらに、一層 / 更加
시험이 더욱 어려워졌다.

기출 회차 25, 24, 23, 22, 21, 20, 18, 16회

덜다
동

1. to reduce / 減らす、分ける / 省(饭)
속이 안 좋아서 밥그릇에서 밥을 반쯤 덜었다.

2. to relieve / 減らす / 省(心)
아버지께서 빨리 회복하셔서 걱정을 덜었다.

기출 회차 24, 23, 19, 16회

덮다
동

to cover / かける、被せる / 盖(被)
감기에 걸려서 두꺼운 이불을 덮고 잤다.

덮이다
친구 집에는 식탁에 식탁보가 덮여 있었다.

기출 회차 25, 22회

도대체
부

at all, ever / まったく、いったい / 终究
나는 그 사람의 행동을 도대체 이해할 수가 없다.

기출 회차 24, 22, 19, 16회

도로 (道路)
명

road / 道路 / 公路
출퇴근 시간에는 도로에 차가 많다.

기출 회차 24, 23, 22, 18, 17, 16회

도무지
부

not at all / どうしても、さっぱり / 怎么也…
그 사람의 이름이 도무지 생각이 나지 않는다.

기출 회차 24, 21회

도서 (圖書)
명

book / 図書 / 图书
일 년에 한 번씩 도서 전시회가 열린다.

기출 회차 22, 18, 17회

도심 (都心)
명

downtown / 都心 / 城市中心
도심 속의 공원을 찾는 사람들이 많다.

기출 회차 25, 24, 20회

도입 (導入)
명

introduce / 導入、取り入れ / 引进
새로운 기계의 도입으로 제품의 질이 좋아졌다.

도입되다
신기술이 도입되어 생활이 편리해졌다.

도입하다
그 회사는 신기술을 도입하기로 했다.

기출 회차 24, 23, 21, 19회

도저히 (到底-)
부

for anything / 到底、とても / 无论如何
그 말을 듣고는 도저히 참을 수가 없었다.

기출 회차 21, 20, 16회

도전(挑戰)
명

challenge / 挑戦 / 挑战
끊임없는 도전 정신이 필요하다.

도전하다
망설이지 않고 새로운 일에 도전하는 용기가 부럽다.

기출 회차 23, 20, 18회

도착(到着)
명

arrival / 到着 / 到达
도착 시간이 지났는데도 연락이 없어서 걱정이다.

도착하다
도착하면 꼭 연락해라.

기출 회차 25, 23, 22, 21, 20, 19, 18, 17, 16회

독서(讀書)
명

reading / 読書 / 读书
가을은 독서의 계절이다.

독서율
인터넷의 발달로 독서율이 예전보다 많이 낮아졌다.

기출 회차 22, 21, 18회

독특하다(獨特--)
형

to be unusual, to be unique / 独特だ / 独特
그 친구는 자신만의 독특한 개성을 가지고 있다.

기출 회차 22, 19회

돌다
동

1. to rotate, to spin / 回る / 转动
선풍기 날개가 돌지 않는다.

2. to run / 動く、稼動する / 运转
기계가 잘 돌고 있는지 확인했다.

3. to tear up / (涙がじんと)にじむ / 打转儿
너무 감격해서 눈물이 핑 돌았다.

돌리다
이제 국제 문제에도 눈을 돌릴 때가 됐다.

돌아가다
공사를 하고 있어서 먼 길로 돌아가야 한다.

기출 회차 25, 24, 22, 21, 20, 18, 17, 16회

돌보다
동

to look after / 世話する、面倒を見る / 顾及
직장을 다니면서 아이를 돌보기는 어렵다.

기출 회차 20, 19회

돌아다니다
동

to go around / 巡る、歩き回る / 周游
전국을 돌아다니면서 유명한 식당에 모두 가 보았다.

기출 회차 25, 20, 17회

돌아보다
동

1. look around / 振り返る、振り向く / 环顾
주위를 돌아보았지만 아무도 없었다.

2. look back / 顧みる / 回顾
지난 일 년을 돌아보면 기쁜 일도 있었고 힘든 일도 있었다.

기출 회차 25, 23, 18회

동네
명

village, town / 村、街 / 小区
나는 동네 사람하고 인사를 했다.

기출 회차 21, 19, 18, 17회

동료 (同僚)
명

colleague / 同僚、仲間 / 同事
직장 동료들과 점심을 먹었다.

기출 회차 24, 22, 21, 17, 16회

동시 (同時)
명

at the same time / 同時 / 同时
문이 열리는 것과 동시에 사람들이 밖으로 나왔다.

기출 회차 25, 24, 23, 22, 21, 16회

동의(同意)
명

agreement / 同意 / 同意
회장은 회원들의 동의를 구하기 위해 노력했다.

동의하다
이 의견에 동의하는 사람은 손을 들어 주세요.

기출 회차 20, 18, 17회

동작(動作)
명

motion, movement / 動作 / 动作
우리는 천천히 선생님의 동작을 따라 했다.

기출 회차 19, 17회

연습 문제

※ [1~5] 다음 (   )에 알맞은 것을 고르십시오.

1 낮에는 내가 부모님 대신 동생을 (   ) 한다.
① 싸워야   ② 돌봐야   ③ 몰라야   ④ 울려야

2 이 (   )에서 제일 유명한 식당이 어디인지 물어봤다.
① 동네   ② 대표   ③ 광고   ④ 세대

3 자연스러운 (   )이 나오지 않아 계속 연습을 했다.
① 인생   ② 관심   ③ 동작   ④ 고민

4 새로운 기술이 (   ) 일하기가 편해질 것이다.
① 강조되면   ② 구조되면   ③ 대출되면   ④ 도입되면

5 그 선수는 한국 기록을 깨고 세계 기록에 (   ).
① 도전했다   ② 포기했다   ③ 해결했다   ④ 준비했다

※ [6~9] 다음 밑줄 친 부분과 의미가 비슷한 것을 고르십시오.

6 딸기를 조금 <u>덜고</u> 만 원에 달라고 했다.
① 빼고   ② 따고   ③ 깎고   ④ 씻고

7 휴일이라서 <u>도로</u>에 차가 많다.
① 곳   ② 길   ③ 가게   ④ 회사

8 친구가 왜 그런 말을 했는지 <u>도대체</u> 이해할 수 없다.
① 반드시   ② 간신히   ③ 마침내   ④ 도저히

9 문제를 해결할 <u>방법</u>을 찾기 위해서 노력하고 있다.
① 관점   ② 대책   ③ 기본   ④ 상황

정답 1. ② 2. ① 3. ③ 4. ④ 5. ① 6. ① 7. ② 8. ④ 9. ②

※ [10~11] 다음 (   )에 공통적으로 들어갈 단어를 고르십시오.

10
> 얼굴을 (   ) 말하기가 힘들다.
> 그 사람은 모든 사람들에게 항상 친절하게 (   ).
> 건강에 (   ) 관심을 갖게 되었다.

① 말하다　　② 피하다　　③ 대하다　　④ 다하다

11
> 냄새를 맡으니 입에 침이 (   ).
> 신기술의 도입으로 공장이 잘 (   ) 있다.
> 자전거 바퀴가 잘 안 (   ).

① 돌다　　② 되다　　③ 말다　　④ 하다

※ [12~15] 다음 밑줄 친 부분과 의미가 반대인 것을 고르십시오.

12 극장에 먼저 도착하는 사람이 표를 찾으면 된다.
① 대피하는　② 출발하는　③ 귀국하는　④ 관찰하는

13 이 의견에 동의하지 않는 사람은 적을 것이다.
① 결정하지　② 동참하지　③ 고민하지　④ 반대하지

14 평범한 옷을 입고 있어도 연예인이라는 것을 한눈에 알 수 있었다.
① 이상한　　② 독특한　　③ 대단한　　④ 시원한

15 일을 대충 하려면 시작도 하지 않는 게 좋다.
① 유익하게　② 편안하게　③ 완벽하게　④ 단정하게

정답　10. ③　11. ①　12. ②　13. ④　14. ②　15. ③

동참하다(同參--)
동

to participate in / 共に参加する / 共同参与
어려운 이웃을 돕는 일에 동참하게 되어 기쁘다.

기출 회차 17, 16회

되다
동

1. to become / (ある状態に)なる / 成为
우리 아이는 나중에 의사가 되고 싶다고 말했다.

2. to come / (ある時期に)なる / 到来
봄이 되면 꽃이 많이 핀다.

3. to be made with / (…で)できている / 制成
도시에는 유리로 된 건물이 많다.

4. to be done / 出来上がる / 做成
오늘은 밥이 맛있게 됐다.

기출 회차 25, 24, 23, 22, 21, 20, 19, 18, 17, 16회

두껍다
형

to be thick, to be heavy / 厚い / 厚
날씨가 추워져서 다시 두꺼운 이불을 꺼냈다.

기출 회차 25, 19회

두다
동

1. to put / (一定の位置に)置く / 搁放
프린터를 컴퓨터 옆에 두고 사용한다.

2. to leave / (一定の場所に)置く / 遗漏
휴대전화를 집에 두고 나왔다.

3. to pay (attention) / (心に)抱く、持つ / 寄予
관심을 두고 보지 않으면 잘 모른다.

4. to give (it some time) / (時間的に距離を)置く / 花(时间)
시간을 두고 잘 생각해 보기 바란다.

5. to view / (ある対象を)おいて / 拿…来说
같은 색을 두고도 사람에 따라 느낌이 다르다고 한다.

6. to space / (距離を)置く、隔てる / 隔
똑같은 가게가 길 하나를 사이에 두고 생겼다.
7. to leave / (そのままにして)置く / 放任
엄마는 아이를 집에 혼자 두고 나와서 불안해 했다.
기출 회차 25, 24, 23, 22, 21, 19, 18, 17, 16회

둘러보다 동
to look around / 見回る、見回す / 周游
짧은 여행 기간에도 여러 나라를 둘러볼 수 있었다.
기출 회차 24, 19, 18, 16회

둥글다 형
to be round / 丸い / 圆
우리는 둥글게 원을 그리고 앉았다.
기출 회차 25, 22회

드디어 부
at last, finally / とうとう、ようやく / 终于
결혼 10년 만에 드디어 집을 사게 되었다.
기출 회차 22, 21, 20, 19, 17회

드러내다 동
1. to show, to express / 表に出す / 赤裸裸
드라마에서 드러내 놓고 제품을 광고하는 것은 좋지 않다.
2. to show, to express / 表す / 外露
그 사람은 보통은 자신의 감정을 잘 드러내지 않는다.
기출 회차 25, 24, 23, 21, 19, 17, 16회

들다¹
동

1. to get (the sun) / (光などが)さす、当たる / (阳光)充足
햇볕이 잘 드는 집이 좋다.

2. to go (to bed) / (頭を)上げる / 去
그 사람은 잠자리에 들어서도 책을 읽는다.

3. to cost / (費用なごが)要る、かかる / 花(费用)
해외여행을 하는 데에 생각보다 비용이 많이 들었다.

4. to content / (成分などが)入る / 有
약을 먹을 때는 어떤 성분이 들어 있는지 확인해 봐야 한다.

5. to like / (気に)入る / 称(心)
나는 마음에 드는 물건을 꼭 사는 편이다.

6. to become / (ある時期に)至る、入る / 进入
올해 들어 유학생 수가 많이 늘었다고 한다.

7. to get to (sleep) / (眠りに)つく / 入(睡)
너무 피곤해서 눕자마자 잠이 들었다.

8. to get older / (歳を)とる / 上(岁数)
나이가 들면 나이에 맞게 행동해야 한다.

9. to get sick / (病に)かかる、病気になる / 患(病)
병이 들면 마음도 약해지기 마련이다.

10. to think / 考える、思う / 产生(想法)
자려고 누우니까 여러 가지 생각이 들었다.

기출 회차 25, 24, 23, 22, 21, 20, 19, 18, 17, 16회

들다²
동

1. to carry / 持つ / 提(包儿)
그 사람은 어디를 가든지 꼭 가방을 들고 다닌다.

2. to raise (one's head) / 上げる / 抬(头)
부끄러워서 고개를 들 수 없었다.

3. to give (an example) / (例などを)挙げる / 举(例)
예를 들어 설명하면 쉽게 알 수 있다.

4. to eat / 食べる、飲む / 吃(饭)
아버지는 항상 아침을 드신다.

기출 회차 25, 24, 23, 22, 21, 20, 19, 18, 17, 16회

들르다
동

to stop off / 寄る / 順便去
퇴근하는 길에 시장에 들러 음식 재료를 산다.

기출 회차 25, 23, 17회

등장(登場)
명

appearance / 登場 / 出現
인터넷 서점의 등장으로 문을 닫는 동네 서점이 늘고 있다.

등장하다
가수가 무대에 등장하자 관객들이 박수를 쳤다.

기출 회차 22, 19, 18, 16회

따다
동

1. to gain, to win / 取る / 夺得
그 선수는 올림픽에서 여러 번 금메달을 땄다.

2. to get, to obtain / 取る / 取得
자격증을 많이 땄다고 해서 취업이 잘되는 것은 아니다.

기출 회차 24, 22, 21, 18회

따로
부

1. separately / (ひとりで)離れて / 分开
언니는 직장이 멀어서 따로 나가 산다.

2. individually / 別に、特別に / 另外
결과는 따로 알려 주지 않고 홈페이지에 공지한다.

기출 회차 20, 18, 17, 16회

따르다[1]
동

1. to compare with / 敵う / 赶得上
이 분야에서는 나를 따를 사람이 없다.

2. to follow / (時勢などに)追う / 赶(潮流)
유행을 따라서 옷을 입는 사람들이 많다.

3. to imitate / 倣う / 服从
아이들은 부모들의 행동을 그대로 따라서 한다.

기출 회차 22, 21, 19, 18, 17회

따르다²
동

to pour in / 注ぐ / 倒(水)
컵에 물을 따라 두었다.

기출 회차 24회

따지다
동

1. to nitpick / (是非を)問う / 追究
두 사람은 누가 잘못했는지 따지고 있다.

2. to calculate / (一つ一つ)計算する / 结算
그 사람은 자동차 수리 비용을 따져 보고 놀랐다.

3. to weigh / 考慮する / 计较
비싼 물건을 살 때는 여러 가지를 따져 본다.

기출 회차 25, 22, 18회

딱딱하다
형

to be hard / 硬い / 坚硬
이가 좋지 않아서 딱딱한 음식을 잘 먹지 못한다.

기출 회차 24, 20회

땅
명

1. land / 土地 / 占地
집을 지으려면 땅이 있어야 한다.

2. land, soil / 地、土地 / 土地
사람은 땅을 밟고 살아야 한다고 할아버지께서 말씀하셨다.

땅값
요즘에는 지방의 땅값이 많이 오르고 있다.

기출 회차 23, 22, 21, 20회

때때로
부

sometimes / 時々 / 时而
나는 때때로 부모님과 의견이 맞지 않는다.

기출 회차 20, 18회

떠들다
동

to make noise / 騒ぐ / 喧哗
공공장소에서 큰 소리로 떠드는 것은 좋지 않다.

기출 회차 25, 21, 17회

떠오르다
동

to hit upon / 浮かぶ、昇る / 想起
책을 읽다가 좋은 아이디어가 떠올랐다.

떠올리다
내가 졸업한 학교를 지나가면서 고등학교 때 선생님의 얼굴을 떠올려 보았다.

기출 회차 25, 24, 23, 21, 20, 19, 18, 17회

연습 문제

※ [1~5] 다음 (   )에 알맞은 것을 고르십시오.

1 경쟁 제품의 (   )으로 판매량이 줄어들었다.
① 경험   ② 모양   ③ 능력   ④ 등장

2 가고 싶은 대학에 (   ) 갈 수 있게 되었다.
① 괜히   ② 굳이   ③ 드디어   ④ 도무지

3 이번 올림픽에서 메달을 (   ) 것이 내 목표다.
① 치는   ② 차는   ③ 끼는   ④ 따는

4 여러 가지 조건을 (   ) 가장 적당한 제품을 골랐다.
① 말해서   ② 따져서   ③ 알려서   ④ 밝혀서

5 이런 좋은 일에 (   ) 되어 매우 기쁘게 생각합니다.
① 규제하게   ② 동참하게   ③ 노력하게   ④ 기억하게

※ [6~8] 다음 밑줄 친 부분과 의미가 비슷한 것을 고르십시오.

6 좋은 생각이 <u>나면</u> 메모하는 습관을 길러 보세요.
① 들리면   ② 보이면   ③ 지나가면   ④ 떠오르면

7 그 아이의 <u>동그란</u> 눈과 얼굴이 떠올랐다.
① 고운   ② 밝은   ③ 둥근   ④ 다른

8 사장님은 가끔 사무실을 <u>둘러보러</u> 나오신다.
① 살펴보러   ② 감상하러   ③ 내보내러   ④ 그만두러

정답: 1. ④ 2. ③ 3. ④ 4. ② 5. ② 6. ④ 7. ③ 8. ①

※ [9~11] 다음 ( )에 공통적으로 들어갈 단어를 고르십시오.

9
> 술잔에 술을 가득 (   ).
> 그 아이는 어른들 말씀을 잘 (   ) 착한 아이이다.
> 유행을 (   )보다는 개성을 살려 옷을 입는 게 좋다.

① 만들다 ② 정하다 ③ 따르다 ④ 채우다

10
> 할머니께서 아직 진지를 안 (   ).
> 나이가 (   ) 가벼운 운동을 해야 한다.
> 이사하는 데에 비용이 많이 (   ).

① 들다 ② 내다 ③ 먹다 ④ 나다

11
> 마음에 (   ) 사람이 있다.
> 어린 아이를 혼자 (   ) 안 된다.
> 지하철에 가방을 (   ) 내리는 사람이 많다.

① 놓다 ② 두다 ③ 놀다 ④ 사다

※ [12~15] 다음 밑줄 친 부분과 의미가 반대인 것을 고르십시오.

12 아버지께서는 <u>두꺼운</u> 양말만 신으신다.
① 좁은 ② 작은 ③ 넓은 ④ 얇은

13 요즘은 부모님과 <u>같이</u> 사는 가족이 많아지고 있다.
① 따로 ② 다시 ③ 때때로 ④ 가까이

14 의사가 당분간 <u>딱딱한</u> 음식을 먹지 말라고 했다.
① 깨끗한 ② 싱거운 ③ 아름다운 ④ 부드러운

15 그 부부는 서로 <u>감추는</u> 것이 없다.
① 도와주는 ② 드러내는 ③ 돌아가는 ④ 기다리는

정답 9. ③ 10. ① 11. ② 12. ④ 13. ① 14. ④ 15. ②

떨어뜨리다
동

1. to drop / 落とす、失う / 遗失
지갑을 어디에 떨어뜨렸는지 모르겠다.

2. to get bad / 落とす、下げる / (使视力)下降
안경을 바꾸지 않고 오래 쓰면 시력을 떨어뜨릴 수도 있다.

기출 회차 22, 19, 17회

떨어지다
동

1. to fall / 落ちる、落下する / 坠落
산 정상에서 사진을 찍다가 아래로 떨어지는 사고가 났다.

2. to degrade / (質などが)落ちる / (质量)差
싼 재료를 쓰면 질이 떨어지는 제품이 나온다.

3. to fail / (試験などに)落ちる / 落榜
우리 아이가 자꾸 대학에 떨어지는 이유가 무엇인지 모르겠다.

4. to come off / 取れる / 掉下
단추가 떨어지려고 해서 그 옷을 입을 수가 없다.

5. to live apart / 離れる / 离开(家人)
오빠는 가족과 떨어져서 회사 기숙사에 살고 있다.

6. to sit apart / 離れる、別れる / 分开
기차표를 늦게 샀기 때문에 아이와 떨어져 앉게 되었다.

7. to impair / (集中力などが)落ちる / 下降
집중력이 떨어질 때는 잠시 쉬는 것이 좋다.

기출 회차 25, 23, 22, 21, 20, 19, 18, 17회

떼다
동

to take off / 取り外す / 摘下
현관문에 붙어 있는 광고지를 떼고 집에 들어갔다.

기출 회차 24, 23회

똑바로
부

straight / まっすぐに / 挺直
허리를 똑바로 펴고 걷는 것이 좋다.

기출 회차 21, 17회

뚜렷하다
형

to be distinct / はっきりしている / 明显
그곳이 어디였는지 뚜렷하게 기억나지 않는다.

기출 회차 20, 19, 16회

뛰다
동

to run / 走る、駆ける / 跑
계단에서 뛰면 위험하다.

기출 회차 25, 22,. 21, 19, 16회

뛰어나다
형

to be excellent / 優れる / 出色
이 제품은 품질이 아주 뛰어나다.

기출 회차 23, 20회

뜨다
동

to float / 浮く、浮かぶ / 浮
바다 위에 배가 떠 있다.

기출 회차 25, 22, 19회

뜻밖에
부

unexpectedly / 意外に、思いがけず / 出乎意料
늦게 끝날 줄 알았는데 뜻밖에 일이 일찍 끝났다.

기출 회차 24, 20, 18회

마땅하다
형

1. to be suitable, to be proper / 適当だ、ふさわしい / 合适
마땅한 아이디어가 떠오르지 않는다.

2. to deserve / 当然だ、当たり前だ / 应该
아이들은 부모의 보호를 받아야 마땅하다.

기출 회차 24, 18, 17회

마련 명

to prepare / 準備、用意 / 准备
내일이 집들이인데 음식 마련이 걱정이다.

마련되다
식당에 아이들이 놀 수 있는 곳이 마련되어 있다.

마련하다
부부는 집을 마련하기 위해 돈을 모았다.

기출 회차 24, 23, 22, 20, 19, 18, 17, 16회

마르다 동

to dry / 乾く、渇く / 干
햇볕이 좋아 빨래가 잘 말랐다.

말리다
흰색 옷은 그늘에 말리는 것이 좋다.

기출 회차 23, 22, 21, 20, 19, 16회

마무리 명

finish, completion / 仕上げ / 收尾
이제 마무리 작업 중이다.

마무리되다
공사가 마무리되면 새집으로 이사 갈 것이다.

마무리하다
퇴근 시간 전까지 일을 마무리해야 한다.

기출 회차 23, 21회

마을 명

village, town / 村 / 村子
우리 마을 사람들은 서로 도우면서 살아간다.

기출 회차 23, 22, 19회

마찬가지 명

the same / 同じ、同様 / 一样
택시를 타든 버스를 타든 도착하는 시간은 마찬가지다.

기출 회차 22, 21, 20, 19회

마치다
동

to finish, to complete / 終える / 结束
일을 마치고 일찍 퇴근했다.

기출 회차 25, 24, 21, 20, 18회

마침
부

just at that moment / ちょうど / 正好
마침 나가려던 참이었는데 전화가 왔다.

기출 회차 24, 22, 20, 19, 18, 17, 16회

마침내
부

finally, eventually / とうとう、ついに / 终于
라이트 형제는 몇 번의 실패 끝에 마침내 비행기를 만드는 데에 성공했다.

기출 회차 20, 18회

막
부

just / ちょうど、たった今 / 刚
안 그래도 지금 막 나가려던 참이었다.

기출 회차 22, 19, 17회

막다
동

1. to block out / 防ぐ、塞ぐ / 遮挡
모자는 햇빛이 피부에 직접 닿는 것을 막아준다.

2. to prevent / 防ぐ / 预防
교통 사고를 막기 위해 횡단보도를 새로 만들었다.

기출 회차 25, 24, 23, 22, 21, 20, 19, 18, 17회

막상
부

in the event / いざ、実際に / 真的…
그 영화가 나오기를 오래 전부터 기대했는데 막상 보니까 별로였다.

기출 회차 24, 19, 17회

만약(萬若)
부

if, in case (of) / もし、万一 / 如果
만약 내가 대통령이 된다면 나라를 위해 최선을 다할 것이다.

기출 회차 25, 23, 22, 19, 18, 17회

만족하다(滿足--)
동

to be satisfied, to be pleased / 満足する / 満意
나는 이번 시험 결과가 잘 나와서 만족했다.

만족도
서비스에 대한 고객 만족도를 알아보기 위해 설문조사를 했다.

기출 회차 25, 24, 20, 18, 17회

만지다
동

to touch / 触る / 抚摸
미술관에서는 그림을 만지면 안 된다.

기출 회차 21, 19회

만화(漫畫)
명

comic, cartoon / 漫画 / 漫画
아이들뿐만 아니라 어른도 만화를 좋아한다.

기출 회차 24, 20, 19회

망설이다
동

to hesitate / ためらう、躊躇する / 犹豫
망설이지 말고 도전해 보라고 선생님께서 말씀하셨다.

기출 회차 24, 20회

맞다¹
동

1. to be right, to be correct / (答えなどが)合う、違わない / 答对
맞은 문제가 틀린 문제보다 적다.

2. to be right, to be correct / 正しい、当てはまる / 正确
다시 생각해 보니까 부모님 말씀이 맞았다.

3. to suit / (口に)合う / 合(胃口)
음식이 내 입맛에 맞는다.

4. to fit / (大きさなどが)合う / 适合
손이 작아서 손에 맞는 장갑을 찾기가 힘들다.

5. to meet / 合う、ふさわしい / 符合
그 기준에 맞는 사람을 찾기는 어려울 것이다.

맞추다
선생님은 아이들의 눈높이에 맞추어서 문제를 쉽게 설명했다.

기출 회차 25, 24, 23, 22, 21, 20, 19, 18, 17, 16회

연습 문제

※ [1~5] 다음 (   )에 알맞은 것을 고르십시오.

1 정말 만나고 싶었는데 (   ) 만나니까 아무 말도 못 하겠다.
① 만약   ② 막상   ③ 대충   ④ 굳이

2 날씨가 추울까 봐 (   ) 나왔는데 생각보다 따뜻하네요.
① 헤매다가   ② 떠들다가   ③ 그만두다가   ④ 망설이다가

3 이 그릇은 (   ) 잘 깨지지 않아서 좋다.
① 드러내도   ② 떨어져도   ③ 둘러봐도   ④ 관찰해도

4 차들의 통행을 (   ) 도로 공사를 했다.
① 막고   ② 깨고   ③ 듣고   ④ 나고

5 전시 작품은 (   ) 말고 눈으로만 보세요.
① 만지지   ② 나오지   ③ 가지지   ④ 당하지

※ [6~10] 다음 밑줄 친 부분과 의미가 비슷한 것을 고르십시오.

6 <u>마침내</u> 두 사람의 사랑이 이루어졌다.
① 다소   ② 거의   ③ 드디어   ④ 아무리

7 무슨 일이 있어도 오늘까지 이 일을 <u>마치도록</u> 하겠습니다.
① 만들도록   ② 끝내도록   ③ 그만두도록   ④ 나타내도록

8 내 집을 <u>장만하는</u> 일은 많은 사람들의 꿈이다.
① 달성하는   ② 만족하는   ③ 마련하는   ④ 간직하는

정답 1. ② 2. ④ 3. ② 4. ① 5. ① 6. ③ 7. ② 8. ③

9 그 화가는 뛰어난 작품을 많이 남겼다.
① 훌륭한　② 당연한　③ 귀찮은　④ 괴로운

10 나쁜 일을 한 사람이 벌을 받는 것은 마땅한 일이다.
① 독특한　② 당연한　③ 궁금한　④ 답답한

※ [11] 다음 (　)에 공통적으로 들어갈 단어를 고르십시오.

11
> 그 식당 음식은 내 입에 (　　).
> 시험이 끝난 후에 답이 (　　) 확인해 보았다.
> 살이 너무 많이 빠져서 (　　) 옷이 하나도 없다.

① 있다　② 들다　③ 맞다　④ 입다

※ [12~15] 다음 밑줄 친 부분과 의미가 반대인 것을 고르십시오.

12 머리가 마르기 전에 이 제품을 발라 주면 좋다.
① 젖기　② 걷기　③ 빨기　④ 말기

13 그 일은 이제 시작 단계이다.
① 처음　② 시기　③ 마무리　④ 나머지

14 호수에 나뭇잎이 많이 떠 있었다.
① 기울여　② 떨어져　③ 날아다녀　④ 가라앉아

15 여기저기 광고지를 붙였지만 연락이 오지 않았다.
① 갔지만　② 뗐지만　③ 됐지만　④ 깼지만

정답　9. ①　10. ②　11. ③　12. ①　13. ③　14. ④　15. ②

맞다² 동

to greet / 迎える / 迎来
새해를 맞아 담배를 끊기로 결심했다.

기출 회차 24, 22, 18회

맞벌이 명

a dual income / 共働き、共稼ぎ / 双职工
예전보다 맞벌이 부부가 많이 늘어났다.

기출 회차 20, 18회

맡다¹ 동

1. to take on / 受け持つ、担当する / 担负
신입 사원이 맡은 일을 잘 할 수 있을지 모르겠다.
2. to save a seat / (場所などを)取る / 占(座)
도서관에 친구의 자리를 맡아 두었다.

맡기다
선생님께서 나에게 일을 맡기셨다.

기출 회차 24, 22, 21, 20, 19, 18, 17, 16회

맡다² 동

to smell / (においを)嗅ぐ / 闻(味)
코감기에 걸려서 냄새를 못 맡는다.

기출 회차 25, 19회

매다 동

to tie (up), to fasten (up) / (紐などを)結ぶ / 系(鞋带)
신발 끈이 풀어져서 다시 맸다.

기출 회차 20, 17회

매달리다
동

1. to hang on / ぶら下がる、つるされる / 吊
줄에 매달려서 아파트 창문을 닦는 일은 힘들다.

2. to cling to / 熱中する、没頭する / 热中
너무 컴퓨터 게임에만 매달리는 것은 좋지 않다.

기출 회차 23, 22, 21회

매력(魅力)
명

attraction / 魅力 / 魅力
그 사람은 보면 볼수록 매력이 있다.

기출 회차 23, 17, 16회

매장(賣場)
명

shop, store / 売り場 / 卖场
구두 매장에 예쁜 구두가 아주 많았다.

기출 회차 24, 23, 22, 20, 17회

매체(媒體)
명

mass media / 媒体 / 媒体
대중 매체의 영향력이 점점 커지고 있다.

기출 회차 24, 19, 18회

매출(賣出)
명

sales / 売り上げ / 销售
그 회사는 매출을 늘리기 위해 할인 행사를 준비하였다.

기출 회차 25, 20회

머무르다
동

1. to stay / 泊まる、宿泊する / 逗留
호텔에 며칠 머무르면서 서울을 구경할 계획이다.

2. to remain / 留まる / 停滞
열심히 했지만 우리 팀은 준우승에 머무르고 말았다.

머물다
축구 대표팀의 성적이 하위권에 머물고 있다.

기출 회차 22, 20, 19회

머지않다
형

in the near future / 遠くない / 将要
머지않아 좋은 소식이 있을 것이다.

기출 회차 22, 20회

먹을거리
명

foodstuffs / 食べる物 / 小吃
우리는 먹을거리를 사러 시장에 갔다.

기출 회차 24, 21회

먹이
명

feed / 餌、餌食 / 食物
새끼에게 먹이를 주는 어미새의 모습이 감동적이다.

먹잇감
고양이는 주로 밤에 먹잇감을 구하러 다닌다.

기출 회차 25, 24, 23, 21, 20, 17회

먼지
명

dust / ほこり、ちり / 灰尘
오랫동안 청소를 하지 않아서 방에 먼지가 쌓였다.

먼지바람
자동차가 먼지바람을 일으키며 지나갔다.

기출 회차 23, 20, 16회

멀리
부

far away / とおく、遥かに / 远离
그 사람은 서울에서 멀리 떨어진 곳에 살고 있었다.

멀리서
나는 가까이 가지 못하고 멀리서 그 사람을 바라봤다.

멀리하다
건강을 위해 술과 담배를 멀리하기로 했다.

기출 회차 25, 24, 22, 21, 20, 19, 17회

멈추다
동

1. to stop / 止まる、止める / 停止
엘리베이터가 갑자기 멈춰서 너무 놀랐다.

2. to hold (one's breath) / (息を)止める / 屏(息)
관객들은 모두 숨을 멈추고 그 장면을 지켜보았다.

기출 회차 25, 23, 19회

멋지다
형

to be wonderful, to be nice / 素晴らしい、素敵だ / 优美
제주도는 경치가 멋지기로 유명하다.

기출 회차 25, 20, 17회

면접(面接)
명

interview / 面接 / 面试
면접을 볼 때는 옷에도 신경을 쓰는 것이 좋다.

면접관
면접관의 질문에 솔직하게 대답하는 것이 좋다.

기출 회차 25, 21, 20, 16회

명절(名節)
명

a holiday / (元旦、中秋等の)祝日 / 节日
명절에는 친척들을 만나러 고향에 간다.

기출 회차 23, 20, 16회

모습
명

1. figure, form / 姿、容貌、容姿 / 样子
아이가 웃는 모습이 예쁘다

2. form / 姿、様子 / (生活的)样子
사람들이 사는 모습은 비슷비슷하다.

기출 회차 25, 24, 22, 21, 20, 19, 18, 17, 16회

모양(模樣) 명

1. shape, style / 模様、格好 / 发型
머리 모양이 마음에 들지 않는다.

2. shape / 形 / (圓)形
운동 경기장은 둥근 모양이 많다.

기출 회차 25, 24, 23, 22, 20, 19, 17, 16회

모으다 동

1. to gather / 集める、まとめる / 聚集
쓰레기는 같은 종류의 것들을 모아서 버려야 한다.

2. to collect / 集める、収集する / 聚集
취미로 우표를 모으는 사람들이 있다.

3. to make up / 集める、ためる / 凑合
회사 사람들은 조금씩 돈을 모아 어려운 사람들을 돕기로 했다.

4. to coorporate / 集める / 团结
우리가 힘을 모으면 어려운 일도 할 수 있다.

5. to be anticipated / 集める、集中させる / 聚集
기대를 모았던 선수가 첫 번째 경기에서 떨어졌다.

모이다
연예인을 보기 위해 많은 사람들이 공항에 모였다.

모임
우리는 모임을 만들어 한 달에 한 번씩 만났다.

기출 회차 25, 24, 23, 22, 21, 20, 19, 18, 17회

모자라다 동

to be short, to be insufficient / 足りない / 不够
생활비가 모자라서 아르바이트를 해야 했다.

기출 회차 25, 21, 16회

모집(募集) 명

recruitment / 募集 / 招工
신문에 직원 모집 광고를 냈다.

모집하다
자원봉사 단체에서 함께 일할 사람들을 모집하고 있다.

기출 회차 25, 23, 22, 21, 20, 19, 17, 16회

목숨
명

life / 命 / 生命
그 사람은 자신의 목숨을 걸고 사람을 구했다.

기출 회차 25, 21, 20, 18회

목적(目的)
명

purpose, object / 目的 / 目的
돈을 벌 목적으로 해외에 나가는 사람이 많다.

목적지
목적지까지 안전하게 모셔다 드리겠습니다.

기출 회차 24, 23, 22, 21, 18회

연습 문제

※ [1~6] 다음 (   )에 알맞은 것을 고르십시오.

1 식품 (   )은 지하에 있습니다.
① 내용　　② 기준　　③ 매장　　④ 대상

2 너무 일에만 (   ) 것도 좋지 않다.
① 매달리는　　② 어울리는　　③ 기울이는　　④ 드러내는

3 고등학교 때는 운동을 잘하는 사람이 (   ) 보였다.
① 밝아　　② 길어　　③ 기뻐　　④ 멋져

4 기업은 (   )을 올리기 위해서 광고를 한다.
① 기술　　② 매출　　③ 노동　　④ 대책

5 설 명절을 (   ) 민속촌에서는 다양한 행사를 준비했다.
① 만나　　② 맞아　　③ 지내　　④ 향해

6 그 회사는 (   )이 까다롭기로 유명하다.
① 능력　　② 개발　　③ 면접　　④ 월급

※ [7~9] 다음 밑줄 친 부분과 의미가 비슷한 것을 고르십시오.

7 음식이 <u>모자랄지</u> 몰라서 넉넉하게 준비했다.
① 일정할지　　② 꾸준할지　　③ 부족할지　　④ 충분할지

8 이제 <u>곧</u> 목적지에 도착할 예정입니다.
① 못지않게　　② 하마터면　　③ 아무래도　　④ 머지않아

정답 1.③ 2.① 3.④ 4.② 5.② 6.③ 7.③ 8.④

9 그 사람은 자신의 목숨을 걸고 물에 빠진 사람을 구했다.
① 생명　　② 매력　　③ 목적　　④ 모습

※ [10~11] 다음 (　) 에 공통적으로 들어갈 단어를 고르십시오.

10
개는 사람보다 냄새를 더 잘 (　　).
짐을 (　　) 줄 사람이 없어서 걱정이다.
옆자리를 가방으로 (　　) 두었다.

① 맡다　　② 알다　　③ 풀다　　④ 묻다

11
두 손을 (　　) 기도했다.
쓰레기는 (　　) 한꺼번에 버린다.
힘을 (　　) 이 상황도 극복할 수 있습니다.

① 사다　　② 쓰다　　③ 빌리다　　④ 모으다

※ [12~15] 다음 밑줄 친 부분과 의미가 반대인 것을 고르십시오.

12 부모님은 이곳에서 2~3일 더 머무를 예정이시다.
① 지낼　　② 따를　　③ 보낼　　④ 떠날

13 그 사람에게 가까이 가서 인사를 했다.
① 당장　　② 멀리　　③ 가득　　④ 널리

14 김 과장은 사무실에서 나오자마자 넥타이를 풀었다.
① 댔다　　② 맸다　　③ 닦았다　　④ 걸었다

15 어제부터 세탁기가 돌아가지 않았다.
① 보이지　　② 걸리지　　③ 멈추지　　④ 고치지

정답 9.① 10.① 11.④ 12.④ 13.② 14.② 15.③

필수 어휘 1200 + 실전 연습 문제 660　127

목표(目標)
명

goal, aim, target / 目標 / 目标
열심히 노력하면 목표를 이룰 수 있다.

기출 회차 22, 21, 18, 16회

몰리다
동

1. to be driven into / （犯人に)問われる / 被当成…
그 남자가 범인으로 몰렸다.

2. to gather around / 押し寄せる、集まる / 聚集
사람들이 한꺼번에 몰리면서 사고가 났다.

기출 회차 19, 18회

못지않다
형

no less than / 劣らない / 不亚于
그 사람은 연예인 못지않게 인기가 많다.

기출 회차 23, 20, 17, 16회

무게
명

weight / 重量、重さ / 重量
비행기에 들고 들어갈 수 있는 가방의 무게가 정해져 있다.

기출 회차 25, 23, 20회

무늬
명

pattern / 模様、図柄 / 纹理
창문의 무늬가 아주 아름다웠다.

기출 회차 23, 22, 20, 19회

무대(舞臺)
명

stage / 舞台 / 舞台
소극장은 무대와 관객석이 가깝다는 장점이 있다.

기출 회차 25, 16회

무려
부

as many as / なんと、実に / 足有
그 배우는 일 년 동안 무려 열 편의 영화와 드라마를 찍었다.

기출 회차 19, 16회

무리 (無理)
명

working too hard / 無理 / 过分
하루도 쉬지 않고 일을 하는 것은 무리이다.

무리하다
아무리 친해도 무리한 부탁을 하면 들어줄 수 없다.

기출 회차 23, 21, 20, 17, 16회

무사히 (無事-)
부

safely / 無事に / 顺利
오랫동안 준비한 행사가 무사히 끝났다.

무사하다
아들이 여행에서 무사히 돌아오기를 바란다.

기출 회차 25, 22, 18회

무시하다 (無視--)
동

to ignore / 無視する / 忽视
안전을 무시하면 사고가 날 수 있다.

기출 회차 25, 22, 20, 18, 17, 16회

무조건 (無條件)
부

unconditionally / 無条件に / 无条件
다른 사람의 말을 무조건 믿어서는 안 된다.

기출 회차 25, 24, 23, 22, 21, 20, 19, 18, 16회

무책임하다 (無責任--)
형

to be irresponsible / 無責任だ / 不负责任
약속을 해 놓고 지키지 않는 것은 무책임하다.

기출 회차 20, 16회

무척
부

very extremely / とても、たいへん / 十分
형은 자신이 한 일에 대해 무척 후회하고 있었다.

기출 회차 25, 21, 18, 16회

문의 (問議)
명

inquiry / 問い合わせ / 咨询
행사 일정에 대한 문의 전화가 왔다.

문의처
행사 참가비를 알아보기 위해서 문의처에 전화를 했다.

문의하다
나는 잘 모르니까 전문가에게 문의해 보라고 했다.

기출 회차 24, 23, 22, 20, 17회

문자 (文字)
명

1. letter, character / 文字 / 文字
나라마다 사용하는 문자가 다르다.

2. text / テキスト・メッセージ / 短信
수업 시간에 휴대전화로 문자 메시지를 보내는 학생이 많다.

기출 회차 25, 19, 18, 16회

문제점 (問題點)
명

problem, drawback / 問題点 / 问题
우리의 가장 큰 문제점은 서로에 대해서 잘 모른다는 것이다.

기출 회차 25, 23, 20회

문화 (文化)
명

culture / 文化 / 文化
한국과 중국의 문화는 비슷해 보이지만 다른 점도 많다.

문화생활
여가 시간이 늘어나면서 문화생활을 즐기는 사람들도 늘었다.

문화재
정부에서는 문화재를 보호하기 위해 노력한다.

문화 센터
백화점 문화 센터에서 전통 요리를 배웠다.

문화 회관
문화 회관에서 아이들을 위한 공연을 마련했다.

기출 회차 25, 24, 23, 22, 21, 20, 19, 18, 17, 16회

묻다¹
동

to be stained with / 付く、くっ付く / 染上
옷에 잉크가 묻어서 안 지워진다.

기출 회차 24, 20회

묻다²
동

1. to ask, to inquire / 聞く、尋ねる / 询问
공연 시간을 묻는 전화가 많이 온다.

2. to take sombody to task / (責任を)問う / 追究
관계자에게 이 사고의 책임을 묻도록 하겠습니다.

기출 회차 25, 24, 22, 21, 19, 18, 17, 16회

물가 (物價)
명

prices / 物価 / 物价
요즘 물가가 많이 올랐다.

기출 회차 25, 17회

물기 (-氣)
명

moisture / 水気、水分 / 水分
설거지를 한 후에 그릇에 있는 물기도 닦았다.

기출 회차 20, 16회

물다
동

to hold, to bite / かむ、かみつく / 叼
강아지가 공을 물고 나에게 달려왔다.

물리다
벌레에 물렸을 때 이 약을 바르면 좋다.

기출 회차   24, 20, 16회

물론 (勿論)
부

of course / もちろん / 当然
물론 경제적인 능력도 중요하지만 그것이 전부는 아니다.

기출 회차   24, 23, 20, 19, 18, 17, 16회

물질 (物質)
명

substance / 物質 / 物质
땀은 우리 몸에 있는 나쁜 물질을 밖으로 내보낸다.

기출 회차   20, 19, 16회

물체 (物體)
명

object / 物体 / 物体
움직이는 물체를 사진으로 찍기가 어렵다.

기출 회차   25, 20회

물품 (物品)
명

goods / 品物 / 物品
지하철역 안에 물품을 보관할 수 있는 곳이 있다.

기출 회차   25, 18회

미루다
동

to delay, to postpone / 延ばす、延期する / 拖延
회사 일 때문에 휴가 날짜를 며칠 미뤘다.

기출 회차   21, 18, 16회

미리
부

beforehand, in advance / 前もって、あらかじめ / 提前
그 사람에게 미리 부탁을 해 두었다.

기출 회차 24, 23, 22, 21, 19, 18, 17회

미만(未滿)
명

less than / 未満 / 不到
열 명 미만의 사람들이 그 수업을 듣는다.

기출 회차 21, 20회

미소(微笑)
명

smile / 微笑み / 微笑
그 여자는 아기를 보고 미소를 지었다.

기출 회차 24, 23, 17회

연습 문제

※ [1~7] 다음 (　)에 알맞은 것을 고르십시오.

1 다른 곳보다 가격이 싸서 그 가게로 손님이 (　　　).
① 늘린다　　② 넘는다　　③ 몰린다　　④ 돌본다

2 그 작은 학교에 (　　　) 이천여 명의 학생이 있다.
① 가장　　② 당장　　③ 무려　　④ 설마

3 요즘에는 (　　　) 메시지로 새해 인사를 하는 경우가 더 많다.
① 문장　　② 문제　　③ 문화　　④ 문자

4 (　　　)가 계속 오르자 사람들은 문화생활비를 줄였다.
① 물체　　② 물가　　③ 무게　　④ 온도

5 그 배우는 가수 (　　　) 노래도 잘한다.
① 그대로　　② 반드시　　③ 못지않게　　④ 머지않아

6 나라마다 고유한 문자와 (　　　)가 있다.
① 문화　　② 규모　　③ 경우　　④ 과제

7 (　　　) 사람의 말을 따라하는 새가 있다.
① 마침내　　② 무조건　　③ 도대체　　④ 절대로

※ [8~11] 다음 밑줄 친 부분과 의미가 비슷한 것을 고르십시오.

8 행사 준비가 잘 되었는지 <u>미리</u> 확인해 두려고 한다.
① 먼저　　② 혹시　　③ 벌써　　④ 얼른

정답 1.③ 2.③ 3.④ 4.② 5.③ 6.① 7.② 8.①

9 어머니는 한국 드라마를 <u>무척</u> 좋아하신다.
① 일부러   ② 대단히   ③ 똑바로   ④ 꼼꼼히

10 나는 소방관 덕분에 불이 난 건물에서 <u>무사히</u> 빠져 나왔다.
① 안전하게   ② 솔직하게   ③ 깨끗하게   ④ 시원하게

11 인터넷이 잘 안되는데 어디에 <u>물어봐야</u> 하나요?
① 기록해야   ② 동의해야   ③ 마련해야   ④ 문의해야

※ [12] 다음 (   )에 공통적으로 들어갈 단어를 고르십시오.

12
옷에 뭐가 (   ) 빨아야 한다.
모르는 문법이 있으면 선생님에게 (   ).
그 사람에게 책임을 (   ) 봤자 소용이 없다.

① 지다   ② 묻다   ③ 있다   ④ 쏟다

※ [13~15] 다음 밑줄 친 부분과 의미가 반대인 것을 고르십시오.

13 그 주차장은 기본 시간 <u>초과</u> 시 10분당 500원씩 받는다.
① 미만   ② 이상   ③ 이내   ④ 내외

14 회사에 급한 일이 생겨서 출장을 <u>미뤘다</u>.
① 멈췄다   ② 당겼다   ③ 떠났다   ④ 마쳤다

15 아이의 말이라고 해서 <u>무시하는</u> 것은 좋지 않다.
① 간직하는   ② 극복하는   ③ 동의하는   ④ 존중하는

정답 9.② 10.① 11.④ 12.② 13.① 14.② 15.④

미술(美術)
명

art, the fine arts / 美術 / 美术
어렸을 때 미술 학원에 다녔다.

미술관
미술관에 전시회를 보러 갔다.

미술품
그 사람은 미술품을 수집하는 것이 취미이다.

기출 회차 24, 22, 21, 19, 16회

미치다
동

1. to meet / (期待などに)添う、応える / 不及
부모님의 기대에 미치지 못해서 죄송했다.

2. to influence / (影響を)及ぼす / 波及
날씨는 기분에 영향을 미친다.

기출 회차 25, 24, 23, 22, 21, 20, 19, 17회

민감하다(敏感--)
형

to be sensitive / 敏感だ / 敏感
그 여자는 친구의 말에 민감하게 반응했다.

기출 회차 25, 21회

믿다
동

1. to believe / 信じる / 相信
아이들은 산타클로스가 있다고 믿는다.

2. to trust / 信じる、信頼する / 信任
그동안 저를 믿고 따라 주셔서 정말 고맙습니다.

3. to think / 信じる / 认为
사람들은 그 사람을 착한 사람이라고 믿었다.

믿음
다른 사람들에게 믿음을 주는 것은 쉬운 일이 아니다.

기출 회차 25, 24, 23, 22, 21, 18, 17, 16회

밀어내다
동

to kick out / 押し退ける、押し出す / 挤走
그 남자는 수많은 경쟁자를 밀어내고 사장 자리에 앉았다.

기출 회차 24, 20회

밀접하다(密接--)
형

to be close, to be intimate / 密接だ / 密切
각 지역의 음식은 날씨와 밀접한 관련이 있다.

기출 회차 24, 22회

바닥
명

1. ground, floor / 床、地面 / 地面
휴대전화를 바닥에 떨어뜨렸다.

2. bottom / 底 / 底儿, 底子
신발 바닥에 껌이 붙어서 뗐다.

기출 회차 25, 23, 20, 19, 18회

바라다
동

to long for / 願う、望む / 希望
모든 부모는 자식의 행복을 바란다.

기출 회차 25, 24, 23, 20, 19, 18, 17, 16회

바라보다
동

1. to look at / 眺める、見つめる / 看
대화를 할 때는 다른 사람의 눈을 바라보는 것이 좋다.

2. to view / みわたす / 看待
세상을 바라보는 눈을 키우려면 다양한 경험을 해야 한다.

기출 회차 21, 17회

바람직하다
형

to be desirable / 望ましい / 可取
학생으로서의 바람직한 태도는 무엇인지 생각해 보았다.

기출 회차 25, 23, 22, 21, 18회

바로
부

1. straight / まっすぐに / 直达
목적지까지 바로 가는 길을 찾았다.

2. immediately, right away / すぐ、直ちに / 马上
집에 오자마자 바로 떠난다고 엄마가 서운해하셨다.

3. just / まさに / 正是
비행기 도착이 늦어지는 이유는 바로 눈 때문이다.

기출 회차 25, 24, 23, 22, 21, 20, 19, 18, 17, 16회

바르다¹
동

to apply / つける、塗る / 涂抹
손에 상처가 나서 약을 발랐다.

기출 회차 20, 17, 16회

바르다²
형

to be straight, to be upright / 正しい / 端正
바른 자세로 앉아야 허리가 아프지 않다.

기출 회차 20, 17, 16회

바탕
명

foundation, basis / 元、土台 / 基础
그 영화는 사실을 바탕으로 만들어졌다.

기출 회차 24, 23, 22, 17, 16회

박람회(博覽會)
명

exhibition / 博覧会 / 博览会
우리 회사는 여행 박람회에 참가하기 위해 준비하고 있다.

기출 회차 22, 19, 16회

반대 (反對)
명

opposition / 反対 / 反对, 相反
반대 의견이 있으시면 말씀해 주십시오.

반대로
아이들은 엄마의 말과 반대로 행동했다.

반대쪽
반대쪽으로 가야 학교가 나온다.

반대편
10층으로 올라가려면 반대편에 있는 엘리베이터를 타야 한다.

반대하다
반대하는 분이 없으시면 이대로 처리하겠습니다.

기출 회차 24, 23, 21, 20, 19, 18, 17, 16회

반드시
부

surely, certainly / 必ず / 必须
그 사람은 반드시 돌아올 것이다.

기출 회차 24, 23, 22, 20, 19, 18, 16회

반박하다 (反駁--)
동

to refute / 反駁する / 反驳
변호사는 근거를 들어 상대방의 주장을 반박했다.

기출 회차 25, 24, 23, 22, 19회

반복 (反復)
명

repetition / 繰り返し / 反复
반복 학습을 통해 실력을 키워야 한다.

반복적
외국어를 배울 때는 반복적으로 듣고 연습해야 한다.

반복되다
반복되는 훈련으로 군인들이 많이 지쳤다.

반복하다
같은 실수를 반복하면 안 된다.

기출 회차 23, 22, 21, 20, 17, 16회

반사(反射)
명

reflection / 反射 / 反射
빛의 반사를 막기 위해서 거울을 돌려놓았다.

반사되다
빛이 반사되어 눈을 뜰 수가 없다.

반사하다
다이아몬드가 빛을 반사하면서 반짝였다.

기출 회차 24, 20, 19회

반영하다(反映--)
동

to reflect / 反映する / 反映
시장은 시민들의 의견을 정책에 반영하겠다고 말했다.

반영되다
드라마를 만들 때 시청자들의 의견도 반영되었다.

기출 회차 18, 17회

반응(反應)
명

response / 反応 / 反应
그 소설은 나오자마자 반응이 아주 뜨거웠다.

반응하다
시민들이 정책 변화에 긍정적으로 반응했다.

기출 회차 25, 20, 18, 17, 16회

받다
동

1. to receive / もらう、受ける / 受到
친구에게 생일 선물을 받았다.

2. to pay (attention) / (注目などを)浴びる / 吸引
신인 가수가 주목을 받고 있다.

3. to score / (点数などを)とる / 取得
나는 이번 시험에서 100점을 받았다.

4. to take / 受ける、受け取る / 接(球)
그 사람은 야구공을 손으로 받았다.

5. to get / (電話に)出る / 接(电话)
친구가 전화를 받지 않아서 걱정이다.

6. to accept / 受け継ぐ、甘やかす / 应和
할머니는 손자의 장난을 받아 주었다.

7. to accept / (客などを)迎える、取る / 接待(客人)
음식 재료가 떨어져서 오늘은 더 이상 손님을 받을 수가 없다.

기출 회차 25, 24, 23, 22, 21, 20, 19, 18, 17, 16회

발견하다(發見--)
동

to discover, to find out / 発見する / 发现
남과 다른 자신만의 가치를 발견해야 한다.
기출 회차 25, 23, 22, 21, 19회

연습 문제

※ [1~5] 다음 (   )에 알맞은 것을 고르십시오.

1 사회자는 토론이 (   ) 방향으로 진행되도록 해야 한다.
① 강력한　　② 답답한　　③ 바람직한　　④ 무책임한

2 오늘도 저희 백화점에서 즐거운 시간을 보내시기 (   ).
① 바랍니다　　② 말립니다　　③ 다룹니다　　④ 겹칩니다

3 신제품에 대한 (   )이 좋아 매출이 오를 것 같다.
① 개발　　② 반응　　③ 관심　　④ 매력

4 질병과 식습관은 (   ) 관계가 있는 것으로 나타났습니다.
① 꾸준한　　② 단순한　　③ 고유한　　④ 밀접한

5 그 사람은 술을 마시면 같은 말을 여러 번 (   ).
① 만족한다　　② 반복한다　　③ 공격한다　　④ 달성한다

※ [6~10] 다음 밑줄 친 부분과 의미가 비슷한 것을 고르십시오.

6 물병을 씻을 때는 <u>밑부분</u>까지 깨끗이 닦아야 한다.
① 바닥　　② 기준　　③ 꼬리　　④ 모양

7 여자 친구가 내 말에 그렇게 <u>민감하게</u> 반응할 줄 몰랐다.
① 궁금하게　　② 간단하게　　③ 예민하게　　④ 솔직하게

8 유행어는 그 시대의 상황을 <u>반영한다</u>.
① 담당한다　　② 결정한다　　③ 이해한다　　④ 나타낸다

정답 1.③ 2.① 3.② 4.④ 5.② 6.① 7.③ 8.④

142　TOPIK 어휘로 잡아라!

9 동생은 피곤했는지 눕자마자 바로 잠이 들었다.
  ① 무리 ② 즉시 ③ 널리 ④ 비록

10 그 섬에 섬을 처음으로 찾아낸 사람의 이름을 붙였다.
  ① 발견한 ② 달성한 ③ 기부한 ④ 보유한

※ [11~13] 다음 (   )에 공통적으로 들어갈 단어를 고르십시오.

11
  그 사람은 예의가 아주 (   ).
  나는 화장품을 거의 안 (   ) 편이다.
  운동할 때 자세가 (   ) 않으면 다칠 수 있다.

  ① 곧다 ② 사다 ③ 바르다 ④ 따지다

12
  전화를 안 (   ) 걱정이 된다.
  시험 점수를 잘 (   ) 장학금을 받는다.
  아이들은 부모의 관심을 (   ) 싶어 한다.

  ① 받다 ② 걸다 ③ 끌다 ④ 맡다

13
  선생님의 말은 학생들에게 영향을 (   ).
  기준 점수에 (   ) 못하면 자격증을 못 딴다.
  그 사람은 한동안 음악에 (   ) 있었다.

  ① 끼치다 ② 이르다 ③ 아끼다 ④ 미치다

※ [14~15] 다음 밑줄 친 부분과 의미가 반대인 것을 고르십시오.

14 아마 이 의견에 반대하는 사람은 거의 없을 겁니다.
  ① 무시하는 ② 찬성하는 ③ 도전하는 ④ 나타나는

15 같은 극의 자석은 서로 밀어내는 힘이 세다.
  ① 미루는 ② 당기는 ③ 견디는 ④ 때리는

정답 9.② 10.① 11.③ 12.① 13.④ 14.② 15.②

발굴(發掘)
명

1. excavation / 発掘 / 挖掘
이곳에서는 지금 문화재 발굴 작업이 진행되고 있다.

2. digging out / 発掘 / 发掘
감독은 신인 배우 발굴을 위해 여기저기 뛰어다녔다.

발굴되다
이번 오디션을 통해 능력 있는 신인이 발굴되었다.

발굴하다
문화재를 발굴하는 작업은 쉬운 일이 아니다.

기출 회차 22, 21회

발달(發達)
명

1. development / 発達 / 发达
음악은 아이의 정서 발달에 도움이 된다.

2. development / 発達 / 发达
과학 기술의 발달로 우주여행이 가능해졌다.

발달하다
손을 많이 쓰면 지능이 발달한다.

기출 회차 25, 24, 23, 22, 21, 18, 17회

발명(發明)
명

invention / 発明 / 发明
전기의 발명으로 생활이 편리해졌다.

발명가
에디슨은 유명한 발명가이다.

발명품
새로운 발명품을 전시하는 행사가 열렸다.

기출 회차 24, 20, 19, 16회

발생(發生)
명

occurrence / 発生 / 发生
화재 사고는 발생 전에 막는 것이 최선이다.

발생되다
도로 공사 때문에 소음이 발생되었다.

발생하다
화재가 발생하면 119에 신고하세요.

기출 회차 25, 24, 23, 22, 21, 20, 19, 18, 17, 16회

발송하다 (發送--)
동

to send / 発送する / 发送
연말연시에는 회사마다 고객들에게 연하장을 발송한다.

기출 회차 23, 20회

발전¹ (發展)
명

development / 発展 / 发展
친환경 에너지 산업은 앞으로 발전 가능성이 높다.

발전하다
기술이 발전할수록 우리의 생활이 더욱 편리해진다.

기출 회차 25, 24, 23, 22, 17, 16회

발전² (發電)
명

electricity generation / 発電 / 发电
요즘에는 풍력 발전과 조력 발전이 주목받고 있다.

발전소
원자력 발전소를 짓는 데에 주민들이 반대했다.

기출 회차 25, 19회

발표 (發表)
명

announcement / 発表 / 发表
오늘 합격자 발표가 났다.

발표자
발표자는 앞으로 나와 주시기 바랍니다.

발표되다
시험 결과가 발표되었다.

발표하다
발표할 때는 큰 소리로 말하는 것이 좋다.

기출 회차 25, 24, 22, 21, 20, 19, 18, 17, 16회

밝다
형

1. to be bright / 明るい / 明亮
밝은 조명을 켜고 사진 촬영을 한다.

2. to be bright / 明るい / 亮堂
밝은 색깔의 옷을 입으면 기분이 좋아진다.

3. to be keen / (目や耳が)さとい、鋭い / (眼睛)好使
눈이 밝지 못해 사람들을 잘 못 알아본다.

4. to be bright / (表情などが)明るい / (声音)洪亮
그 사람은 항상 밝은 목소리로 인사한다.

기출 회차 25, 24, 23, 20, 17, 16회

밝히다
동

1. to determine / 明かす、はっきりさせる / 搞清楚
경찰은 사고의 원인을 밝히기 위해 조사를 계속했다.

2. to disclose / 明かす、打ち明ける / 表明
그 사람은 자신이 경찰에게 돈을 줬다고 밝혔다.

기출 회차 25, 24, 22, 21, 20, 18, 17회

밤새
명

all night / 一晩中 / 夜间
밤새 내린 눈 때문에 출근길이 복잡하다.

기출 회차 24, 18, 16회

방금 (方今)
부

just now / 今、たった今 / 刚刚
현장에서 방금 들어온 소식을 전해 드리겠습니다.

기출 회차 23, 22, 21, 18, 17회

방문 (訪問)
명

visit / 訪問 / 访问
선배님들의 학교 방문을 환영합니다.

방문객
방문객들은 신분증을 보여 줘야 한다.

방문하다
다른 사람의 집을 방문할 때는 너무 늦은 시간을 피한다.

기출 회차 25, 21, 16회

방법 (方法)
명

way, means, method / 方法 / 方法
문제를 해결하기 위한 최선의 방법을 찾고 있다.

기출 회차 25, 24, 23, 22, 21, 20, 19, 18, 17, 16회

방송 (放送)
명

broadcasting / 放送 / 广播
방송에 출연할 기회가 생겼다.

방송국
방송국에 구경을 갔다가 연예인을 봤다.

방송사
방송사에서는 인기 있는 프로그램을 만들기 위해 돈을 많이 쓴다.

방송되다
지난주에 방송된 드라마 내용에 문제가 많다.

기출 회차 25, 23, 22, 20, 18, 16회

방식 (方式)
명

way, means, method / 方式 / 方式
사람마다 표현 방식이 다르기 때문에 서로 오해할 때도 있다.

기출 회차 23, 21, 20, 19, 18, 17, 16회

방안 (方案)
명

way, measure / 方案、方法 / 方案
환경 문제의 해결 방안을 찾기가 쉽지 않다.

기출 회차 25, 23, 21, 16회

방지(防止) 명

prevention / 防止 / 防止
사고 방지 대책을 마련하기 위해서 회의를 한다.

방지하다
사고를 방지하려면 미리 대비를 해야 한다.

기출 회차   25, 21회

방해(妨害) 명

disturbance / 妨害 / 妨碍
불을 켜 두면 잠을 자는 데에 방해가 된다.

방해하다
수업을 방해하지 말고 나가서 통화하세요.

기출 회차   25, 24, 22, 21, 18, 16회

방향(方向) 명

1. direction / 方向 / 方向
배를 운전하는 사람은 바람의 방향을 알고 있어야 한다.

2. direction / 方向 / (前进)的方向
앞으로 우리가 나아가야 할 방향을 정해야 할 것 같다.

기출 회차   25, 24, 22, 21, 16회

배(倍) 명

times / 倍 / 倍
같은 물건도 백화점에서 사면 시장보다 몇 배 더 비싸다.

기출 회차   25, 24, 21, 19, 18, 17, 16회

배경(背景) 명

1. background / 背景 / 背景
사건의 발생 배경은 다음과 같다.

2. background / 背景 / 背景
그 소설은 1920년대의 서울을 배경으로 하고 있다.

기출 회차   23, 19, 18회

배달(配達)
명

delivery / 出前、配達 / 配送
도시락은 2인분 이상만 배달된다.

배달비
그 음식점은 배달비를 따로 받는다.

배달되다
아침마다 집으로 신문이 배달되었다.

배달시키다
비가 오는 날에는 음식을 배달시켜서 먹는다.

배달하다
오토바이를 타고 음식을 배달하는 사람이 많다.

기출 회차 24, 21, 19, 18회

배려하다(配慮--)
동

to care about / 配慮する、気配る / 关照
그 사람은 다른 사람을 배려할 줄 안다.

기출 회차 22, 20, 18회

배출(排出)
명

emission / 排出 / 排放
오래된 자동차는 오염 물질을 많이 배출한다.

배출되다
매일 배출되는 음식물 쓰레기 처리 문제가 심각하다.

배출하다
쓰레기는 쓰레기봉투에 넣어서 배출해야 한다.

기출 회차 25, 21, 20회

배탈(-頉)
명

stomachache / 食あたり、食もたれ / 坏肚子
찬 음식을 먹으면 배탈이 난다.

기출 회차 23, 17, 16회

연습 문제

※ [1~6] 다음 (　)에 알맞은 것을 고르십시오.

1 그 사건에 대한 정부의 공식 (　　　)가 늦어지고 있다.
　① 문의　　② 발표　　③ 가치　　④ 매체

2 몸이 불편한 사람을 (　　　) 자리를 양보했다.
　① 금지해서　② 기록해서　③ 고민해서　④ 배려해서

3 나는 쓰레기 분리 (　　　)에 익숙하지 않다.
　① 개별　　② 대상　　③ 배출　　④ 가능

4 기술의 (　　　)로 우리의 삶은 점점 편리해지고 있다.
　① 반대　　② 반사　　③ 발굴　　④ 발달

5 상한 우유를 먹고 (　　　)이 났다.
　① 배탈　　② 목숨　　③ 두통　　④ 질병

6 조선 시대를 (　　　)으로 하는 드라마와 영화가 많다.
　① 배경　　② 반응　　③ 바닥　　④ 발명

※ [7~12] 다음 밑줄 친 부분과 의미가 비슷한 것을 고르십시오.

7 어떤 <u>방법</u>으로든지 문제를 빨리 해결해 주세요.
　① 등장　　② 방식　　③ 물건　　④ 노동

8 어린이들의 안전사고를 <u>막으려면</u> 위험한 물건을 치워야 한다.
　① 설치하려면　② 방송하려면　③ 광고하려면　④ 방지하려면

정답　1. ②　2. ④　3. ③　4. ④　5. ①　6. ①　7. ②　8. ④

9 비행기가 막 공항에 도착했습니다.
① 먼저   ② 이미   ③ 방금   ④ 당장

10 이곳은 교통사고가 자주 발생하는 곳입니다.
① 나는   ② 막는   ③ 견디는   ④ 달하는

11 만나지 못한 친구들에게는 청첩장을 발송했다.
① 드렸다   ② 부쳤다   ③ 내렸다   ④ 고쳤다

12 내일 학부모들이 학교를 방문할 예정이다.
① 바라볼   ② 다가갈   ③ 내보낼   ④ 찾아올

※ [13] 다음 (   )에 공통적으로 들어갈 단어를 고르십시오.

13
젊었을 때는 귀가 (   ).
늘 (   ) 표정으로 인사를 한다.
벽지를 (   ) 색으로 바꿔 봐야겠다.

① 좋다   ② 웃다   ③ 밝다   ④ 맞다

※ [14~15] 다음 밑줄 친 부분과 의미가 반대인 것을 고르십시오.

14 그 사람은 사건의 원인을 밝히려고 하지 않았다.
① 말하려고   ② 찾으려고   ③ 감추려고   ④ 돌보려고

15 동료가 너무 바빠 보여서 일을 도와주었다.
① 반복했다   ② 관찰했다   ③ 결정했다   ④ 방해했다

정답 9.③ 10.① 11.② 12.④ 13.③ 14.③ 15.④

버릇 명

1. habit / 癖 / 习惯
다리를 떠는 버릇은 보기에 좋지 않으니까 고치도록 하세요.

2. manner / 行儀、しつけ / 规矩
부모는 아이들에게 버릇을 제대로 가르쳐야 한다.

버릇없다
동생이 버릇없는 말을 해서 할아버지께서 크게 화가 나셨다.

기출 회차 21, 16회

번거롭다 형

to be inconvenient / 面倒くさい、わずらわしい / 麻烦
색깔별로 나눠서 빨래를 하는 일이 번거롭다.

기출 회차 18, 17회

벌다 동

to make (money) / 儲ける、稼ぐ / 挣(钱)
방학 때 아르바이트로 돈을 벌어서 등록금을 낸다.

기출 회차 25, 17회

벌레 명

insect, bug / 虫 / 虫子
벌레에 물리지 않도록 긴팔 옷을 입었다.

기출 회차 23, 21, 20회

벌써 부

already / もう、すでに / 已经
고등학교를 졸업한 지 벌써 10년이 지났다.

기출 회차 24, 22, 21, 20, 19, 18, 17, 16회

벌어지다
동

to take place / 繰り広げられる、起きる / 发生
두 사람 사이에 싸움이 벌어졌다.

기출 회차 25, 24회

범위 (範圍)
명

range, limit / 範囲 / 范围
대형 할인 매장이 생기면서 소비자들이 물건을 선택할 수 있는 범위가 넓어졌다.

기출 회차 19, 18회

법 (法)
명

law / 法 / 法
그 사람은 법을 잘 지키는 사람이다.

법적
두 사람은 이제 법적으로 부부가 되었다.

기출 회차 24, 23, 20, 19, 17, 16회

벗어나다
동

1. to get out of / 離れる、抜ける / 脱离
도심을 벗어나서 맑은 공기 속에서 살고 싶다.

2. to be rid of / 逃れる、開放される / 摆脱
학생들은 시험을 잘 봐야 한다는 부담감에서 벗어나기 어렵다.

기출 회차 24, 23, 21, 19회

변경하다 (變更--)
동

to change / 変更する / 更改
급한 일이 생겨서 약속 시간을 변경했다.

변경되다
날씨 때문에 여행 날짜가 변경되었다.

기출 회차 25, 18, 17회

변하다 (變--)
동

to change / 変わる / 改变
사람의 성격은 쉽게 변하지 않는다.

변함없다
그 친구는 10년 전이나 지금이나 변함없다.

기출 회차 25, 24, 20, 19, 18, 17, 16회

변화 (變化)
명

change, variation / 変化 / 变化
새 선생님이 오면서 학교에 변화가 생겼다.

변화되다
인터넷이 발달하면서 사회가 빠르게 변화되고 있다.

변화시키다
사람들이 이미 갖고 있는 생각을 변화시키기는 어렵다.

변화하다
빠르게 변화하는 사회에 적응해야 한다.

기출 회차 25, 24, 23, 22, 21, 20, 19, 18, 17, 16회

별다르다 (別---)
형

to be particular / 特別だ / 特別
별다른 일이 없으면 모임에 꼭 나와 주시기 바랍니다.

기출 회차 25, 24, 21, 16회

별로 (別-)
부

particularly / 別に、あまり / 不太
나는 커피를 별로 좋아하지 않는다.

기출 회차 25, 24, 23, 22, 20, 19, 17, 16회

보고 (報告)
명

report / 報告 / 报告
사장은 신제품 판매에 대해서 보고를 받았다.

보고서
내일까지 보고서를 내야 한다.

보고하다
사장님께 회의 결과를 보고했다.

기출 회차 22, 19, 18, 17, 16회

보관(保管)
명

storage, keeping / 保管 / 保管
비싼 물건은 보관에 주의해야 한다.

보관함
가방은 물품 보관함에 넣고 들어가세요.

보관하다
물품을 보관할 수 있는 곳이 따로 있는지 물어봤다.

기출 회차 25, 23, 22, 19, 18, 16회

보내다
동

1. to send / 送る / 寄发
우체국에 가서 소포를 보냈다.

2. to send / 見送る、行かせる / 送
아이를 학교에 보낸 후에 출근한다.

3. to spend / 過ごす / 度过
주말은 가족들과 함께 보낼 생각이다.

기출 회차 25, 24, 23, 22, 21, 20, 19, 18, 17, 16회

보도(報道)
명

coverage / 報道 / 报道
관계자에게 보도 자료를 요청했다.

기출 회차 19, 18, 16회

보람
명

fruitfulness / 甲斐、やりがい / 意义
다른 사람을 돕는 일에 보람을 느낀다.

기출 회차 25, 24, 22, 21, 19회

보살피다
동

to look after, to take care of / 世話する、面倒を見る / 照料
부모는 아이들을 잘 보살펴야 한다.

기출 회차 23, 20회

보상(補償)
명

compensation / 補償 / 补偿
사고 보상 대책 회의를 열었다.

보상하다
일하다가 다친 사람의 피해를 보상해 줘야 한다.

기출 회차 25, 24, 23, 22, 21, 19, 18회

보유하다(保有--)
동

to hold / 保有する / 拥有
그 선수는 세계기록을 보유하고 있다.

기출 회차 20, 19회

보장하다(保障--)
동

to guarantee / 保障する / 保障
그 기자는 나에게 비밀을 보장해 주겠다고 했다.

기출 회차 24, 19회

보존(保存)
명

preservation / 保存 / 保存
정부는 전통문화의 보존을 위해 노력하고 있다.

보존되다
그곳에는 옛날 물건들이 잘 보존되어 있었다.

보존하다
환경을 보존하기 위해 우리 모두 노력해야 한다.

기출 회차 23, 22, 21, 17회

보태다
동

to supplement / 補う、加える / 添补
딸아이는 생활비를 보태려고 아르바이트를 했다.

기출 회차 24, 17회

보호 (保護)
명

1. protection / 保護 / 保护
개인의 사생활 보호는 아주 중요하다.

2. protection / 保護 / 保护
자연 보호는 우리 모두가 해야 할 일이다.

보호받다
아이들은 누구나 보호받을 권리가 있다.

보호하다
환경을 보호하기 위해 쓰레기를 줄여야 한다.

기출 회차 24, 23, 22, 21, 19, 18회

복사 (複寫)
명

duplication / コピー / 复印
복사실에 시험지 복사를 맡겼다.

복사기
복사기가 고장 났다.

복사하다
선생님은 자료를 복사해서 학생들에게 나눠 주셨다.

기출 회차 22, 18회

복잡하다 (複雜--)
형

1. to be complicated / 複雑だ / 复杂
복잡한 문제를 푸느라고 머리가 아프다.

2. to be crowed / 込み合う / 拥挤
지하철은 항상 복잡한 것 같다.

기출 회차 25, 22, 21, 20, 19, 17, 16회

연습 문제

※ [1~6] 다음 (　)에 알맞은 것을 고르십시오.

1 조카가 (　) 고등학생이 되었다.
① 벌써　　② 당장　　③ 내내　　④ 괜히

2 될 수 있으면 (　) 일은 하지 말자고 제안했다.
① 가리는　　② 감추는　　③ 바람직한　　④ 번거로운

3 계획을 (　) 시간과 돈이 많이 든다.
① 변경하면　　② 담당하면　　③ 둘러보면　　④ 극복하면

4 디자인은 좋은데 색깔이 (　) 마음에 안 든다.
① 널리　　② 별로　　③ 겨우　　④ 훨씬

5 음식 재료를 (　) 때에는 구입 날짜를 적어 놓는다.
① 자를　　② 만질　　③ 보관할　　④ 건조할

6 환경 (　)를 위해 전 세계가 노력해야 한다.
① 보고　　② 보호　　③ 홍보　　④ 목표

※ [7~11] 다음 밑줄 친 부분과 의미가 비슷한 것을 고르십시오.

7 길에 차가 너무 많아서 서울을 <u>빠져나가기</u>가 쉽지 않다.
① 매달리기　　② 그만두기　　③ 벗어나기　　④ 다가가기

8 안 좋은 <u>버릇</u>은 빨리 고치는 것이 좋다.
① 매력　　② 배경　　③ 기분　　④ 습관

정답: 1.① 2.④ 3.① 4.② 5.③ 6.② 7.③ 8.④

9 컴퓨터 프로그램의 오류로 합격자가 바뀌는 일이 벌어졌다.
① 변했다 ② 생겼다 ③ 몰렸다 ④ 나왔다

10 회사를 살리기 위해서 보유하고 있는 재산을 모두 포기해야 한다.
① 고치고 ② 나누고 ③ 다루고 ④ 가지고

11 환자뿐만 아니라 환자를 돌보는 가족들도 힘들기는 마찬가지이다.
① 보살피는 ② 무시하는 ③ 다가가는 ④ 감소하는

※ [12~13] 다음 (   )에 공통적으로 들어갈 단어를 고르십시오.

12
장사를 해서 돈을 많이 (   ).
아르바이트로 학비를 (   ) 한다.
시간을 (   ) 위해서 출근길에 화장을 한다.

① 주다 ② 벌다 ③ 올리다 ④ 맞추다

13
휴가를 어떻게 (   ) 생각 중이다.
부모님께 선물을 (   ) 나니까 기분이 좋다.
아들을 군대에 (   ) 나서 걱정이 많아졌다.

① 나오다 ② 지내다 ③ 보내다 ④ 드리다

※ [14~15] 다음 밑줄 친 부분과 의미가 반대인 것을 고르십시오.

14 둘에 셋을 보태면 다섯이 된다.
① 밀면 ② 대면 ③ 치면 ④ 빼면

15 돈을 벌기 위해서 조건이 좋은 직장으로 옮겼다.
① 쓰기 ② 내기 ③ 빌리기 ④ 모으기

정답: 9. ② 10. ④ 11. ① 12. ② 13. ③ 14. ④ 15. ①

봉사 (奉仕)
명

service / 奉仕、サービス / 服务
호기심으로 시작한 자원 봉사가 이제 내 생활이 되었다.

봉사가
그 사람은 유명한 봉사가이다.

봉사단
이 지역에는 의료 봉사단이 꼭 필요하다.

봉사자
행사를 준비하는 데에 자원 봉사자가 필요하다.

봉사 활동
그 사람은 장애인을 보살피는 봉사 활동을 한다.

봉사하다
다른 사람을 위해 봉사하는 기쁨이 크다.

기출 회차 25, 24, 22, 20, 19, 18, 17, 16회

부끄럽다
형

to be ashamed / 恥ずかしい / 丢脸
사람이 많은 곳에서 넘어져서 부끄러웠다.

기출 회차 21, 19, 18, 16회

부담 (負擔)
명

burden / 負担 / 负担
각자 밥값을 내면 부담이 없어서 좋다.

부담감
너무 잘해야겠다는 부담감을 가지면 일이 잘 안된다.

부담스럽다
부모님의 기대가 너무 부담스럽다.

기출 회차 25, 24, 23, 22, 20, 19, 18, 17회

부드럽다
형

to be soft / 柔らかい / 柔软
이를 닦을 때에는 부드러운 칫솔을 사용하는 것이 좋다.

기출 회차 25, 20, 18, 17회

부딪치다
동

to bump / ぶつかる / 碰撞
마주 오는 사람과 어깨가 부딪쳤다.

기출 회차 21, 20회

부럽다
형

to be envious / うらやましい / 羨慕
나는 노래를 잘하는 사람이 제일 부럽다.

기출 회차 21, 19, 18회

부르다
동

1. to beckon / 呼ぶ / 喊
식당에서 손님이 직원을 불렀다.

2. to call / 呼ぶ、(出席を)とる / 点(名)
선생님께서 순서대로 학생들의 이름을 부르셨다.

3. to sing / (歌を)歌う / 唱(歌)
그 가수는 춤을 추면서 노래를 부른다.

4. to get in / 呼ぶ / 请来
복사기가 고장 나서 고치는 사람을 불러야겠다.

5. to call / 称する、(…と)言う / 叫
우리는 그 사람을 '똑똑한 바보'라고 부른다.

불리다
그곳은 '꿈의 섬'으로 불린다.

기출 회차 25, 24, 21, 18, 17, 16회

부분(部分)
명

part, section / 部分 / 部分
지금 그렇게 작은 부분까지 신경을 쓸 수는 없다.

기출 회차 25, 24, 21, 20, 19, 18, 16회

부상(負傷)
명

injury, wound / 負傷、けが / 受伤
교통사고가 났지만 다행히 부상을 당한 사람은 없었다.

기출 회차 20, 19회

부작용(副作用)
명

1. side effects / 副作用 / 副作用
지나친 개발로 환경이 파괴되는 부작용이 생겼다.

2. side effects / 副作用 / 副作用
이 약은 부작용이 있을 수도 있다.

기출 회차 22, 20회

부정적(否定的)
관
명

negative / 否定的 / 消极的
부정적 측면만 보려고 하는 것은 좋지 않다.
컴퓨터 게임이 학생들에게 부정적인 영향을 줄 수도 있다.

부정하다
자신이 맡은 일이 잘못되었을 때 그것에 대한 책임을 부정하는 것은 무책임한 일이다.

기출 회차 25, 23, 21, 20, 18, 16회

부족하다(不足--)
형

to be insufficient / 足りない / 不足
시간이 부족해서 시험 문제를 다 풀지 못했다.

부족함
내 아이는 부족함 없이 키우고 싶다.

기출 회차 25, 22, 21, 20, 19, 18, 17, 16회

분명하다(分明--)
형

1. to be clear, to be distinct / はっきりする / 明確
자신의 의견을 분명하게 밝히는 것이 좋다.

2. to be obvious / 明らかだ / 肯定
앞으로는 경제가 좋아질 것이 분명하다.

분명
이 약은 분명 효과가 있을 것이다.

분명히
분명히 책상 위에 안경을 놓았는데 없어졌다.

기출 회차 25, 24, 22, 21, 20, 19, 18, 17회

분석 (分析)
명

analysis / 分析 / 分析
전문가에게 사고의 원인 분석을 요청했다.

분석되다
문장은 더 작은 단위로 분석될 수 있다.

분석하다
자료를 분석하는 사람에 따라 결과가 달라진다.

기출 회차 25, 24, 21, 20, 19, 16회

분실 (紛失)
명

loss / 紛失 / 丢失
버스나 지하철에서 분실 사고가 많이 일어난다.

분실물
분실물을 찾으려면 어떻게 해야 합니까?

분실물 센터
잃어버린 물건을 찾고 싶으면 분실물 센터에 가 보세요.

분실하다
이곳에서는 사람들이 지하철에서 분실한 물건을 보관한다.

기출 회차 22, 18, 16회

분야 (分野)
명

area, field, sphere / 分野 / 领域
학자들마다 전공 분야가 다 다르다.

기출 회차 23, 22, 20, 19, 18회

분위기 (雰圍氣)
명

1. atmosphere, mood / 雰囲気 / 氛围
우리 반은 분위기가 좋다.

2. atmosphere, mood / 雰囲気 / 情调
집안 분위기를 바꾸려고 커튼을 새로 달았다.

3. atmosphere, mood / 雰囲気 / 风气
취업만을 위해 공부하는 분위기가 생겼다.

기출 회차 24, 23, 21, 20, 18, 17회

불가(不可) 명

unavailability / 不可能 / 不许
이 영화는 미성년자 관람 불가입니다.

불가능
나의 사전에는 불가능이란 없다.

불가능하다
물이 없으면 생활이 불가능하다.

기출 회차 25, 24, 22, 21, 19, 18, 16회

불다 동

1. to blow / (風が)吹く / 刮(风)
바람이 세게 불어서 우산이 뒤집혔다.

2. to prevail / 起きる、起こる / 形成(社会风气)
한국에 영어 교육 바람이 분 지는 오래됐다.

기출 회차 25, 19, 16회

불안하다(不安--) 형

to be anxious, to be uneasy / 不安だ / 不安
휴대전화를 집에 두고 오면 하루 종일 불안하다.

기출 회차 24, 22, 20, 18, 17회

불편하다(不便--) 형

1. to be inconvenient / 不便だ / 不方便
자리가 좁아서 앉기에 조금 불편하다.

2. to be disabled / (体などが)不自由だ / (身体)不便
몸이 불편한 사람들을 위해 계단을 없앴다.

불편
통행에 불편을 끼쳐서 죄송합니다.

불편함
이 제품은 기존 제품의 불편함을 크게 개선한 것이다.

기출 회차 25, 24, 23, 22, 21, 19, 18, 17, 16회

붐비다 동

to bustle / 込む / 拥挤
세일이 시작되자 백화점이 사람들로 붐빈다.

기출 회차 22, 21회

붙다
동

1. to attach / 貼る / 贴
   게시판에 모집 공고가 붙어 있다.

2. to stay / 付く、付きそう / 挨着
   부모가 항상 아이 옆에 꼭 붙어 있어야 하는 것은 아니다.

붙이다
광고지니까 잘 보이는 곳에 붙이는 게 좋겠다.

기출 회차 24, 23, 22, 21, 20, 19, 18회

연습 문제

※ [1~5] 다음 (　)에 알맞은 것을 고르십시오.

1 과학 기술의 개발로 인한 (　　　)도 생각해 보아야 한다.
① 나머지　　② 부작용　　③ 대부분　　④ 담당자

2 자원 (　　　)를 하는 사람들은 힘들지만 보람이 더 크다고 말했다.
① 봉사　　② 공고　　③ 독서　　④ 기부

3 소비자들은 화장품의 성분 (　　　) 결과를 발표하라고 요청했다.
① 대상　　② 능력　　③ 강화　　④ 분석

4 비싼 점심값이 (　　　) 도시락을 싸 가지고 다닌다.
① 갑작스러워서　　② 조심스러워서　　③ 부담스러워서　　④ 자랑스러워서

5 계단을 올라갈 때는 내려오는 사람과 (　　　) 않도록 조심해야 한다.
① 부딪치지　　② 돌아보지　　③ 내보내지　　④ 나타나지

※ [6~9] 다음 밑줄 친 부분과 의미가 비슷한 것을 고르십시오.

6 나는 실수한 것이 너무 <u>부끄러워서</u> 고개를 들 수 없었다.
① 단순해서　　② 창피해서　　③ 만족해서　　④ 꾸준해서

7 요즘에는 <u>붐비는</u> 시간을 피해서 출퇴근하는 사람들이 늘고 있다.
① 민감한　　② 뚜렷한　　③ 궁금한　　④ 복잡한

8 구두 매장에서 지갑을 <u>잃어버리신</u> 분은 방송실로 오시기 바랍니다.
① 계산하신　　② 바라보신　　③ 분실하신　　④ 둘러보신

정답 1.② 2.① 3.④ 4.③ 5.① 6.② 7.④ 8.③

9 둘 중 한 사람이 거짓말을 한 것이 <u>분명하다</u>.
① 다양하다　② 긴장하다　③ 확실하다　④ 고유하다

※ [10~11] 다음 (　)에 공통적으로 들어갈 단어를 고르십시오.

10
비도 오고 바람도 (　　　).
할머니께서는 밤에 휘파람을 (　　　) 말라고 하셨다.
파티가 있으니까 풍선을 (　　　) 준비해 두세요.

① 타다　② 불다　③ 오다　④ 돌다

11
옷가게 직원은 나를 언니라고 (　　　).
노래를 잘 (　　　) 사람이 멋있어 보인다.
너무 늦어서 택시를 (　　　) 타고 갔다.

① 기르다　② 따르다　③ 내리다　④ 부르다

※ [12~15] 다음 밑줄 친 부분과 의미가 <u>반대인</u> 것을 고르십시오.

12 그 사람은 모든 일을 <u>긍정적</u>으로 생각한다.
① 논리적　② 정기적　③ 부정적　④ 구체적

13 아파트 여기저기에 광고가 <u>붙어</u> 있었다.
① 떨어져　② 끊어져　③ 굳어져　④ 벌어져

14 빵이 너무 <u>딱딱해서</u> 먹기가 힘들 정도이다.
① 부드러워서　② 번거로워서　③ 무책임해서　④ 바람직해서

15 지하철역이 가까워서 교통이 <u>편리하다</u>.
① 답답하다　② 불편하다　③ 강력하다　④ 시원하다

정답 9.③ 10.② 11.④ 12.③ 13.① 14.① 15.②

비결(秘訣)
명

secret, know-how / 秘訣 / 秘诀
꾸준히 새로운 모습을 보여 주는 것이 그 가수의 인기 비결이다.

기출 회차 22, 21, 20, 19회

비교(比較)
명

comparison / 比較 / 比较
신제품과 기존 제품을 비교 분석했다.

비교하다
다른 사람과 비교해서 말하는 것은 좋지 않다.

기출 회차 25, 23, 20, 19, 18, 17회

비다
동

to empty, to be vacant / 空く / 空
휴가철에는 도시가 텅 빈다.

비우다
친구가 쓰레기통을 비웠다.

기출 회차 24, 23, 22, 18회

비록
부

although, even if / たとえ / 虽然
비록 돈은 많지 않지만 마음만은 행복하다.

기출 회차 24, 17회

비롯하다
동

to start, to begin / 始まる、初める / 以…为首
대학생을 비롯해서 많은 사람들이 그 모임에 나왔다.

비롯되다
발명은 생활의 작은 불편에서 비롯된다.

기출 회차 19, 17, 16회

비슷하다
형

to be similar / 似ている / 相似
아까 도서관에서 친구하고 비슷한 사람을 봤다.

비슷비슷하다
요즘 노래들은 다 비슷비슷해서 잘 모르겠다.

기출 회차 25, 24, 22, 19, 18, 17, 16회

비용(費用)
명

cost, expense / 費用 / 费用
차를 고치는 데에 비용이 많이 들었다.

기출 회차 25, 24, 22, 21, 19, 18, 17, 16회

비율(比率)
명

ratio, proportion, rate / 比率 / 比率
시골은 도시에 비해 노년층의 비율이 높다.

기출 회차 25, 23, 22, 21, 20, 19, 18, 17, 16회

비중(比重)
명

importance / 比重 / 比重
전체 차량 판매량에서 소형차 비중이 감소하고 있다.

기출 회차 23, 22회

비치다
동

1. to shine, to light up / (日が)照る、さす / 照耀
햇빛이 비치는 곳에 있는 나무가 잘 자란다.

2. to be reflected / 映る / 映照
강물에 비친 산이 매우 아름다웠다.

비쳐지다
텔레비전에 비쳐지는 모습이 사실과 다를 수도 있다.

기출 회차 24, 20, 19회

비판(批判)
명

criticism / 批判 / 批判
그 배우는 방송에서 말실수를 해서 사람들의 비판을 받았다.

비판하다
다른 사람을 비판하는 것이 나쁜 것만은 아니다.

기출 회차 25, 21, 19, 17, 16회

빛
명

light, ray / 光 / 阳光
빛이 잘 들어오는 방을 구했다.

기출 회차 25, 24, 23, 20, 19회

빠뜨리다
동

1. to put (in danger) / (状態に)落しいれる / 陷入
운전기사의 음주운전은 승객을 위험에 빠뜨릴 수 있다.

2. to omit / 漏らす、落す / 遗漏
보고서에 중요한 내용을 빠뜨리고 제출했다.

기출 회차 25, 20회

빠지다
동

1. to fall out / 抜ける / 掉(牙)
고기를 먹다가 이가 빠져 버렸다.

2. to drain / (水が)引く / 排(水)
비가 많이 와도 물이 잘 빠지도록 도로 공사를 했다.

3. to omit / 持ち忘れる / 落下
외출할 때 항상 빠진 물건이 없는지 살펴보는 습관이 있다.

4. to keep out of / 手放す、手を引く / 不参加
바쁜 사람은 이 일에서 빠져도 된다.

기출 회차 25, 23, 22, 18, 17, 16회

빼다
동

1. to pull out / 抜く / 拔(牙)
이를 빼려고 치과에 갔다.

2. to exclude / 除く / 除
그 모임의 회원은 나만 빼고 전부 남자였다.

빼내다
그 사람은 회사의 중요한 자료를 빼내려고 했다.

빼놓다
가족들이 나만 빼놓고 여행을 갔다.

기출 회차 25, 22, 21, 20, 18회

뽑다
동

1. to pull out / 抜く / 拔掉
흰 머리카락도 뽑으면 안 된다.

2. to draw / 抜く / 抽(血)
피를 뽑아서 검사를 했다.

3. to select / 選ぶ / 选拔
그 회사에서는 광고 모델을 새로 뽑는다.

뽑히다
우리 아들이 이번에도 반장으로 뽑혔다.

기출 회차 24, 23, 22, 20, 17, 16회

뿌리다
동

to spray / かける、振りかける / 掸(香水)
여름에는 발목에 향수를 뿌리는 것이 좋다.

기출 회차 24, 22, 21, 20회

사고 (事故)
명

accident / 事故 / 事故
길이 미끄러워서 사고가 났다.

기출 회차 25, 24, 23, 22, 21, 20, 19, 18, 17, 16회

사라지다
동

1. to disappear / 無くなる / 消失
책상 위에 놓아두었던 반지가 사라졌다.

2. to disappear / 消える / 消逝
아직도 교통사고의 충격이 사라지지 않는다.

기출 회차 25, 23, 22, 21, 20, 19, 18, 16회

사례 (事例)
명

example, instance, case / 事例 / 事例
선생님은 구체적인 사례를 들어 설명해 주셨다.

기출 회차 25, 24, 23, 22, 21, 20, 19, 17, 16회

사물 (事物)
명

thing, object, matter / 事物、物事 / 事物
아이들에게는 사물의 이름을 그림으로 알려주는 것이 좋다.

기출 회차 24, 18, 16회

사소하다 (些少--)
형

to be trivial, to be minor / 細かい、つまらない / 琐碎
사소한 문제로 싸움이 벌어졌다.

기출 회차 24, 18회

사실 (事實)
명

fact, truth / 事実 / 事实
그 배우가 기자들에게 결혼 사실을 밝혔다.

사실적
그 화가는 사물을 사실적으로 표현한다.

기출 회차 25, 23, 22, 20, 19, 18, 17, 16회

사연 (事緣)
명

story / いきさつ、(前後の)事情 / 故事
라디오 진행자는 청취자들의 사연을 재미있게 소개했다.

기출 회차 21, 20회

사용 (使用)
명

use / 使用 / 使用
요즘은 지하철에서도 무선 인터넷 사용이 가능하다.

사용료
공연장 사용료가 생각보다 비싸다.

사용법
전자제품을 사면 먼저 사용법을 잘 읽어 보는 것이 좋다.

사용되다
그곳은 주로 회의실로 사용된다.

사용하다
사람들이 잘못 사용하는 말이 많다.

기출 회차 25, 23, 22, 20, 19, 18, 17, 16회

사원 (社員)
명

employee, worker / 社員 / 公司职员
사장님은 사원과의 대화를 중요하게 생각하신다.

기출 회차 18, 17, 16회

연습 문제

※ [1~6] 다음 (   )에 알맞은 것을 고르십시오.

1 구체적인 (   )를 들어 설명하는 것이 좋다.
① 단위　　② 사례　　③ 비교　　④ 광고

2 그 식당의 성공 (   )을 배우기 위해 많은 사람들이 찾아왔다.
① 기억　　② 면접　　③ 대책　　④ 비결

3 이곳은 (   )가 많이 나는 곳이니까 조심해야 한다.
① 사고　　② 보고　　③ 계기　　④ 기회

4 그 사람은 (   ) 나이는 어리지만 생각이 깊다.
① 대충　　② 비록　　③ 가득　　④ 마침

5 친구와 나는 성격이 (   ) 빨리 친해질 수 있었다.
① 다양해서　　② 만족해서　　③ 비슷해서　　④ 뚜렷해서

6 일주일에 한 번씩 잔디밭에 물을 (   ).
① 내린다　　② 쏟는다　　③ 뿌린다　　④ 흘린다

※ [7~10] 다음 밑줄 친 부분과 의미가 비슷한 것을 고르십시오.

7 호수에 <u>반사된</u> 달빛이 너무 아름다웠다.
① 비친　　② 머문　　③ 따른　　④ 당긴

8 한 사람의 <u>사소한</u> 실수로 큰일이 날 수도 있다.
① 낯선　　② 작은　　③ 괜찮은　　④ 평범한

정답　1.② 2.④ 3.① 4.② 5.③ 6.③ 7.① 8.②

9 지하 주차장으로 가려면 엘리베이터를 이용하기 바랍니다.
① 규제하기   ② 대피하기   ③ 사용하기   ④ 변경하기

10 오해에서 비롯된 소문이 널리 퍼졌다.
① 금지된   ② 시작된   ③ 잘못된   ④ 강조된

※ [11~12] 다음 (   )에 공통적으로 들어갈 단어를 고르십시오.

11
그 회사에서 신입 사원을 (   ) 들었다.
잔디를 보호하기 위해 풀을 (   ) 줘야 한다.
자판기에서 음료수를 (   ) 선생님께 드렸다.

① 뽑다   ② 낫다   ③ 덮다   ④ 맡다

12
요즘 스트레스를 받아서 머리카락이 (   ).
냄새가 (   ) 나가게 창문을 열어 놓았다.
여행 가방을 싸면서 (   ) 물건이 없는지 확인했다.

① 따르다   ② 끼치다   ③ 빠지다   ④ 고치다

※ [13~15] 다음 밑줄 친 부분과 의미가 반대인 것을 고르십시오.

13 수업이 끝나고 학생들이 돌아가자 교실이 비었다.
① 맸다   ② 찼다   ③ 두었다   ④ 벌었다

14 그림을 걸기 위해 벽에 못을 박았다.
① 뺐다   ② 껐다   ③ 났다   ④ 됐다

15 고양이가 갑자기 나타나서 깜짝 놀랐다.
① 밝혀져서   ② 떨어져서   ③ 벌어져서   ④ 사라져서

정답 9. ③ 10. ② 11. ① 12. ③ 13. ② 14. ① 15. ④

사이
명

1. gap, space / (空間的)隔たり、間 / 中间
공이 다리 사이로 지나갔다.
2. interval / (時間的)間 / (不在的)时候
집을 잠깐 비운 사이에 도둑이 들었다.
3. relationship / 仲、間柄 / 关系
우리는 친한 사이지만 가끔 싸우기도 한다.

사이좋다
아이에게 친구들과 사이좋게 지내라고 가르쳤다.

기출 회차 22, 21, 20, 19회

사정 (事情)
명

reason, circumstances / 事情 / 事情
개인 사정으로 회사를 그만두게 되었다.

기출 회차 17, 16회

사항 (事項)
명

details / 事項 / 事项
전달 사항이 많아서 회의가 길어졌다.

기출 회차 25, 24, 23, 21, 20, 19, 18, 17회

사회 (社會)
명

society / 社会 / 社会
한국 사회를 이해하려면 역사를 알아야 한다.

사회상
이 작품은 우리 시대의 사회상을 반영하고 있다.

사회생활
형은 고등학교를 졸업하고 일찍 사회생활을 시작했다.

사회성
사회성이 높은 아이는 친구들과 잘 지낸다.

사회인
벌써 학교를 졸업하고 사회인이 된 친구들이 많다.

사회적
게임 중독이 사회적인 문제가 되고 있다.

기출 회차 25, 24, 23, 22, 21, 20, 19, 18, 17, 16회

산업 (産業)
명

industry / 産業 / 产业
대통령은 산업 현장을 직접 둘러보았다.

기출 회차 24, 19, 18회

살아남다
동

to survive / 生き残る / 生存
경쟁에서 살아남기 위해서는 신제품을 계속 개발해야 한다.

기출 회차 25, 23, 19회

살피다
동

to look all around / 探る、うかがう / 观察
지나가는 사람들의 표정을 살피는 것도 재미있다.

살펴보다
성공한 기업의 사례를 살펴볼 필요가 있다.

기출 회차 25, 24, 23, 22, 21, 20, 19, 18, 17, 16회

삶
명

life / 暮らし、生活、人生 / 人生
과학 기술의 발달은 인간의 삶과 밀접한 관계를 가진다.

기출 회차 24, 21, 20, 19, 18, 17, 16회

삼키다
동

to swallow / 飲み込む / 吞咽
약이 너무 많아서 한꺼번에 삼키기가 힘들다.

기출 회차 18, 16회

상관(相關)
명

correlation / かかわり、関係 / 关联
그 사고는 나와 아무 상관이 없다.

상관관계
자격증과 취업률의 상관관계에 대한 조사를 했다.

상관없다
나와 상관없는 일에는 신경을 안 쓴다.

상관없이
결과에 상관없이 최선을 다할 것이다.

기출 회차 25, 24, 20, 18, 17, 16회

상담(相談)
명

advice, counsel / 相談 / 商谈
친구와 어울리지 못하는 학생은 상담이 필요하다.

상담자
상담자는 상담 내용을 기록할 수 있다.

상담하다
진로 문제를 상담하러 오는 학생들이 늘었다.

기출 회차 25, 24, 21, 20, 18, 17회

상대(相對)
명

the other party / 相手 / 对象
상대가 누구냐에 따라 말하는 방법이 달라진다.

상대방
상대방의 의견에도 귀를 기울여야 한다.

상대적
이번 시험은 상대적으로 쉬운 편이다.

기출 회차 25, 24, 23, 22, 21, 20, 19, 18, 17, 16회

상상 (想像)
명

to imagine / 想像 / 想象
우주여행은 더 이상 상상 속에서만 가능한 일이 아니다.

상상력
아이들의 상상력을 키우는 것도 중요하다.

상상하다
미래의 모습을 상상하는 일도 재미있다.

기출 회차 24, 23, 22, 19, 18, 16회

상승하다 (上昇--)
동

to rise, to increase / 上昇する、上がる / 上涨
물가가 상승하면서 소비자들의 부담이 커지고 있다.

기출 회차 19, 16회

상식 (常識)
명

common sense / 常識 / 常识
우리가 잘못 알고 있는 상식도 많다.

기출 회차 25, 21회

상처 (傷處)
명

1. injury, bruise / 怪我、傷 / 伤口
길을 가다가 넘어져서 상처가 났다.

2. injury, bruise, scar / 痛手、傷跡 / 创伤
그 사람의 말은 나에게 상처가 되었다.

기출 회차 24, 18회

상태 (狀態)
명

condition, state / 状態 / 状态
손과 발을 보면 건강 상태를 알 수 있다.

기출 회차 25, 24, 23, 22, 21, 20, 19, 17, 16회

상품(商品)
명

product, goods / 商品 / 商品
상품을 판매하려면 고객들의 마음을 읽어야 한다.

상품권
선물로 상품권을 주는 경우가 늘었다.

상품평
인터넷 쇼핑몰의 상품평을 무조건 믿어서는 안 된다.

기출 회차 25, 24, 23, 22, 21, 20, 19, 18, 17, 16회

상하다(傷--)
동

1. to be damaged / 傷つく、傷つける / 破损
물건이 상하지 않게 조심하세요.

2. to go bad / 腐る、腐敗する / 坏
여름에는 음식이 쉽게 상하니까 조심해야 한다.

3. to be damaged / 痩せる、やつれる / 伤(身)
쉬지도 않고 일만 해서 몸이 상할까 봐 걱정이다.

4. to feel bad / (心が)痛む / 伤(心)
부모님이 내 마음을 몰라줘서 속이 상했다.

기출 회차 25, 22, 16회

상황(狀況)
명

situation / 状況 / 状况
요즘 세계 경제 상황이 좋지 않다.

기출 회차 25, 24, 23, 22, 21, 20, 19, 18, 17, 16회

새로
부

1. newly / 新しく、新たに / 新
새로 나온 제품에 대한 반응이 좋다.

2. again / 新しく、新たに / 重新
휴대전화를 잃어버려서 새로 샀다.

기출 회차 25, 24, 23, 22, 21, 20, 19, 18, 17, 16회

새롭다
형

1. to be new / 新しい / 新颖
사장님은 새로운 메뉴를 개발하기 위해 꾸준히 노력하신다.

2. to be novel, to be fresh / 新しい / 新鲜
오랜만에 고향에 오니까 느낌이 새롭다.

새로워지다
가구 배치를 바꿨더니 사무실 분위기가 새로워졌다.

기출 회차 25, 24, 23, 22, 21, 20, 19, 16회

연습 문제

※ [1~7] 다음 (　)에 알맞은 것을 고르십시오.

1 인구의 고령화 현상은 심각한 (　　) 문제가 되고 있다.
① 규모　　② 구조　　③ 사회　　④ 혼란

2 국내 병원들도 의료 관광 (　　)에 관심을 가지게 되었다.
① 능력　　② 산업　　③ 물질　　④ 단원

3 이번에 (　　) 선보일 상품을 소개하겠습니다.
① 심하게　　② 귀찮게　　③ 낯설게　　④ 새롭게

4 직장 동료에게 고민을 (　　) 사람들이 많은 것으로 나타났다.
① 검토하는　　② 극복하는　　③ 상담하는　　④ 동의하는

5 머리가 빠지는 것은 나이와 (　　).
① 상관없다　　② 끊임없다　　③ 정신없다　　④ 밤낮없다

6 개인적인 (　　) 때문에 일을 잠시 쉬게 됐다.
① 사정　　② 경향　　③ 사실　　④ 비교

7 부모들은 아이들의 행동을 (　　) 연습을 해야 한다.
① 미루는　　② 바르는　　③ 붐비는　　④ 살피는

※ [8~11] 다음 밑줄 친 부분과 의미가 비슷한 것을 고르십시오.

8 우리 회사에서 <u>새로</u> 개발한 키보드는 선 없이 사용이 가능하다.
① 널리　　② 겨우　　③ 처음　　④ 따로

정답: 1.③ 2.② 3.④ 4.③ 5.① 6.① 7.④ 8.③

9 부부는 어떤 경우에도 믿음을 가져야 합니다.
① 단계　　② 상황　　③ 도전　　④ 경쟁

10 한옥마을에 가면 조상들의 삶의 지혜를 느낄 수 있다.
① 대상　　② 생활　　③ 관심　　④ 개성

11 아이가 자는 사이에 잠깐 밖에 나갔다 왔다.
① 시간　　② 기간　　③ 범위　　④ 모양

※ [12] 다음 (　)에 공통적으로 들어갈 단어를 고르십시오.

12
빨래를 잘못 해서 옷이 (　　　).
친구의 농담에 나는 기분이 (　　　).
음식이 (　　　) 이상한 냄새가 난다.

① 피하다　　② 당하다　　③ 상하다　　④ 권하다

※ [13~15] 다음 밑줄 친 부분과 의미가 반대인 것을 고르십시오.

13 아이가 동전을 삼켜 버렸는데 어떡하지요?
① 믿어　　② 벌어　　③ 붙어　　④ 뱉어

14 그것은 상상 속에서만 가능한 일이다.
① 관찰　　② 현실　　③ 노력　　④ 대책

15 요즘에는 집값이 꾸준히 하락하고 있다.
① 상승하고　　② 발전하고　　③ 개발하다　　④ 기부하고

정답　9. ②　10. ②　11. ①　12. ③　13. ④　14. ②　15. ①

새벽
명

dawn, daybreak / 明け方、夜明け / 凌晨
내일은 새벽에 나가야 하니까 일찍 자라.

기출 회차 25, 23, 19, 18, 17회

새우다
동

to sit up all night / (夜を)明かす / 熬(夜)
일이 너무 많아서 밤을 새워 일을 했어도 다 못했다.

기출 회차 25, 20, 18회

색(色)
명

color / 色 / 颜色
옷도 자주 빨면 색이 변한다.

색깔
좋아하는 색깔로 성격을 알 수 있다고 한다.

색상
가을에는 나뭇잎들이 다양한 색상으로 변한다.

기출 회차 25, 24, 23, 22, 20, 19, 17, 16회

색다르다(色---)
형

to be unconventional / 風変わりだ / 与众不同
머리 모양을 바꾸니까 분위기가 색다르다.

기출 회차 23, 17회

생기다
동

1. to be made / できる / 出现
집 근처에 공원이 생겼으면 좋겠다.

2. to get (some money) / (手に)入る、できる / 有(钱)
아르바이트를 해서 돈이 생겼다.

3. to happen / できる、起こる / 发生
급한 일이 생겨서 먼저 가야겠다.

4. to look / (に付いて)〜ように見える / 长
내 친구는 귀엽게 생긴 편이다.

생김새
경찰이 그 남자의 얼굴 생김새를 물어봤다.

생겨나다
사회가 발달하면서 새로운 직업이 많이 생겨났다.

기출 회차 25, 24, 23, 22, 21, 20, 19, 18, 17, 16회

생명(生命)
명

1. life / 命、生命 / 生命
의사는 환자의 생명을 구하기 위해 노력했다.

2. life / 生物、生き物 / 生命
바닷속은 많은 생명들로 가득 차 있다.

3. life / 生命 / 生命力
가수의 생명은 노래 실력이다.

생명력
아카시아 나무는 생명력이 강하다.

생명체
지구가 아닌 곳에도 생명체가 살고 있다고 믿는다.

기출 회차 23, 22, 20, 19, 17, 16회

생물(生物)
명

life, organism / 生物 / 生物
바다에는 여러 종류의 생물이 살고 있다.

기출 회차 23, 20회

생산(生産)
명

production / 生産 / 生产
최근에는 중국의 커피 생산이 늘어나고 있다.

생산량
올해의 쌀 생산량이 목표를 훨씬 넘길 것으로 기대된다.

생산층
출산율이 계속 떨어지면 핵심 생산층이 감소할 것이다.

기출 회차 24, 20, 17회

생활 (生活)
명

1. life, living / 生活 / 生活
생활 속에서 환경 보호를 실천하는 것이 중요하다.

2. life, living / 生活、暮らし / 日子
그때는 모두 생활이 어려웠다.

3. life, living / 生活 / 生活
매일 똑같은 직장 생활에서는 재미를 찾기가 어렵다.

4. life, living / 活動 / (趣味)生活
여가 시간에 취미 생활을 즐기는 사람들이 늘었다.

생활 공간
거실은 가족의 공동 생활 공간이다.

생활비
아이가 생기면서 생활비가 늘었다.

생활 수준
경제 상황이 좋아지면서 생활 수준이 개선됐다고 느끼는 사람들이 많다.

생활하다
혼자 생활하는 사람이 늘고 있다.

기출 회차 25, 24, 23, 22, 21, 20, 19, 18, 17, 16회

서늘하다
형

to be cool, to be chilly / 涼しい / 凉快
그곳은 한여름에도 20도가 넘지 않아서 서늘하다.

기출 회차 23, 22, 21회

서다
동

1. to stand (in line), to stop / (列に)並ぶ / 站(排)
화장실 앞에 사람들이 줄을 서 있었다.

2. to stop / 止まる / 停
차들이 가다 서다를 반복하고 있다.

기출 회차 25, 24, 20, 19, 17, 16회

서두르다
동

1. to hurry, to rush / 急ぐ、あせる / 着急
시간이 남았으니까 너무 서두르지 마세요.

2. to hurry, to rush / 急ぐ、早くする / 赶忙
서울시는 도로 공사를 서둘러서 끝냈다.

기출 회차 25, 24, 22, 21, 18, 17, 16회

서로
명 / 부

each other, one another / 互いに、相互に / 互相
서로가 조금씩 양보하면 싸울 일이 없다.
두 사람은 서로 사랑하는 사이이다.

기출 회차 25, 24, 23, 22, 20, 19, 18, 16회

서류 (書類)
명

document, papers / 書類 / 文件
오늘까지 정리해야 할 서류가 있어서 퇴근이 늦어질 것 같다.

기출 회차 25, 23, 22, 21, 20, 16회

서서히
부

gradually, slowly, steadily / 徐々に / 慢慢
운동량은 서서히 늘리는 것이 좋다.

기출 회차 25, 23, 21, 19회

서투르다
형

to be poor, to be unfamiliar / 下手だ / 不熟练
그 사람은 감정을 표현하는 데에 좀 서투르다.

서툴다
처음에는 외국어에 서툴러서 힘들었다.

기출 회차 19, 17, 16회

섞다
동

to mix, to blend / 混ぜる / 搅拌
다른 종류의 약을 섞어서 먹으면 안 된다.

섞이다
그곳에는 여러 나라의 학생들이 섞여 있었다.

기출 회차 23, 22, 21, 20회

선발(選拔)
명

selection / 選抜 / 选拔
담당자는 장학생 선발 기준을 홈페이지에 올렸다.

선발되다
교환 학생으로 선발되려면 성적이 좋아야 한다.

선발하다
국가 대표 선수를 선발하기 위한 경기가 열렸다.

기출 회차 22, 20회

선착순(先着順)
명

order of arrival / 先着順 / 先来后到
새로 문을 연 가게에서 선착순으로 선물을 준다.

기출 회차 25, 24, 21회

선택(選擇)
명

choice, selection / 選択 / 选择
자신에게 맞는 전공의 선택이 중요하다.

선택하다
제품을 선택하는 기준은 사람마다 다르다.

기출 회차 25, 24, 23, 22, 21, 20, 19, 18, 17, 16회

선호하다(選好--)
동

to prefer (to), to favor / 好む / 嗜好
일본인 관광객들은 쇼핑 장소로 남대문 시장을 선호한다.

선호도
수입차에 대한 선호도를 조사하기로 했다.

기출 회차 25, 24, 23, 22, 21, 20, 19, 18, 17, 16회

설득 (說得)
명

persuasion / 說得 / 说服
확실한 근거 없이는 설득이 어렵다.

설득시키다
다른 사람을 설득시키는 것은 쉽지 않다.

설득하다
설득하는 데에도 기술이 필요하다.

기출 회차 25, 24, 23, 22, 19, 18, 17회

연습 문제

※ [1~7] 다음 (　)에 알맞은 것을 고르십시오.

1 (　　　)에 첫차를 타고 출근하는 사람이 많다.
　① 시기　　② 새벽　　③ 당시　　④ 기간

2 오늘부터 한 달 동안 매일 (　　　) 100명에게 선물을 준다.
　① 마무리　　② 나들이　　③ 당분간　　④ 선착순

3 부모님을 (　　　) 끝에 오토바이를 탈 수 있게 되었다.
　① 설득한　　② 반대한　　③ 동참한　　④ 달성한

4 밤을 (　　　) 준비한 자료를 안 가져왔다.
　① 미뤄서　　② 새워서　　③ 지워서　　④ 치워서

5 급한 마음에 (　　　) 보면 사고가 날 수도 있다.
　① 기울이다　　② 빠뜨리다　　③ 서두르다　　④ 떠올리다

6 이 일은 사람의 (　　　)을 구하는 일이다.
　① 노력　　② 기억　　③ 모양　　④ 생명

7 대도시에 사는 사람들의 (　　　) 만족도는 생각보다 높지 않았다.
　① 경험　　② 생활　　③ 능력　　④ 봉사

※ [8~11] 다음 밑줄 친 부분과 의미가 비슷한 것을 고르십시오.

8 날씨가 풀리면서 쌓여 있던 눈이 <u>서서히</u> 녹았다.
　① 천천히　　② 간신히　　③ 꼼꼼히　　④ 확실히

정답　1.② 2.④ 3.① 4.② 5.③ 6.④ 7.② 8.①

9 유럽 사람들은 작은 차를 선호하는 경향이 있다.
　① 고민하는　② 대신하는　③ 좋아하는　④ 극복하는

10 해외여행을 하는 사람들은 색다른 경험을 하기를 원한다.
　① 부족한　② 강력한　③ 다양한　④ 특이한

11 소비자들이 상품을 선택할 때 무엇을 고려하는지 알아봤다.
　① 고를　② 만들　③ 뿌릴　④ 다룰

※ [12] 다음 ( )에 공통적으로 들어갈 단어를 고르십시오.

12
> 몸이 피곤하면 병이 쉽게 (　　　).
> 쌍둥이인데도 (　　　) 게 많이 다르다.
> 차가 (　　　) 이동하기가 편해졌다.

　① 걸리다　② 느끼다　③ 생기다　④ 그치다

※ [13~15] 다음 밑줄 친 부분과 의미가 반대인 것을 고르십시오.

13 하루 종일 서서 일하는 것이 힘들다.
　① 씹어서　② 입어서　③ 앉아서　④ 주워서

14 기온이 내려가면서 서늘한 바람이 불겠습니다.
　① 더운　② 추운　③ 차가운　④ 시원한

15 아직 운전에 서툴러서 사고를 내고 말았다.
　① 단순해서　② 민감해서　③ 불안해서　④ 익숙해서

정답 9.③ 10.③ 11.④ 12.① 13.③ 14.① 15.④

설마
부

no way / まさか / 总不会
설마 거짓말을 하지는 않았을 것이다.

기출 회차 21, 20회

설명 (說明)
명

explanation / 説明 / 说明
설명이 어려워서 잘 이해되지 않았다.

설명하다
선생님께서 단어의 뜻을 쉽게 설명해 주셨다.

기출 회차 25, 24, 23, 22, 21, 20, 19, 18, 16회

설문 (設問)
명

survey / アンケート / 问卷调查
설문 결과에 따르면 응답자의 50%가 그 정책을 실시하는 것을 찬성한다고 했다.

기출 회차 25, 20, 18, 17회

설치하다 (設置--)
동

to install / 設置する、設ける / 安装
길이 너무 어두워서 가로등을 설치해 달라는 주민들의 요구가 많았다.

설치되다
컴퓨터에 새로운 프로그램이 설치되었다.

기출 회차 25, 22, 21회

섬
명

island / 島 / 岛屿
크고 작은 섬이 많아 경치가 아름답다.

기출 회차 22, 20회

섭섭하다
형

to be sorry, to be regrettable / 残念だ、心寂しい / 舍不得
모두 같이 여행을 가는데 네가 못 간다고 하니까 섭섭하다.

기출 회차 21, 20, 19회

섭취(攝取)
명

intake, ingestion / 摂取 / 摄取
칼로리 섭취가 너무 많으면 살이 찌기 쉽다.

섭취량
소금 섭취량을 줄이는 것이 건강에 좋다.

섭취하다
건강을 위해서는 소금을 적게 섭취하는 것이 좋다.

기출 회차 25, 24회

성공(成功)
명

success / 成功 / 成功
인생에서 중요한 것은 성공만이 아니다.

성공적
신제품 개발이 성공적으로 끝났다.

성공하다
노력하면 누구나 성공할 수 있다.

기출 회차 25, 23, 22, 21, 20, 19, 17, 16회

성과(成果)
명

result, outcome / 成果 / 成果
감독은 지금까지의 성과에 만족한다고 밝혔다.

기출 회차 25, 18회

성별(性別)
명

sex, gender / 性別 / 性別
성별에 따라 응답 결과가 다르게 나왔다.

기출 회차 22, 18, 17회

성분(成分)
명

ingredient / 成分 / 成分
이 음식에는 다양한 영양 성분이 들어 있다.

기출 회차 25, 24, 23, 16회

성인(成人)
명

adult / 大人 / 成人
성인이라면 자기 일은 스스로 결정할 수 있어야 한다.

기출 회차 23, 22회

성장(成長)
명

growth / 成長 / 成长
날씨가 추우면 나무의 성장이 느려진다.

성장하다
어렸을 때 영양 섭취를 잘 해야 성장했을 때에도 건강하다.

기출 회차 22, 18회

세계(世界)
명

the world / 世界 / 世界
이 물건은 세계로 수출된다.

세계적
그 가수는 세계적으로 유명하다.

기출 회차 24, 23, 22, 21, 20, 19, 17, 16회

세금(稅金)
명

tax, duty / 税金 / 税金
자신이 번 만큼 세금을 내야 한다.

기출 회차 24, 16회

세다
동

to count / 数える / 算(日数)
휴가가 얼마나 남았는지 날짜를 세어 보았다.

기출 회차 19, 17, 16회

세대 (世代)
명

generation / 世代 / 一代人
젊은 세대와 나이 든 세대의 생각이 다른 경우가 있다.

기출 회차 25, 16회

세상 (世上)
명

the world, society / 世界、世の中 / 世界
눈이 와서 온 세상을 하얗게 덮었다.

기출 회차 25, 24, 23, 22, 21, 19, 18회

세우다
동

1. to establish / (建物を)建てる / 建立
그 사업가는 학생들을 위해 도서관을 세웠다.

2. to plan / (計画などを)立てる / 树立(计划)
시험공부를 하려고 계획을 세웠다.

3. to park / (車などを)止める / 停车
주차장에 자리가 없어서 길가에 차를 세웠다.

기출 회차 25, 23, 22, 21, 20, 19, 18, 16회

세제 (洗劑)
명

detergent / 洗剤 / 洗涤剂
세탁기에 빨래할 옷과 세제를 넣었다.

기출 회차 23, 21, 20, 19, 16회

소문 (所聞)
명

rumor / 噂 / 传闻
그 배우가 결혼한다는 소문은 사실이 아니었다.

기출 회차 24, 17회

소비 (消費)
명

consumption / 消費 / 消费
여름과 겨울에는 전기 소비가 늘어난다.

소비하다
게임을 하는 데에 시간을 소비하지 말고 그 시간에 책을 읽어라.

기출 회차 24, 20, 17, 16회

소설 (小說)
명

novel, fiction / 小説 / 小说
그 사람은 한 편의 소설로 유명해졌다.

소설가
세계적인 소설가가 되는 것이 내 꿈이다.

소설책
그 사람은 소설을 아주 좋아해서 집에 소설책이 많다.

기출 회차 25, 24, 23, 20, 18, 16회

소식 (消息)
명

news / 消息、便り、話 / 消息
학생들이 모두 시험에 합격했다는 소식을 들었다.

기출 회차 25, 24, 23, 22, 21, 20, 17, 16회

소용없다 (所用--)
형

to be useless / 仕方ない、役に立たない / 没有用
아무리 이야기를 해도 듣지 않으니까 말을 해도 소용없다.

기출 회차 21, 18, 17회

소음(騷音)
명

noise / 騒音 / 噪音
경전철은 지하철보다 소음이 적어서 좋다.

기출 회차 25, 22, 21, 19회

소재(素材)
명

1. raw material / 素材 / 材料
이 운동화는 새로운 소재로 만들어져서 아주 가볍다.

2. material / 題材 / 題材
그 영화는 전쟁을 소재로 해서 만들어졌다.

기출 회차 22, 20, 19, 17, 16회

소중하다(所重--)
형

to be precious, to be valuable / 大切だ、貴重だ / 宝贵
나에게는 가족이 가장 소중하다.

기출 회차 22, 19, 18, 17, 16회

소포(小包)
명

package, parcel / 小包 / 包裹
소포를 보내려고 우체국에 갔다.

기출 회차 22, 21, 16회

연습 문제

※ [1~8] 다음 (   )에 알맞은 것을 고르십시오.

1 공사 때문에 (   )이 심하다.
① 소문　　② 사정　　③ 소음　　④ 상황

2 김치에는 몸에 좋은 영양 (   )이 많이 들어 있다.
① 식품　　② 성질　　③ 품질　　④ 성분

3 외국에 유학을 간 친구가 돌아왔다는 (   )을 들었다.
① 소식　　② 기억　　③ 경험　　④ 결정

4 (   ) 조사 결과 결혼을 하지 않겠다고 하는 사람이 점점 늘고 있다고 한다.
① 가입　　② 설문　　③ 기사　　④ 기록

5 고층 건물에는 꼭 엘리베이터를 (   ) 한다.
① 수리해야　　② 정리해야　　③ 설치해야　　④ 설정해야

6 선생님께서는 그 문제를 쉽고 간단하게 (   ) 주셨다.
① 설명해　　② 고려해　　③ 사용해　　④ 계획해

7 돈이 얼마나 남았는지 (   ) 보았다.
① 지어　　② 세어　　③ 주어　　④ 섞어

8 이것은 가장 친한 친구가 준 선물이라서 아주 (   ).
① 가능하다　　② 소중하다　　③ 솔직하다　　④ 강력하다

정답: 1.③ 2.④ 3.① 4.② 5.③ 6.① 7.② 8.②

※ [9~13] 다음 밑줄 친 부분과 의미가 비슷한 것을 고르십시오.

9 자료를 찾는 데에 많은 시간을 <u>써서</u> 보고서를 쓸 시간이 부족하다.
① 기억해서 ② 통제해서 ③ 담당해서 ④ 소비해서

10 부모는 아이가 건강하게 <u>성장하기를</u> 바란다.
① 거치기 ② 자라기 ③ 나타나기 ④ 태어나기

11 이 물건은 아무 데도 <u>소용없다</u>.
① 재미없다 ② 욕심없다 ③ 필요없다 ④ 기운없다

12 친구가 내 마음을 모르는 것 같아서 <u>섭섭했다</u>.
① 답답했다 ② 서운했다 ③ 미안했다 ④ 당황했다

13 <u>성인</u>이 되면 자기 일에 책임을 져야 한다.
① 어른 ② 노인 ③ 시민 ④ 개인

※ [14] 다음 ( )에 공통적으로 들어갈 단어를 고르십시오.

14
방학에 친구들과 함께 여행을 가려고 계획을 ( ).
그 분은 시골 아이들을 위해 학교를 ( ).
살 것이 있어서 슈퍼마켓 앞에 잠시 차를 ( ).

① 잡다 ② 짓다 ③ 세우다 ④ 만들다

※ [15] 다음 밑줄 친 부분과 의미가 반대인 것을 고르십시오.

15 직원들이 모두 함께 노력해서 신제품 개발에 <u>성공했다</u>.
① 판매했다 ② 실패했다 ③ 연기했다 ④ 교환했다

정답 9.④ 10.② 11.③ 12.② 13.① 14.③ 15.②

필수 어휘 1200 + 실전 연습 문제 660

소화 (消化)
명

digestion / 消化 / 消化
점심을 너무 많이 먹었더니 소화가 잘 안된다.

소화액
위에서 소화액이 잘 안 나오면 소화가 안된다.

소화제
소화가 안돼서 소화제를 먹었다.

소화되다
죽은 밥보다 빨리 소화된다.

소화시키다
저녁 먹은 것을 소화시키려고 산책을 했다.

기출 회차 24, 23, 21, 16회

속도 (速度)
명

speed / 速度、スピード / 速度
앞차가 갑자기 속도를 줄이는 바람에 사고가 났다.

기출 회차 23, 22, 21, 20, 18, 17회

속상하다 (-傷--)
형

to be upset, to be distressed / 腹立つ、気にさわる / 伤心
친한 친구하고 크게 싸워서 속상하다.

기출 회차 25, 21회

손쉽다
형

to be easy / たやすい、容易だ / 轻而易举
친구는 손쉬운 해결 방법을 찾아내고 기뻐했다.

기출 회차 23, 19, 17, 16회

손잡이
명

handle, grip / 取っ手、つり革 / 把手
에스컬레이터를 탈 때에는 손잡이를 꼭 잡아야 한다.

기출 회차 24, 23, 19회

솔직하다(率直--)
형

to be honest, to be frank / 率直だ / 坦率
친구는 내 질문에 솔직하게 대답해 주었다.

기출 회차 25, 24, 23, 22, 19, 18회

수단(手段)
명

means, way / 手段 / 手段
어떤 수단을 쓰더라도 그 일을 꼭 성공시켜야 한다.

기출 회차 25, 21회

수리(修理)
명

repair / 修理 / 修理
휴대 전화가 고장 나서 수리를 맡겼다.

수리하다
엘리베이터가 고장 나서 수리하는 중이다.

기출 회차 25, 22, 19, 18, 16회

수명(壽命)
명

1. lifespan / 寿命 / 寿命
의학의 발달로 수명이 점점 길어지고 있다.

2. life / 寿命 / 寿命
이 제품은 수명이 긴 것이 장점이다.

기출 회차 25, 22회

수선(修繕)
명

mending, repair / 修繕、直し / 修补
수선을 맡겼더니 구두가 새것같이 되었다.

수선공
아저씨는 구두 수선공으로 오랫동안 일하셨다.

수선비
수선비가 이렇게 많이 든다면 그냥 새것을 사는 것이 낫겠다.

수선되다
구두가 새것 같이 수선되었다.

수선하다
세탁소에서 옷을 수선해 주기도 한다.

기출 회차 24, 19회

수술(手術)
명

operation, surgery / 手術 / 手术
의사는 수술이 가장 좋은 방법이라고 했다.

수술비
수술비가 너무 많이 든다고 해서 걱정이다.

기출 회차 22, 19, 17회

수용하다(受容--)
동

to accept / 受け入れる / 容纳
우리는 아무런 조건 없이 그들의 제안을 수용하기로 했다.

기출 회차 19, 17회

수입(收入)
명

income / 収入 / 收入
이번 달에는 장사가 잘되어서 수입이 많다.

기출 회차 24, 21회

수준(水準)
명

level, standard / 水準、レベル / 水平
아이의 수준에 맞는 그림책을 사 주었다.

기출 회차 24, 22, 18, 17회

수치(數値)
명

numerical value, figure / 数値 / 数值
보고서에 쓴 수치가 정확한지 다시 한 번 확인해야 한다.

기출 회차 22, 20회

숙소(宿所)
명

lodging, accommodations / 宿舎 / 宿舍
숙소를 미리 예약하지 않으면 잘 곳을 구하기가 어렵다.

기출 회차 19, 18회

순간 (瞬間)
명

moment, instant / 瞬間 / 瞬间
어머니 얼굴을 보는 순간 갑자기 눈물이 나왔다.

순간적
골목에서 자동차가 달려 나오자 순간적으로 몸을 피했다.

기출 회차 24, 23, 21, 19, 16회

순서 (順序)
명

order / 順番 / 順序
줄을 선 순서대로 버스를 탔다.

기출 회차 24, 18회

순환 (循環)
명

circulation / 循環 / 循环
혈액 순환이 잘되지 않으면 병이 난다.

기출 회차 25, 23, 22회

숨
명

breath, breathing / 息 / 气
너무 바빠서 숨 돌릴 시간도 없다.

기출 회차 25, 20, 17회

숨다
동

to hide / 隠れる / 躲藏
아이는 엄마를 놀라게 하려고 문 뒤에 숨어 있었다.

숨기다
언니는 일기장을 아무도 볼 수 없게 숨겨 놓았다.

기출 회차 24, 23, 22, 21, 20, 19, 18회

쉬다
동

to breathe / (息を)吸う / 叹(口气)
할머니는 아버지를 걱정하시면서 한숨을 쉬셨다.

기출 회차 20, 17회

스스로
명 / 부

oneself / 自ら / 自己
자기 스스로에게 부끄러운 일은 하지 않아야 한다.
자기의 일은 스스로 해야 한다.

기출 회차 25, 24, 23, 22, 19, 18, 17, 16회

습관(習慣)
명

habit, custom / 習慣 / 习惯
습관을 고치기는 어렵다.

습관적
그 친구는 습관적으로 다리를 떨었다.

기출 회차 24, 22, 21, 20, 18, 17, 16회

습도(濕度)
명

humidity / 湿度 / 湿度
방 안의 습도를 유지하기 위해서 가습기를 켜 놓았다.

기출 회차 22, 21회

습성(習性)
명

habit, second nature / 習性、くせ / 习性
닭은 아침 일찍 우는 습성이 있다.

기출 회차 25, 23, 19회

승객(乘客)
명

passenger / 乗客 / 乘客
승객이 모두 자리에 앉자 버스가 출발했다.

기출 회차 20, 19회

승용차(乘用車)
명

car / 乗用車 / 轿车
아버지께서는 승용차 대신에 대중교통을 이용하신다.

기출 회차 20, 18, 16회

시각(時刻)
명

time, hour / 時刻 / 时候
늦은 시각에 전화가 왔다.

기출 회차 20, 19, 16회

시골
명

the countryside, rural area / 田舎 / 乡下
요즘은 도시를 떠나서 시골에서 살고 싶다는 생각이 자주 든다.

기출 회차 23, 19회

연습 문제

※ [1~8] 다음 ( )에 알맞은 것을 고르십시오.

1 밥을 급하게 먹었더니 ( )가 잘 안된다.
① 소화　　② 섭취　　③ 흡수　　④ 분배

2 어린이 보호구역에서는 자동차의 ( )를 줄여야 한다.
① 정도　　② 속도　　③ 수치　　④ 수요

3 오래된 옷이지만 버리기가 아까워서 ( )을 맡겼다.
① 수선　　② 교환　　③ 수술　　④ 포장

4 음악을 전공하지 않았는데도 그의 피아노 솜씨는 아주 높은 ( )이었다.
① 수량　　② 수명　　③ 수단　　④ 수준

5 그 물고기는 죽을 때 태어난 곳으로 돌아가는 ( )을 가지고 있다.
① 느낌　　② 성격　　③ 습성　　④ 기분

6 막 집을 나가려는 ( ) 전화가 왔다.
① 기간　　② 순간　　③ 동안　　④ 잠시

7 ( ) 해결할 수 있는 일이었다면 도와달라고 말하지 않았을 것이다.
① 절대로　　② 그대로　　③ 스스로　　④ 저절로

8 장마철에는 ( )가 높아서 빨래가 잘 마르지 않는다.
① 공기　　② 대기　　③ 온도　　④ 습도

정답 1.① 2.② 3.① 4.④ 5.③ 6.② 7.③ 8.④

※ [9~11] 다음 밑줄 친 부분과 의미가 비슷한 것을 고르십시오.

9 버스가 도착하자 사람들은 줄을 선 <u>순서</u>대로 버스에 올랐다.
　① 세대　　　② 수준　　　③ 차례　　　④ 정도

10 나쁜 <u>습관</u>은 빨리 고치는 것이 좋다.
　① 행동　　　② 버릇　　　③ 성질　　　④ 장난

11 정오를 한참 지난 <u>때</u>에 점심을 먹었다.
　① 시절　　　② 시각　　　③ 기준　　　④ 정도

※ [12] 다음 (　　)에 공통적으로 들어갈 단어를 고르십시오.

12
어머니께서는 답답하신지 계속 한숨을 (　　　).
감기에 걸렸을 때는 푹 (　　　) 것이 제일 좋은 방법이다.
다리가 아프니까 잠깐 (　　　) 갑시다.

① 자다　　　② 쉬다　　　③ 막히다　　　④ 풀리다

※ [13~15] 다음 밑줄 친 부분과 의미가 <u>반대인</u> 것을 고르십시오.

13 이번 달은 가족 행사가 많아서 <u>지출</u>이 많다.
　① 구입　　　② 가입　　　③ 출입　　　④ 수입

14 시장은 어린이 도서관을 지어 달라는 시민들의 요구를 <u>거부했다</u>.
　① 수용했다　② 제안했다　③ 조언했다　④ 화해했다

15 아버지는 아주 복잡해 보이는 문제를 <u>손쉽게</u> 해결하셨다.
　① 나쁘게　　② 알맞게　　③ 가볍게　　④ 힘들게

정답 9.③ 10.② 11.② 12.② 13.④ 14.① 15.③

시급하다 (時急--) 형
to be urgent / 急だ / 紧急
위험한 사람들로부터 시민을 보호하기 위한 대책을 마련하는 것이 시급하다.
기출 회차 24, 17, 16회

시기 (時期) 명
time / 時期 / 时期
경제가 어려운 시기에는 검정색 옷이 유행한다.
기출 회차 25, 23, 20, 17, 16회

시대 (時代) 명
time(s), period, era / 時代 / 时代
시대에 따라 사회의 중심적인 가치도 바뀐다.
기출 회차 22, 21, 16회

시도 (試圖) 명
attempt / 試み / 企图
여러 번의 시도 끝에 인터뷰를 하게 되었다.

시도되다
신제품 개발이 여러 번 시도되었지만 모두 실패했다.

시도하다
문제를 해결하기 위해 여러 가지 방법을 시도해 보았다.
기출 회차 25, 23, 21, 17회

시민 (市民) 명
citizen / 市民 / 市民
서울 시민이라면 누구나 이 도서관을 이용할 수 있다.
기출 회차 25, 24, 22, 21, 18, 17, 16회

시선 (視線) 명
one's eyes / 視線 / 视线
그 사람은 창피해서 사람들의 시선을 피했다.
기출 회차 25, 24, 18, 17회

시설 (施設)
명

facilities / 施設 / 设施
이 지역은 교통 시설이 잘 되어 있어서 살기에 편리하다.

시설물
태풍이 올 예정이니 시설물 관리에 주의합시다.

기출 회차 25, 24, 23, 19, 18, 16회

시절 (時節)
명

days, years / 時代 / 时代
그 시절에는 긴 머리와 짧은 치마가 유행했었다.

기출 회차 25, 20, 18회

시청자 (視聽者)
명

viewer / 視聴者 / 收看人
그 프로그램에서는 방송 중 시청자의 전화를 받는다.

기출 회차 21, 20회

시키다
동

to let / させる / 使(学习)
어머니는 아이에게 공부를 시켰다.

기출 회차 25, 23, 20, 19, 18회

시행 (施行)
명

enforcement / 施行 / 执行
국민들의 반대가 심해서 정부는 새로운 법의 시행을 미루었다.

시행되다
버스 정류장에서 흡연을 금지하는 법이 시행되었다.

시행하다
몇 년 전부터 버스전용차로제를 시행하고 있다.

기출 회차 25, 24, 21, 20, 18회

식다
동

to cool down / 冷める / 变凉
이 음식은 뜨거워야 맛있으니까 식기 전에 먹읍시다.

기출 회차 25, 17회

식물(植物)
명

plant, vegetation / 植物 / 植物
외국에서 식물을 가져올 수 없다.

기출 회차 24, 20회

식품(食品)
명

food, groceries / 食品 / 食品
여름에는 식품 보관에 주의해야 한다.

기출 회차 24, 23, 20, 17회

신경(神經)
명

giving one's mind / 神経 / 神经
발표를 하는 데에 신경을 많이 써서 피곤하다.

기출 회차 25, 24, 23, 20, 18, 17, 16회

신고(申告)
명

notification / 申告、届け / 申报
경찰이 주민의 신고를 받고 사건 현장에 도착했다.

신고서
여권을 잃어버렸을 때는 분실 신고서를 작성해야 한다.

신고하다
집에 도둑이 든 것을 알고 경찰에 신고했다.

기출 회차 25, 24, 23, 22, 19, 18, 17회

신기하다(神奇--)
형

to be amazing / 珍しい / 神奇
마술 공연은 언제 봐도 신기하다.

기출 회차 25, 22, 20, 18회

신뢰(信賴)
명

trust, faith / 信頼 / 信赖
한 번의 거짓말로도 신뢰를 잃을 수 있다.

신뢰하다
그 사람은 언제나 성실하고 솔직해서 신뢰할 수 있다.

기출 회차 25, 22, 20회

신분증 (身分證)
명

identification / 身分証明書 / 身份证
운전면허증은 신분증으로도 사용할 수 있다.

기출 회차 22, 16회

신중하다 (愼重--)
형

to be careful / 慎重だ / 慎重
직업을 선택할 때에는 아주 신중하게 생각해야 한다.

기출 회차 21, 20, 18회

신청 (申請)
명

application / 申し込み / 申请
마감일이 지나서 신청을 할 수 없었다.

신청서
신청서를 어디에 내야 하는지 모르겠다.

신청하다
시험을 신청하고 나니까 긴장이 되었다.

기출 회차 25, 24, 23, 22, 21, 20, 19, 18, 17, 16회

신체 (身體)
명

body / 身体、体 / 身体
신체가 건강한 한국 남자는 군대에 가야 한다.

신체적
그것은 정신적으로나 신체적으로 너무 힘든 일이다.

기출 회차 23, 22, 19, 16회

싣다
동

to load / 載せる、積む / 装载
이삿짐을 실은 차가 떠났다.

기출 회차 24, 22회

실내 (室內)
명

interior / 室内 / 室内
실내에서 담배를 피우면 안 된다.

기출 회차 25, 16회

실력(實力) 명

ability, capacity / 実力 / 实力
그 선수는 열심히 연습을 해서 실력을 키웠다.

기출 회차 24, 22, 21회

실례(失禮) 명

discourtesy / 失礼 / 实例
밤늦게 전화를 하는 것은 실례이다.

실례하다
실례하지만, 길을 좀 물어봐도 되겠습니까?

기출 회차 18, 17, 16회

실수(失手) 명

mistake, error / 間違い、過ち / 失误
선생님이 학생의 이름을 실수로 잘못 불렀다.

실수하다
친구에게 실수했다는 것을 알고 미안한 마음이 들었다.

기출 회차 25, 23, 22, 20, 19, 18, 16회

실시하다(實施--) 동

to implement, to carry out / 行う、施す / 实施
유럽에서는 여름에 서머타임(summer time)을 실시한다.

실시되다
올해에는 두 번의 선거가 실시된다.

기출 회차 25, 24, 23, 22, 20, 18, 17, 16회

실용성(實用性) 명

practicality / 実用性 / 实用性
제품을 개발할 때에는 실용성도 고려해야 한다.

기출 회차 22, 19회

실제(實際)
명
부

actually / 実際 / 实际
선생님께서는 실제 나이보다 훨씬 젊어 보이셨다.

practically / 実際に / 实际上
광고에서처럼 실제 그 약으로 효과를 보았다는 사람은 없었다.

실제로
실제로 그런 일이 있었다니 믿을 수가 없다.

실제적
전문가에게서 실제적인 도움을 받았다.

기출 회차 25, 24, 23, 22, 21, 20, 19, 18, 17, 16회

실천(實踐)
명

practice / 実践 / 实践
말보다 중요한 것은 실천이다.

실천하다
'말이 앞서지 일이 앞서는 사람 본 일 없다'는 속담은 말없이 실천하는 사람은 드물다는 말이다.

기출 회차 25, 23, 22, 18회

연습 문제

※ [1~8] 다음 ( )에 알맞은 것을 고르십시오.

1 일이 잘 해결될 테니까 너무 ( )을 쓰지 않아도 될 것이다.
① 신경 ② 고민 ③ 기분 ④ 감정

2 사고가 난 것을 보고 경찰에 재빨리 ( ).
① 지원했다 ② 수용했다 ③ 신고했다 ④ 신청했다

3 모르는 사람과 ( )이 마주쳤다.
① 관점 ② 관심 ③ 시선 ④ 시력

4 이곳에는 편의 ( )이 많아서 살기가 편하다.
① 시설 ② 건물 ③ 상황 ④ 산업

5 냉장고에 냉동 ( )이 가득하다.
① 성분 ② 성질 ③ 식물 ④ 식품

6 마술사가 아무것도 없었던 모자에서 토끼를 꺼낸 것이 너무 ( ).
① 소중했다 ② 신기했다 ③ 섭섭했다 ④ 시원했다

7 그 친구는 외국어 ( )이 좋아서 졸업을 하자마자 취직했다.
① 수준 ② 습성 ③ 실력 ④ 수단

8 ( )는 재미있고 유익한 방송을 보고 싶어 한다.
① 상담가 ② 미술가 ③ 대기자 ④ 시청자

정답: 1.① 2.③ 3.③ 4.① 5.④ 6.② 7.③ 8.④

※ [9~10] 다음 밑줄 친 부분과 의미가 비슷한 것을 고르십시오.

9 김 과장은 사장님이 <u>신뢰하는</u> 직원이다.
① 믿는　　② 돕는　　③ 지지하는　　④ 기대하는

10 지금은 여행을 가기에 아주 좋은 <u>때</u>이다.
① 시대　　② 시기　　③ 기회　　④ 동안

※ [11] 다음 (　　)에 공통적으로 들어갈 단어를 고르십시오.

11
어머니는 아이에게 손을 씻고 오라고 (　　).
음식을 (　　) 한참을 기다렸는데도 음식이 나오지 않았다.
방이 너무 더러워서 동생에게 청소를 (　　).

① 이르다　　② 시키다　　③ 보내다　　④ 맡기다

※ [12~15] 다음 밑줄 친 부분과 의미가 반대인 것을 고르십시오.

12 그 사람은 <u>신체적</u> 장애를 극복하고 훌륭한 학자가 되었다.
① 정신적　　② 세계적　　③ 성공적　　④ 습관적

13 아주 중요한 일이니까 <u>신중하게</u> 결정해야 한다.
① 시급하게　　② 적절하게　　③ 솔직하게　　④ 성급하게

14 <u>시골</u>로 이사를 오니까 복잡하지 않아서 좋다.
① 도시　　② 장소　　③ 야외　　④ 동네

15 차에 이삿짐을 <u>싣고</u> 새집으로 향했다.
① 올리고　　② 말리고　　③ 내리고　　④ 돌리고

실컷
부

heartily / 十分に、存分に / 吃(够)
음식을 실컷 먹었더니 배가 부르다.

기출 회차 19, 17회

실태 (實態)
명

real condition / 実態 / 实际情况
이 보고서는 한국인의 언어 사용 실태에 관한 것이다.

기출 회차 24, 21, 18회

실패 (失敗)
명

failure / 失敗 / 失败
실패는 성공의 어머니이다.

실패하다
한 번 실패했다고 모든 것을 잃은 것은 아니다.

기출 회차 25, 23, 22, 21, 19, 18, 17, 16회

실험 (實驗)
명

experiment, test / 実験 / 实验
실험 결과가 성공적이어서 신제품을 개발할 수 있을 것 같다.

기출 회차 25, 24, 18회

심각하다 (深刻--)
형

to be serious / 深刻だ / 深刻
심각하게 고민할 일은 아니니까 너무 걱정하지 말자.

기출 회차 24, 20, 19, 17, 16회

심다
동

to plant / 植える / 种(树)
식목일은 나무를 심는 날이다.

기출 회차 21, 20회

심리(心理)
명

psychology, mentality / 心理 / 心理
그 사람은 동물의 심리를 연구한다.

심리학자
김 선생님은 유명한 심리학자이시다.

심리적
청소년기는 심리적 변화가 많은 시기이다.

기출 회차 24, 20, 18, 17, 16회

심사(審査)
명

screening, evaluation / 審査 / 审查
심사가 끝나면 결과를 알려줄 것이다.

기출 회차 20, 17회

심하다(甚--)
형

to be severe / 酷い / 严重
감기가 심하면 병원에 가는 것이 좋다.

심해지다
감기가 낫지 않고 점점 더 심해지고 있었다.

기출 회차 24, 22, 21, 20, 19, 18, 17, 16회

싸다
동

to pack / 包む / 打(包)
여행을 가려고 짐을 쌌다.

기출 회차 22, 20, 19, 18, 16회

쌓다
동

1. to heap up / 積む / 堆积
짐이 너무 많아서 창고에 물건을 쌓아 두었다.

2. to accumulate / 積む / 积累
관련 분야에서 경험을 쌓기 위해서 지원했다.

3. to build / 築く、積む / 建立
두 사람은 오랫동안 함께 일하면서 친분을 쌓았다.

4. to build up / 積む / 提高(实力)
그 선수는 큰 대회에 자주 나가서 실력을 쌓았다.

5. to accumulate / 積む / 积累
책을 읽으면 지식을 쌓을 수 있다.

기출 회차 25, 23, 22, 20, 16회

쌓이다
동

1. to accumulate / 積もる / 堆满
오랫동안 청소를 안 해서 방 안에 먼지가 쌓였다.

2. to build up / たまる / 累积
오랫동안 쉬지 못했더니 피로가 쌓였다.

3. to build up / たまる / 积聚
나는 스트레스가 쌓일 때 운동을 한다.

기출 회차 23, 22, 21, 20, 17회

쏟다
동

1. to spill / こぼす / 洒(水)
컵을 넘어뜨려서 물을 쏟고 말았다.

2. to put into / (心を)注ぐ / 倾注
오랫동안 정성을 쏟은 일이 실패해서 실망이 컸다.

쏟아지다
갑자기 비가 쏟아져서 우산을 샀다.

기출 회차 25, 24, 23, 20, 16회

쐬다
동

to get (fresh air) / 当てる、気分転換する / 乘(凉)
잠깐 나가서 바람을 쐬고 왔더니 기분이 좋다.

기출 회차 24, 19회

쓰러지다
동

to fall down / 倒れる / 傾倒
바람에 나무가 쓰러졌다.

기출 회차 25, 23회

쓸모
명

use / 使い道、取り柄 / 用途
휴대전화 때문에 전자사전이 쓸모가 없어졌다.

쓸모없다
지금은 쓸모없는 물건이라도 나중에는 필요할지 모른다.

기출 회차 22, 20, 17회

씹다
동

to chew / 噛む / 嚼(食物)
이가 아파서 음식을 씹기가 어렵다.

기출 회차 25, 20, 18, 16회

아끼다
동

1. to save, to economize / 節約する / 省(钱)
부모님께서는 늘 용돈을 아껴 쓰라고 말씀하신다.

2. to cherish / 大切にする / 珍惜
아끼는 물건을 잃어버려서 속상하다.

기출 회차 25, 24, 23, 20, 19, 18, 16회

아동(兒童)
명

child / 児童 / 儿童
아동을 보호해야 할 어른이 어떻게 그럴 수가 있습니까?

기출 회차 24, 21, 19, 18회

아마
부

probably, perhaps / おそらく、たぶん / 恐怕
동생이 1시간 전에 출발했다고 했으니까 아마 다 왔을 것이다.

기출 회차 25, 19회

아무래도
부

possibly / どうしても、やはり / 看样子
그 사람하고 연락이 안되는 것을 보니까 아무래도 고향에 돌아간 것 같다.

기출 회차 21, 20, 18, 17회

아무리
부

no matter how / どんなに、いくら / 不管怎么
아무리 화가 나도 그렇게 심한 말을 해서는 안 된다.

기출 회차 25, 22, 21, 20, 19, 18, 17, 16회

아쉽다
형

1. to be sorry / 不満だ、もの足りない / 可惜
맛있는 음식이 아무리 많아도 김치가 없으면 아쉽다.

2. to be sorry / もったいない、残念だ / 可惜
좋은 기회를 놓쳐서 아쉽다.

기출 회차 25, 21, 17, 16회

아예
부

never / 初めから / 干脆
시험에 떨어질 것 같아서 아예 준비를 하나도 하지 않았다.

기출 회차 20, 17회

악화되다 (惡化--)
형

1. to be worse / 悪化する / 恶化
경제 상황이 악화되었다.

2. to be worse / 悪化する、進む / 恶化
수술을 했지만 병이 낫지 않고 더 악화되기만 했다.

기출 회차 24, 20회

안내 (案內)
명

information / 案内 / 提示
비행기 출발 시간이 가까워지자 안내 방송이 여러 번 나왔다.

안내하다
친구는 박물관 관람객들을 안내하는 일을 하고 있다.

기출 회차 25, 24, 23, 22, 21, 20, 19, 18, 17, 16회

안다
동

to hug, to embrace / 抱く / 抱
엄마가 아이를 안고 있었다.

안기다
아이가 달려가 엄마 품에 안겼다.

기출 회차 25, 24, 22, 21, 19회

안심하다(安心--)
형

to be at ease / 安心する / 放心
어머니는 아이가 아무 일도 없이 돌아와서 안심했다.

기출 회차 23, 17, 16회

안전(安全)
명

safety / 安全 / 安全
운전할 때에는 안전을 위해서 안전벨트를 꼭 매야 한다.

안전성
신제품의 안전성을 확인해 보기로 했다.

안전시설
공장에서 사고가 나지 않도록 안전시설을 설치했다.

안전하다
이것은 모든 검사를 거친 안전한 제품입니다.

기출 회차 25, 24, 23, 22, 21, 20, 18, 17회

안정(安定)
명

stabilization / 安定 / 稳定
수술 후에는 절대 안정을 취하셔야 합니다.

안정성
경제가 어려워지면서 안정성이 높은 직업이 인기를 얻고 있다.

기출 회차 25, 22, 20, 17, 16회

연습 문제

※ [1~6] 다음 (   )에 알맞은 것을 고르십시오.

1 (   )를 두려워하지 않고 도전하는 사람이 성공한다.
　① 실패　　　② 기회　　　③ 경우　　　④ 신뢰

2 (   ) 그 사람은 오지 않을 것 같다.
　① 혹시　　　② 설마　　　③ 아무리　　　④ 아무래도

3 기회를 놓친 것이 (   ) 어쩔 수 없는 일이다.
　① 힘들지만　　② 아쉽지만　　③ 냉정하지만　　④ 시원하지만

4 아직 병이 다 낫지 않았으니까 (   )을 취해야 한다.
　① 신경　　　② 성장　　　③ 안정　　　④ 안심

5 그 사람은 사고 이후 (   )가 불안정해졌다.
　① 실태　　　② 실제　　　③ 심사　　　④ 심리

6 여러 번의 실험을 통해 (   )을 확인하고 약을 판매한다.
　① 실제성　　② 심각성　　③ 순환성　　④ 안전성

※ [7~9] 다음 밑줄 친 부분과 의미가 비슷한 것을 고르십시오.

7 거짓말을 할 생각은 <u>아예</u> 없었다.
　① 전혀　　　② 별로　　　③ 조금　　　④ 약간

8 제대로 쉬지 못했더니 감기가 계속 <u>심해지고</u> 있다.
　① 안정되고　② 악화되고　③ 시급해지고　④ 가벼워지고

정답 1.① 2.④ 3.② 4.③ 5.④ 6.④ 7.① 8.②

9 이 영화는 어린이에게 교육적인 내용을 담고 있다.
① 성인　　② 시민　　③ 아동　　④ 개인

※ [10~12] 다음 (　　)에 공통적으로 들어갈 단어를 고르십시오.

10
이사를 하려고 짐을 (　　).
친구에게 줄 선물을 예쁜 포장지에 (　　).
친구들과 먹을 도시락을 (　　) 공원에 갔다.

① 싣다　　② 담다　　③ 풀다　　④ 싸다

11
할아버지께서 나를 무척 (　　).
여행을 가서 쓸 돈을 모으느라고 돈을 (　　).
전기세가 많이 나와서 지금부터라도 전기를 (　　) 쓸 생각이다.

① 아끼다　　② 줄이다　　③ 모으다　　④ 쌓이다

12
모든 어머니는 자식에게 온 정성을 (　　).
옷에 커피를 (　　) 옷이 더러워졌다.
선생님께서는 학생들 한 명 한 명에게 관심을 (　　).

① 쏟다　　② 내다　　③ 들이다　　④ 따르다

※ [13~15] 다음 밑줄 친 부분과 의미가 반대인 것을 고르십시오.

13 쓸모없는 물건을 사는 데에 돈을 낭비했다.
① 소중한　　② 신기한　　③ 필요한　　④ 신중한

14 이 길은 공사 중이라서 위험하니까 다른 길로 갑시다.
① 답답하니까　　② 심각하니까　　③ 불안하니까　　④ 안전하니까

15 그 사람은 심한 상처를 입고 입원해 있다.
① 아쉬운　　② 섭섭한　　③ 가벼운　　④ 어려운

정답 9.③ 10.④ 11.① 12.① 13.③ 14.④ 15.③

안타깝다
형

to be regrettable / 気の毒だ、もどかしい / 可惜
거의 이길 뻔한 경기에서 져서 너무 안타깝다.

기출 회차 25, 24, 21, 20, 19, 18, 17, 16회

알아듣다
동

to hear / 聞き取る、理解する / 听懂
주변이 너무 시끄러워서 친구의 말을 알아듣기가 어려웠다.

기출 회차 23, 21, 16회

앞서다
동

1. to be overzealous / 先立つ / 提前
시험을 잘 봐야겠다는 생각이 앞서서 실수를 하고 말았다.

2. to outpace / 先頭に立つ、追い越す / 领先
뒤에서 달리던 선수가 앞에 있는 선수들을 앞섰다.

앞세우다
자신의 이익만을 앞세우면 공동의 목표를 이룰 수 없다.

기출 회차 23, 20, 19, 18회

앞장서다
동

to lead / 先頭に立つ / 带头
김 선생님은 어려운 사람을 돕는 데에 앞장서는 분이다.

기출 회차 22, 19회

앞지르다
동

to overtake / 追い越す / 超过
뒤에 오던 차가 내 차를 앞질러 갔다.

기출 회차 22, 17회

야외 (野外)
명

the outside / 野外 / 户外
오랜만에 야외에 나오니까 기분이 좋다.

기출 회차 24, 16회

약간(若干)
명 / 부

a little, somewhat / 若干、少し / 若干
친구에게서 약간의 돈을 빌렸다.
창문을 약간 열었다.

기출 회차 24, 21, 18회

약품(藥品)
명

medicine, drug / 薬品 / 药物
약품은 아이들의 손이 닿지 않는 곳에 두어야 한다.

기출 회차 25, 16회

약하다(弱--)
형

1. to be gentle / 弱い / 轻轻
바람이 약하게 불었다.

2. to be weak / 弱い / (体)弱
동생은 몸이 약해서 자주 아프다.

3. to be vulnerable / 弱い / 经不住
이 제품은 열에 약하므로 불 옆에 두지 마십시오.

약해지다
그 선수가 경기에 나갈 수 없어서 팀의 공격력이 약해졌다.

기출 회차 25, 24, 23, 20, 16회

얇다
형

to be thin / 薄い / 薄
날씨가 쌀쌀한데 옷을 얇게 입어서 춥다.

기출 회차 25, 17회

양(量)
명

quantity, amount, dose / 量 / 量
정해진 양 이상의 약을 먹으면 안 된다.

기출 회차 25, 24, 23, 20, 16회

양보하다(讓步--)
동

to give up (one's seat) / 譲る / 让(座)
버스나 지하철에서는 어린이나 노인에게 자리를 양보해야 한다.

기출 회차 19, 16회

양복(洋服)
명

suit / 背広 / 西服
친구의 결혼식에 가려고 오랜만에 양복을 입었다.

기출 회차 22, 18, 16회

양심(良心)
명

conscience / 良心 / 良心
양심에 어긋나는 행동을 하면 마음이 불편하다.

양심적
선생님께서는 항상 양심적으로 행동해야 한다고 말씀하셨다.

기출 회차 19, 18, 16회

어기다
동

to break / 破る、背く / 违(约)
그 사람이 일부러 약속을 어긴 것은 아닐 것이다.

기출 회차 24, 17회

어둡다
형

1. to be dark / 暗い / 暗
방이 어두워서 불을 켰다.

2. to be dark / 暗い / 暗(色)
나는 어두운 색의 옷을 주로 입는다.

3. to be dark, to be gloomy / 暗い、重い / 暗淡
친구의 얼굴 표정이 어두웠다.

4. to be poor / (耳が)遠い、悪い / (耳)背
할머니는 귀가 어두우셔서 작은 소리를 잘 듣지 못하신다.

어두워지다
친구의 어두워진 얼굴을 보고 나는 아무 말도 할 수 없었다.

기출 회차 25, 24, 23, 21, 20, 16회

어울리다
동

1. to fit / 似合う / 协调
얼굴이 하얘서 밝은색 옷이 잘 어울린다.

2. to mix with / 付き合う、交わる / 交结
아이는 늘 친구들과 어울려 다녔다.

기출 회차 25, 22, 21, 20, 19, 18, 17, 16회

어쨌든
부

anyway, anyhow / とにかく / 不管怎么样
결과가 어쨌든 최선을 다했으니까 후회는 없다.

기출 회차 21, 16회

어쩌면
부

maybe, perhaps / ひょっとすると / 说不定
어쩌면 그 사람도 나를 좋아하는지도 모른다.

기출 회차 24, 22, 17회

어차피
부

in any case / どうせ、いずれにしても / 反正
어차피 시험에 떨어질 것 같아서 시험을 보지 않았다.

기출 회차 23, 21, 19회

억지로
부

against one's will / むりやりに、無理に / 勉强
좋아하지 않는 술을 억지로 먹었다.

기출 회차 25, 18, 16회

얻다
동

1. to get / もらう、得る / 得到
과자를 사고 음료수를 공짜로 얻었다.

2. to get / 受ける、得る / 引起(共鸣)
선생님의 말씀에 자신감을 얻었다.

3. to get / ありつく、得る / 找到
그렇게 빨리 일자리를 얻을 수 있을 거라고 생각하지 못했다.

4. to get, to attain / 得る / 取得
친구는 자신의 노력으로 좋은 결과를 얻었다.

기출 회차 25, 24, 23, 22, 21, 20, 19, 18, 17, 16회

얼다
동

to freeze / 凍る / 冻
추운 날씨에 바깥에 오래 있었더니 손발이 꽁꽁 얼었다.

기출 회차 22, 19회

얼른
부

promptly, immediately / 早く、すぐ、さっさと / 赶快
음식이 식기 전에 얼른 먹자.

기출 회차 24, 22, 19회

업계(業界)
명

field of business / 業界 / 行业
그 사람은 출판 업계에서 아주 유명한 사람이다.

기출 회차 24, 22, 17회

업무(業務)
명

work, task / 業務 / 业务
이번에 회사에서 아주 중요한 업무를 맡게 되었다.

기출 회차 21, 20, 17, 16회

업체(業體)
명

business, enterprise / 事業の主体 / 企业
경제가 어려워지면서 많은 업체가 문을 닫았다.

기출 회차 25, 20, 19, 18, 16회

없애다
동

to remove, to get rid of / なくす、消す / 消除
도둑은 바닥에 생긴 발자국을 없앴다.

기출 회차 23, 22, 21, 20, 19, 16회

연습 문제

※ [1~5] 다음 (   )에 알맞은 것을 고르십시오.

1 한국 사람들하고 자주 이야기를 하다 보니까 한국말을 잘 (   ) 됐다.
① 알아보게   ② 알아듣게   ③ 앞장서게   ④ 앞지르게

2 할머니께서 버스에 오르자 학생이 자리를 (   ).
① 달성했다   ② 관찰했다   ③ 양보했다   ④ 극복했다

3 거짓말을 하는 것은 자신의 (   )을 속이는 일이다.
① 양심   ② 욕심   ③ 이기심   ④ 자존심

4 (   ) 늦었으니까 너무 서두르지 않아도 된다.
① 도무지   ② 도대체   ③ 어차피   ④ 아무리

5 그 식당은 음식값이 싸고 (   )도 많아서 장사가 잘된다.
① 질   ② 양   ③ 맛   ④ 수

※ [6~8] 다음 밑줄 친 부분과 의미가 비슷한 것을 고르십시오.

6 간이 안 맞아서 소금을 <u>조금</u> 넣었다.
① 약간   ② 거의   ③ 상당히   ④ 대부분

7 기차 시간이 다 되었으니까 <u>얼른</u> 출발해야 한다.
① 벌써   ② 금방   ③ 비록   ④ 일찍

8 요즘 회사 <u>일</u> 때문에 스트레스를 많이 받는다.
① 업계   ② 업체   ③ 업소   ④ 업무

정답: 1.② 2.③ 3.① 4.③ 5.② 6.① 7.② 8.④

※ [9~10] 다음 (   )에 공통적으로 들어갈 단어를 고르십시오.

9
골목길이 (   ) 잘 보이지 않는다.
친구는 (   ) 갈색 옷을 입고 있었다.
귀가 (   ) 할머니께서는 큰 소리로 말씀하신다.

① 어둡다　　② 무겁다　　③ 약하다　　④ 진하다

10
신제품이 좋은 반응을 (   ) 있다.
책을 많이 읽으면 지식을 (   ) 수 있다.
그 배우는 훌륭한 연기 실력으로 인기를 (   ).

① 내다　　② 받다　　③ 얻다　　④ 잡다

※ [11~15] 다음 밑줄 친 부분과 의미가 반대인 것을 고르십시오.

11 샌드위치를 만들려고 토마토를 얇게 썰었다.
① 적게　　② 밉게　　③ 두껍게　　④ 약하게

12 지키지 못할 약속은 안 하는 것이 좋다.
① 미루지　　② 어기지　　③ 정하지　　④ 당기지

13 아이가 책을 좋아해서 스스로 책을 읽는다.
① 저절로　　② 그대로　　③ 절대로　　④ 억지로

14 봄이 오자 쌓였던 눈이 다 녹았다.
① 풀렸다　　② 얼었다　　③ 떨어졌다　　④ 쓰러졌다

15 친구에게 안 좋은 일이 있는지 표정이 매우 어둡다.
① 밝다　　② 쓰다　　③ 가볍다　　④ 거칠다

정답 9. ① 10. ③ 11. ③ 12. ② 13. ④ 14. ② 15. ①

여가(餘暇)
명

leisure / 余暇、ひま / 余暇
동생은 여가 시간에 운동을 즐긴다.

기출 회차 24, 22, 20회

여기다
동

to think, to consider / 思う / 认为
어머니는 동생이 많이 다치지 않은 것을 다행으로 여기셨다.

여겨지다
긴 시간이 아주 짧은 순간처럼 여겨졌다.

기출 회차 24, 21, 20회

여부(與否)
명

whether (it is true or not) / 可否 / 与否
사실 여부를 떠나서 나는 너를 믿는다.

기출 회차 24, 20, 18회

여유(餘裕)
명

(time, money) to spare / 余裕 / 时间
은퇴 후에 여유로운 삶을 즐기려면 젊었을 때 돈을 모아 두어야 한다.

여유롭다
일을 일찍 끝내고 여유로운 시간을 보내고 있다.

기출 회차 21, 20, 19회

역사(歷史)
명

history / 歴史 / 历史
불행한 역사를 반복해서는 안 된다.

역사상
한글 창제는 한국 역사상 가장 중요한 사건 중의 하나이다.

역사적
그 영화는 역사적인 사실을 바탕으로 만들어졌다.

기출 회차 25, 24, 22, 16회

역시(亦是)
부

also, too / やはり / 还是
역시 내가 생각했던 대로였다.

기출 회차 24, 22, 20, 19, 16회

역할 (役割)
명

role, part / 役割 / 角色
각자 맡은 역할을 충실하게 수행하면 된다.

기출 회차 25, 24, 23, 21, 20, 19, 18, 17, 16회

연결 (連結)
명

connection, link / 連結、つながり / 连接
문장 간의 연결 관계가 분명하지 않다.

연결되다
이 길은 저쪽의 큰 도로와 연결되어 있다.

연결시키다
인터넷은 세계를 하나로 연결시켜 주었다.

연결하다
두 점을 연결하면 선이 된다.

기출 회차 25, 24, 23, 22, 21, 20, 19, 18, 17, 16회

연구 (研究)
명

study, research / 研究 / 研究
김치를 많이 먹으면 독감에 걸리지 않는다는 연구 결과가 나왔다.

연구가
언니는 유명한 요리 연구가에게 요리를 배웠다.

연구비
그 기업은 꾸준히 대학교에 연구비를 지원하고 있다.

연구소
김 선생님은 역사 연구소를 설립하셨다.

연구실
연구실에 계속 전화를 했지만 선생님은 전화를 받지 않으셨다.

연구자
그 기업은 뛰어난 연구자에게 상을 준다.

연구팀
외국의 한 연구팀이 새로운 치료법을 개발했다.

연구하다
기업에서는 끊임없이 신기술을 연구해야 한다.

기출 회차 25, 24, 23, 22, 21, 20, 19, 18, 17, 16회

연기¹ (煙氣) 명

smoke / 煙 / 烟雾
방안에 담배 연기가 가득 차 있었다.

기출 회차 24, 19회

연기² (演技) 명

performance, acting / 演技 / 演技
사람들은 배우의 뛰어난 연기에 큰 감동을 받았다.

연기력
사람들은 연기력이 좋은 배우를 좋아한다.

연기하다
그 배우는 세 번이나 대통령을 연기했다.

기출 회차 25, 24, 21회

연락 (連絡) 명

contact, getting in touch / 連絡 / 联系
친구에게 전화를 여러 번 했지만 연락이 되지 않았다.

연락처
김 선생님의 연락처를 알고 싶어서 전화했습니다.

연락드리다
결과가 나오면 바로 연락드리겠습니다.

연락하다
모임 날짜가 정해지면 연락해 주십시오.

기출 회차 25, 24, 23, 22, 21, 18, 17회

연령 (年齡) 명

age / 年齡 / 年龄
연령에 따라 버스 요금이 다르다.

연령대
연령대가 다르면 생각도 다르기 쉽다.

연령층
그 가수는 다양한 연령층의 사람들이 좋아한다.

기출 회차 25, 24, 21, 18회

연말(年末)
명

the end of the year / 年末 / 年末
연말에는 주위 사람들과 즐거운 시간을 보내고 싶다.

기출 회차 25, 20, 19회

연수(研修)
명

training / 研修 / 研修
친구는 한국어를 배우기 위해 한국으로 어학 연수를 왔다.

기출 회차 23, 18회

연장(延長)
명

extension / 延長 / 延长
업무가 많아서 연장 근무를 했다.

기출 회차 21, 18회

연주하다(演奏--)
동

to play / 演奏する / 演奏
피아노를 연주하는 친구의 모습이 아름답다.

기출 회차 22, 20회

연하다(軟--)
형

1. to be tender / 柔らかい / 嫩
고기가 연해서 아주 맛있다.

2. to be light / 薄い / 淡
연한 분홍색 치마가 예쁘다.

3. to be weak / 薄い / 淡
친구는 커피를 연하게 타서 마셨다.

기출 회차 25, 23회

열다 〈동〉

1. to open / 開く、開ける / 打开
날씨가 더우니까 창문을 여는 것이 좋겠다.

2. to hold / 開く、催す / 举行
학교에서 한국어 말하기 대회를 열었다.

3. to open / 開ける / 开(门)
아침 손님이 많아서 가게 문을 일찍 열었다.

4. to open / 開く、始める / 开(店)
학교가 많은 곳에 가게를 열었다.

5. to open / 開く / 打开(心窗)
마음을 열고 다가가면 쉽게 친구가 될 수 있다.

열리다
서울에서 국제회의가 열렸다.

기출 회차 25, 24, 23, 22, 21, 20, 19, 18, 17, 16회

영상 (映像) 〈명〉

picture, image / 映像 / 影像
그 영화는 영상이 아름답기로 유명하다.

영상물
인터넷으로 수많은 영상물을 볼 수 있다.

기출 회차 25, 23, 22회

영양 (營養) 〈명〉

nutrition / 栄養 / 营养
영양 섭취가 부족하면 병에 걸리기가 쉽다.

영양분
콩은 각종 영양분이 풍부한 음식이다.

영양소
이 영양소는 음식을 통해서만 섭취할 수 있다.

기출 회차 25, 24, 23, 21, 17, 16회

영업 (營業)
명

business, sales / 営業 / 营业
우리 가게는 9시에 영업을 시작한다.

영업부
형은 회사의 영업부에서 일을 한다.

영업하다
편의점은 24시간 영업한다.

기출 회차 22, 21, 20회

연습 문제

※ [1~8] 다음 (   )에 알맞은 것을 고르십시오.

1 아내, 어머니, 직장인의 (   )을 모두 잘 해내는 것은 쉽지 않다.
① 모습　　　② 역할　　　③ 성공　　　④ 수단

2 그 선수가 일등을 할 것이라고 생각했는데 (   ) 그 생각이 맞았다.
① 설마　　　② 역시　　　③ 전혀　　　④ 무척

3 모임 장소를 예약해야 하니까 참석 (   )를 꼭 알려주시기 바랍니다.
① 계기　　　② 기대　　　③ 시도　　　④ 여부

4 (   )이 충분하지 않으면 식물이 잘 자라지 않는다.
① 약품　　　② 성장　　　③ 영양　　　④ 작용

5 그 영화에 (   )를 잘하는 배우들이 많이 나온다고 한다.
① 심사　　　② 안내　　　③ 소비　　　④ 연기

6 우리 가게는 휴일에 (   )을 하지 않는다.
① 작동　　　② 영업　　　③ 수입　　　④ 순환

7 회사 일이 너무 많아서 (   )를 즐길 시간이 없다.
① 여가　　　② 순서　　　③ 시기　　　④ 미래

8 외국에 혼자 있으니까 부모님께서 걱정하실까 봐 (   )을 자주 드린다.
① 소문　　　② 결정　　　③ 연락　　　④ 고민

정답 1.② 2.② 3.④ 4.③ 5.④ 6.② 7.① 8.③

※ [9~11] 다음 밑줄 친 부분과 의미가 비슷한 것을 고르십시오.

9 이 영화는 <u>연령</u>에 관계없이 누구나 관람할 수 있습니다.
① 학력　　② 성별　　③ 나이　　④ 업무

10 회사일이 바쁘지 않아서 <u>여유로운</u> 시간을 보내고 있다.
① 가벼운　　② 한가한　　③ 아쉬운　　④ 섭섭한

11 그 친구는 다른 사람의 어려움을 자기 일처럼 <u>여긴다</u>.
① 실시한다　　② 신뢰한다　　③ 실천한다　　④ 생각한다

※ [12-13] 다음 (　　)에 공통적으로 들어갈 단어를 고르십시오.

12
대구에서 국제육상대회가 (　　).
뚜껑이 단단히 닫혀 있어서 잘 (　　) 않는다.
문이 자동으로 (　　) 문에 손을 대면 안 된다.

① 돌리다　　② 풀리다　　③ 말리다　　④ 열리다

13
어머니는 커피를 (　　) 타서 드신다.
색깔이 (　　) 외투를 입었다.
할머니는 이가 약하셔서 (　　) 고기만 잡수신다.

① 연하다　　② 강하다　　③ 적당하다　　④ 답답하다

※ [14~15] 다음 밑줄 친 부분과 의미가 <u>반대인</u> 것을 고르십시오.

14 인터넷이 잘 <u>연결되지</u> 않아서 고객센터에 전화를 했다.
① 줄이지　　② 끊기지　　③ 밀리지　　④ 막히지

15 방학이라서 학교 사무실이 <u>단축</u> 근무를 한다고 한다.
① 연장　　② 상승　　③ 확대　　④ 축소

정답 9.③ 10.② 11.④ 12.④ 13.① 14.② 15.①

영향 (影響) 명

influence, effect / 影響 / 影响
제품의 가격은 판매량에 큰 영향을 준다.

기출 회차 25, 24, 23, 22, 21, 20, 19, 18, 17, 16회

예방 (豫防) 명

prevention / 予防 / 预防
날씨가 추워지기 전에 독감 예방 주사를 맞았다.

예방하다
식중독을 예방하기 위해서는 음식을 꼭 익혀서 먹어야 한다.

기출 회차 24, 23, 20, 17, 16회

예산 (豫算) 명

budget / 予算 / 预算
예산에 맞추어서 여행지를 결정했다.

기출 회차 21, 17회

예상 (豫想) 명

expectation / 予想 / 预料
예상대로 우리 팀이 이겼다.

예상치
결과가 예상치보다 낮게 나왔다.

예상되다
주말쯤에 날씨가 풀릴 것으로 예상됩니다.

예상하다
전문가들은 경제가 곧 좋아질 것으로 예상하고 있다.

기출 회차 25, 24, 23, 18, 17회

예전 명

the past / 以前 / 以前
고향의 모습이 예전과는 크게 달라졌다.

기출 회차 25, 23, 22, 19, 18, 17, 16회

예정 (豫定)
명

schedule / 予定 / 预定
우리는 예정보다 목적지에 빨리 도착했다.

기출 회차 25, 24, 23, 22, 21, 20, 19, 18, 17, 16회

예측 (豫測)
명

prediction / 予測 / 预测
계속 비가 올 것 같다는 내 예측이 맞았다.

예측하다
우리는 결과가 성공적일 거라고 예측했다.

기출 회차 23, 22, 16회

오르다
동

1. to climb, to go up / 登る、上がる / 上(山)
산에 오르니까 기분이 좋다.

2. to improve / 上がる / 提高
열심히 공부했더니 성적이 많이 올랐다.

3. to improve / 上がる / 提升
잠을 푹 자야 일의 능률이 오른다.

기출 회차 25, 24, 23, 22, 21, 20, 19, 18, 17, 16회

올리다
동

1. to accelerate / 出す、上げる / 加快
빨리 가려고 차의 속력을 올렸다.

2. to attain / 上げる / 达成
이번 달에는 차를 많이 팔아서 실적을 올렸다.

3. to hold / 挙げる、挙行する / 举行
김 선생님은 지난달에 결혼식을 올리셨다.

4. to post / 載せる、記載する / 登载
인터넷 게시판에 글을 올렸다.

기출 회차 25, 24, 23, 22, 20, 19, 18회

오염 (汚染) 명

pollution / 汚染 / 污染
환경 오염이 날이 갈수록 심해진다.

오염되다
자동차 배기가스 때문에 공기가 오염된다.

오염시키다
쓰레기가 환경을 오염시키고 있다.

기출 회차 22, 21, 20, 16회

오히려 부

rather / むしろ、かえって / 反而
친구가 1시간이나 늦게 왔으면서도 오히려 나에게 화를 냈다.

기출 회차 25, 24, 23, 22, 21, 20, 19, 18, 17, 16회

온도 (溫度) 명

temperature / 温度 / 温度
여름철에 실내 온도를 1도만 높여도 에너지를 절약할 수 있다.

기출 회차 24, 23, 22, 21회

올바르다 형

to be right, to be proper / 正しい / 正确
선생님께서 올바른 해결 방법을 찾아 주실 것이다.

기출 회차 25, 24, 23, 18회

옮기다 동

1. to move, to shift / 移す / 护送
아픈 사람을 병원으로 옮겼다.

2. to put into action / 移す / 转化
아버지는 항상 말을 실천으로 옮기셨다.

3. to transmit / 移す、伝染させる / 传染
다른 사람에게 감기를 옮길 수 있어서 손으로 입을 가리고 기침을 한다.

기출 회차 25, 24, 23, 22, 21, 20, 19회

완성 (完成)
명

completion / 完成 / 完成
사랑의 완성이 꼭 결혼은 아니다.

완성도
김 선생님은 완성도가 떨어지는 작품은 모두 버리신다.

완성되다
보고서가 완성되는 대로 가져오세요.

완성하다
작품을 완성하면 전시회를 열 것이다.

기출 회차 24, 22, 17회

완전하다 (完全--)
형

to be complete, to be perfect / 完全だ / 完整
세상에 완전한 사람은 없다.

완전히
골칫거리였던 문제가 완전히 해결됐다.

기출 회차 24, 23, 18, 16회

외롭다
형

to be lonely / 寂しい、心細い / 孤单
외국에서 혼자 지내려니까 외롭다.

외로움
친구들이 모두 돌아가자 아이는 외로움을 느꼈다.

기출 회차 25, 23, 22, 18회

외면 (外面)
명

ostracism / 顔を背けること / 不理睬
자기만 생각하면 다른 사람들에게 외면을 받기가 쉽다.

외면하다
자식이 부모를 외면하는 것은 옳지 않다.

기출 회차 22, 21, 20, 19, 16회

외모 (外貌)
명

appearance / 外貌、外見 / 外貌
외모만 보고 사람을 판단해서는 안 된다.

기출 회차 17, 16회

외출 (外出)
명

outgo / 外出、出かけ / 出门
약속이 있어서 외출 준비를 하고 있다.

외출하다
어머니는 일이 있어서 잠깐 외출하셨다.

기출 회차 25, 23, 21, 16회

요구 (要求)
명

demand / 要求 / 要求
요구 조건이 많아서 이번 계약을 성공시키기가 어려울 것이다.

요구되다
이번에 맡은 업무는 시간이 많이 요구되는 일이다.

기출 회차 25, 23, 21, 18, 16회

요청 (要請)
명

request / 要請 / 邀请
사장은 직원들의 면담 요청을 거부했다.

요청하다
사고의 원인을 찾기 위해 CCTV 분석을 요청했다.

기출 회차 25, 22, 21, 18회

욕심 (慾心)
명

greed / 欲 / 欲望
사람의 욕심은 끝이 없다.

기출 회차 24, 23, 19, 18회

용감하다 (勇敢--)
형

to be brave / 勇敢だ、勇ましい / 勇敢
할아버지는 용감한 군인이셨다.

기출 회차 25, 18회

우선¹ (于先)
부

above all / とりあえず、まず / 首先
배가 고프니까 우선 식사부터 합시다.

기출 회차 24, 23, 21, 20, 19, 18, 17, 16회

우선² (優先)
명

priority / 優先 / 优先
우리 집에서는 어머니의 의견이 우선이다.

우선적
그 일을 가장 우선적으로 끝내야 한다.

우선되다
회사 일이 다른 것보다 우선된다.

기출 회차 24, 23, 22, 21, 20, 19, 18, 17, 16회

우수하다 (優秀--)
형

to be excellent, to be outstanding / 優秀だ / 优异
그는 우수한 성적으로 대학을 졸업했다.

우수성
제품의 우수성을 세계적으로 인정받았다.

기출 회차 20, 16회

연습 문제

※ [1~7] 다음 (   )에 알맞은 것을 고르십시오.

1 비가 많이 와서 비행기 출발 시간이 (   )보다 늦춰졌다.
　① 기회　　　② 예정　　　③ 연장　　　④ 영업

2 광고가 상품 판매량에 큰 (   )을 준다.
　① 영향　　　② 안정　　　③ 수입　　　④ 시선

3 내년에는 경제 상황이 좋아질 것으로 (   ).
　① 예상된다　② 시행된다　③ 실시된다　④ 신고된다

4 보고서를 (   ) 대로 제출할 것이다.
　① 실천하는　② 연기하는　③ 예측하는　④ 완성하는

5 회의에서 내년 (   )을 논의했다.
　① 수명　　　② 기본　　　③ 예산　　　④ 수준

6 퇴원을 한 후로 잘 쉬어서 병이 (   ) 나았다.
　① 솔직히　　② 완전히　　③ 시급히　　④ 신중히

7 일이 아주 늦게 끝날 거라고 생각했는데 (   ) 다른 때보다 일찍 끝났다.
　① 도저히　　② 오히려　　③ 대체로　　④ 어차피

※ [8~12] 다음 밑줄 친 부분과 의미가 비슷한 것을 고르십시오.

8 사고를 <u>예방하기</u> 위해서 도로를 수리한다고 한다.
　① 감기　　　② 지기　　　③ 닫기　　　④ 막기

정답 1.② 2.① 3.① 4.④ 5.③ 6.② 7.② 8.④

9 집에 들어가자마자 우선 손부터 씻었다.
① 미리　　　② 이미　　　③ 먼저　　　④ 설마

10 성적이 뛰어난 학생들은 장학금을 받는다.
① 우수한　　② 심각한　　③ 특별한　　④ 아쉬운

11 어머니께서는 예전에 입었던 옷을 수선해서 입으신다.
① 동시에　　② 한번에　　③ 옛날에　　④ 최근에

12 어머니는 늘 생각이 곧은 사람과 친구가 되라고 하셨다.
① 올바른　　② 신중한　　③ 가벼운　　④ 잘못된

※ [13~14] 다음 (　　)에 공통적으로 들어갈 단어를 고르십시오.

13
비행기 좌석 위에 짐을 (　　).
홈페이지에 친구들과 함께 찍은 사진을 (　　).
적당한 휴식을 취하면 일의 능률을 (　　) 수 있다.

① 담다　　　② 싣다　　　③ 늦추다　　④ 올리다

14
구급대원이 다친 사람을 재빨리 병원으로 (　　).
선생님의 말씀이 잘 안 들려서 앞으로 자리를 (　　).
출퇴근 시간이 너무 오래 걸려서 집을 회사 근처로 (　　).

① 비우다　　② 옮기다　　③ 바꾸다　　④ 맡기다

※ [15] 다음 밑줄 친 부분과 의미가 반대인 것을 고르십시오.

15 날씨가 좋지 않아서 채소값이 크게 올랐다.
① 떨어졌다　② 쓰러졌다　③ 무너졌다　④ 쏟아졌다

정답: 9.③ 10.① 11.③ 12.① 13.④ 14.② 15.①

우승(優勝) 명

victory / 優勝 / 冠军
이번 경기에서 우리 팀이 이기면 우승을 하게 된다.

기출 회차 24, 20회

우울하다(憂鬱--) 형

to be gloomy, to be depressed / 憂鬱だ / 忧郁
시험에 떨어져서 우울하다.

기출 회차 25, 24, 18, 17회

운영되다(運營--) 동

to operate / 運営される / 运转
이 가게는 동네 주민들에 의해 운영된다.

운영하다
아버지는 동네에서 작은 슈퍼마켓을 운영하신다.

기출 회차 21, 19, 17회

운행(運行) 명

to run / 運行 / 运行
눈이 많이 오는 날에는 자동차 운행이 어렵다.

운행되다
이 버스는 10분에 한 대씩 운행된다.

운행하다
이 회사는 고속버스를 운행한다.

기출 회차 25, 20, 16회

움직이다 동

1. to move / 動く、動かす / 动弹
아이는 잠시도 가만히 있지 못하고 몸을 움직였다.

2. to move / 動く、動かす / (打动)人心
그의 글은 사람의 마음을 움직이는 힘이 있다.

움직임
경기 시간이 다 끝나 가면서 선수들의 움직임이 느려졌다.

기출 회차 25, 24, 23, 22, 20, 19, 18, 17회

원래(原來)
명
부

original / 元来、元々 / 原来
동네가 개발되고 난 후 원래 모습을 찾아볼 수 없었다.
이 옷은 원래 언니 것인데 지금은 내가 입는다.

기출 회차 25, 20, 17회

원리(原理)
명

principle / 原理 / 原理
발명품의 원리는 보통 일상적인 것에서 나온다.

기출 회차 24, 23, 22, 20회

원인(原因)
명

cause / 原因 / 原因
그 일이 원인이 되어 두 사람은 결국 헤어졌다.

기출 회차 25, 24, 23, 22, 21, 20, 18, 17, 16회

원하다(願--)
동

to want / 願う / 希望
모든 사람들은 행복을 원한다.

기출 회차 25, 22, 20, 19, 18, 17, 16회

위기(危機)
명

crisis / 危機 / 危机
위기를 극복한 사람은 더 강해진다.

기출 회차 24, 19회

위험(危險)
명

danger / 危険 / 危险
비가 오는 날에는 교통사고가 날 위험이 크다.

위험성
이 건물은 공사가 잘못되어서 무너질 위험성이 있다.

위험하다
번지점프는 안전장비만 잘 갖추면 위험하지 않다.

기출 회차 25, 24, 22, 21, 20, 19, 18, 17회

위협하다(威脅--)
동

to threaten / 脅かす / 威胁
강도는 사람을 위협해서 돈을 빼앗는다.

기출 회차 20, 17회

유도하다(誘導--)
동

to lead / 誘導する、誘い出す / 引导
이 불빛은 배를 안전한 곳으로 유도하는 역할을 한다.

기출 회차 25, 19회

유리(琉璃)
명

glass / ガラス / 玻璃
이 컵은 유리로 만들어졌다.

기출 회차 25, 23, 19회

유용하다(有用--)
형

to be useful, to be helpful / 役に立つ / 有用
계산기는 복잡한 계산을 빨리 하는 데에 유용하다.

기출 회차 23, 21회

유익하다(有益--)
형

to be beneficial / 有益だ、役に立つ / 有益
이 프로그램은 생활에 유익한 정보를 제공한다.

기출 회차 20, 18회

유의하다(留意--)
동

to give attention to / 留意する、心掛ける / 留意
계절이 바뀔 때에는 건강관리에 더 유의해야 한다.

기출 회차 25, 16회

유지하다 (維持--)
동

to keep, to maintain / 維持する、保つ / 保持
화가 날 때는 마음의 안정을 유지하기가 쉽지 않다.

유지되다
혼자 버는 것으로는 생활이 유지되지 않는다.

기출 회차 25, 22, 20, 18, 17, 16회

유통 (流通)
명

distribution / 流通 / 流通
유통 단계를 여러 번 거치면서 제품의 가격이 오른다.

기출 회차 24, 17회

유행 (流行)
명

fashion, trend / 流行 / 流行
청소년은 유행에 민감하다.

유행하다
이것은 작년에 유행하던 옷이다.

기출 회차 19, 18, 17, 16회

육지 (陸地)
명

land / 陸地 / 陆地
바다에서 육지로 바람이 심하게 불었다.

기출 회차 23, 20회

음식물 (飮食物)
명

food and drink / 食べ物 / 食品
도서관에는 음식물을 가지고 들어올 수 없습니다.

기출 회차 23, 19, 17회

응답 (應答)
명

answer, response / 応答 / 回话
그 사람에게 문자 메시지를 여러 번 보냈지만 응답이 없었다.

응답자
설문 응답자들이 다양한 의견을 냈다.

응답하다
설문에 응답해 주신 분들께는 작은 선물을 드립니다.

기출 회차 22, 21, 20, 19, 17회

의견(意見)
명

opinion / 意見 / 意见
전문가의 의견을 들어 보고 결정합시다.

기출 회차 25, 24, 23, 22, 21, 20, 19, 18, 17, 16회

의논하다(議論--)
동

to discuss with / 相談する / 议论
가족들이 모여서 어머니의 생일을 어떻게 보낼지 의논했다.

기출 회차 25, 18회

의도(意圖)
명

intention / 意図 / 意图
친구를 화나게 할 의도로 한 말은 아니었다.

의도적
의도적으로 실수를 하는 사람은 없다.

기출 회차 25, 24, 20회

의사소통(意思疏通)
명

communication / 意思疎通、コミュニケーション / 沟通
한국에 처음 왔을 때는 의사소통이 어려웠다.

기출 회차 20, 17회

의식(意識)
명

1. consciousness / 意識 / 意识
수술 후에 환자의 의식이 돌아왔다.

2. awareness / 意識 / 认识
환경 문제를 해결하려면 사람들의 의식이 바뀌어야 한다.

의식적
의식적으로 웃는 것도 건강에 좋다고 한다.

의식하다
다른 사람들의 눈을 너무 의식할 필요는 없다.

기출 회차 21, 19, 18회

의의 (意義)
명

meaning, significance / 意義 / 意义
이번 행사는 어려운 이웃을 돕는 데에 의의가 있다.

기출 회차 22, 21회

의존하다 (依存--)
동

to depend on / 依存する、頼る / 依赖
힘든 일이 있을 때에 무조건 다른 사람에게 의존하려고 해서는 안 된다.

의존도
현대 산업은 석유에 대한 의존도가 높다.

기출 회차 25, 21회

연습 문제

※ [1~5] 다음 (   )에 알맞은 것을 고르십시오.

1 (   ) 이곳은 학교였는데 지금은 예술가들의 작업실로 이용되고 있다.
① 우선　　　② 먼저　　　③ 원래　　　④ 현재

2 건강을 (   ) 위해서는 꾸준히 운동을 해야 한다.
① 지지하기　② 유지하기　③ 개발하기　④ 달성하기

3 생선은 (   ) 단계가 짧을수록 좋다.
① 유통　　　② 순환　　　③ 설치　　　④ 예산

4 나는 (   )에 상관없이 오래 입을 수 있는 옷을 좋아한다.
① 기록　　　② 계산　　　③ 유행　　　④ 실험

5 설문에 (   ) 사람들 대부분이 그 계획에 동의했다.
① 기대한　　② 문의한　　③ 질문한　　④ 응답한

※ [6~11] 다음 밑줄 친 부분과 의미가 비슷한 것을 고르십시오.

6 세상을 살다 보면 가끔은 <u>원하지</u> 않는 일도 해야 할 때가 있다.
① 세우지　　② 시키지　　③ 여기지　　④ 바라지

7 시장은 직접 시민들의 다양한 <u>생각</u>을 들으려고 노력했다.
① 관심　　　② 의견　　　③ 실력　　　④ 정신

8 특별한 <u>목적</u> 없이 집을 나섰다.
① 의도　　　② 원리　　　③ 예정　　　④ 예상

정답 1.③ 2.② 3.① 4.③ 5.④ 6.④ 7.② 8.①

9 날씨가 몹시 추울 때는 건강에 유의해야 한다.
① 양보해야 ② 신중해야 ③ 주의해야 ④ 집중해야

10 아버지께서는 중요한 일을 결정하실 때마다 가족들과 상의하셨다.
① 요청하셨다 ② 의논하셨다 ③ 연기하셨다 ④ 실천하셨다

11 이 행사는 에너지도 절약하고 환경도 보호한다는 점에서 의의가 있다.
① 시도 ② 성과 ③ 연구 ④ 의미

※ [12] 다음 (   )에 공통적으로 들어갈 단어를 고르십시오.

12
발목을 삐었을 때에는 다리를 (   ) 않는 것이 좋다.
감동적인 글은 많은 사람들의 마음을 (   ) 수 있다.
엄마가 아이에게 빨리 오라고 했지만 아이는 (   ) 않았다.

① 채우다 ② 올리다 ③ 움직이다 ④ 서두르다

※ [13~15] 다음 밑줄 친 부분과 의미가 반대인 것을 고르십시오.

13 기차를 타고 한 시간 정도 가면 바다가 나온다.
① 세계 ② 육지 ③ 야외 ④ 도시

14 오랫동안 조사를 했지만 사고의 원인도 밝히지 못했다.
① 결과 ② 근거 ③ 책임 ④ 역할

15 내가 쓰지 않는 물건이라도 다른 사람에게는 유용할 수 있다.
① 어울릴 ② 우수할 ③ 실제적일 ④ 쓸모없을

정답 9.③ 10.② 11.④ 12.③ 13.② 14.① 15.④

이용 (利用)
명

use / 利用 / 利用
기름값이 오르면서 대중교통 이용이 늘고 있다.

이용객
휴일에는 놀이공원 이용객이 아주 많다.

이용료
고속도로 이용료가 너무 비싸다.

이용자
휴대전화 이용자들은 사용량에 비해 비싼 요금을 내고 있다.

이용되다
이곳은 동네 사람들의 모임 장소로 이용되고 있다.

이용하다
이곳을 이용하신 후에는 정리를 해 주십시오.

기출회차 25, 24, 23, 22, 21, 20, 19, 18, 17, 16회

이웃
명

1. the neighborhood / 隣 / 邻近
이웃에 사는 사람들끼리 모여서 음식을 나누어 먹었다.

2. neighbors / 隣 / 邻居
이웃들이 모두 그 사람을 칭찬했다.

이웃집
이사 온 지 얼마 안 되어 이웃집 사람들과 친구가 되었다.

기출회차 25, 24, 23, 22, 21, 19, 18회

이익 (利益)
명

profit, gain / 利益 / 利润
이익을 남기지 않는 장사는 없다.

기출회차 24, 21, 19회

이전 (以前)
명

before / 以前 / 之前
요즘 아이들은 학교를 다니기 이전부터 영어를 배운다.

기출회차 25, 23, 18, 17회

이해 (理解)
명

comprehension / 理解 / 理解
아이가 똑똑해서 이해가 빠르다.

이해력
아이가 이해력이 좋아서 말을 빨리 알아듣는다.

이해하다
선생님께서 잘 설명해 주셔서 문제를 빨리 이해했다.

기출 회차 24, 22, 21, 20, 19, 18회

인간 (人間)
명

human being / 人間 / 人
인간이 동물과 다른 점은 생각을 할 수 있다는 것이다.

인간관계
그 남자는 성격이 이상해서 인관관계가 좋지 않다.

인간미
우리 선생님은 인간미가 넘치는 분이시다.

기출 회차 25, 23, 22, 20, 18, 17, 16회

인구 (人口)
명

population / 人口 / 人口
그 나라는 잦은 전쟁 때문에 인구가 크게 줄었다.

기출 회차 24, 21, 17, 16회

인력 (人力)
명

human power / 人力 / 人力
인력으로 안 되는 일이라면 하늘에 맡겨야 한다.

기출 회차 24, 21, 17회

인류 (人類)
명

humankind / 人類 / 人类
인류는 도구를 사용하면서 빠르게 발전해 왔다.

기출 회차 22, 20, 19회

인명 (人命)
명

human life / 人命 / 人命
큰 사고가 났지만 다행히 인명 피해는 없었다.

기출 회차 25, 22, 16회

인물 (人物)
명

figure / 人物 / 人物
세종대왕은 역사적으로 뛰어난 인물이다.

기출 회차 19, 17, 16회

인상¹ (印象)
명

features / 印象 / 印象
친구는 항상 웃는 얼굴이라서 인상이 좋다.

기출 회차 23, 16회

인상² (引上)
명

raise / 引き上げ、値上げ / 涨(工资)
직원들은 회사에 월급 인상을 요구했다.

기출 회차 21, 17회

인생 (人生)
명

life / 人生 / 人生
누구나 인생을 살면서 후회할 때가 있다.

기출 회차 23, 19, 18회

인쇄 (印刷)
명

printing / 印刷 / 打印
프린터가 고장이 났는지 인쇄가 잘 안된다.

인쇄기
아침부터 인쇄기를 돌리느라고 바빴다.

인쇄하다
책을 인쇄하자마자 다 팔려 나갔다.

기출 회차 24, 19, 16회

인식 (認識)
명

1. awareness / 認識 / 认识
환경을 보호하려면 사람들의 인식이 바뀌어야 한다.

2. recognition / 認識、識別 / 识别
우리 연구소의 문은 지문을 인식하여 열린다.

기출 회차 25, 20, 17회

인정 (認定)
명

acknowledgment / 認定 / 承认
취업을 할 때 비슷한 분야에서 아르바이트를 한 것이 경력으로 인정되었다.

인정받다
동생은 회사에서 실력을 인정받았다.

인정하다
친구는 자신의 잘못을 인정했다.

기출 회차 25, 24, 23, 21, 20, 19, 16회

일단 (一旦)
부

first / 一旦、ひとまず / 先
결과가 어떻게 될지 알 수 없지만 일단 시도해 보기로 했다.

기출 회차 24, 22, 21, 20회

일반 (一般)
명

general / 一般 / 一般
우리 집은 어디에서나 쉽게 볼 수 있는 일반 주택이다.

일반인
전문가도 아닌 일반인이 그 문제를 해결하기는 어려울 것이다.

일반적
일반적으로 부모의 성격은 아이의 성격에 영향을 미친다.

일반화
특수한 경우를 일반화해서 생각하면 안 된다.

기출 회차 25, 24, 22, 21, 20, 19, 18, 17, 16회

연습 문제

※ [1~6] 다음 (   )에 알맞은 것을 고르십시오.

1 세계 (   )가 빠른 속도로 증가하고 있다.
　① 인구　　　② 범위　　　③ 수치　　　④ 숫자

2 밤중에 피아노를 연주하는 것은 (   )에게 피해를 줄 수 있다.
　① 인류　　　② 친척　　　③ 인력　　　④ 이웃

3 그 사람은 안경을 벗으면 (   )이 달라진다.
　① 감정　　　② 양심　　　③ 모양　　　④ 인상

4 설명이 너무 어려워서 (   )가 잘되지 않는다.
　① 신고　　　② 시도　　　③ 이해　　　④ 요구

5 이번 주 화제의 (   )을 소개하겠습니다.
　① 역할　　　② 인물　　　③ 대중　　　④ 매출

6 사고를 낸 운전자가 잘못을 (   ) 용서를 구했다.
　① 인정하고　② 연기하고　③ 예상하고　④ 예측하고

※ [7~10] 다음 밑줄 친 부분과 의미가 비슷한 것을 고르십시오.

7 서둘렀지만 버스는 벌써 떠나고 없었다.
　① 겨우　　　② 일찍　　　③ 이미　　　④ 마침

8 시험 기간에는 도서관을 찾는 사람들이 많다.
　① 문의하는　② 대여하는　③ 교환하는　④ 이용하는

9 연예인이 도착하자 사람들이 그쪽으로 이동했다.
　① 피했다　　② 따랐다　　③ 움직였다　④ 유도했다

정답 1.① 2.④ 3.④ 4.③ 5.② 6.① 7.③ 8.④ 9.③

10 이전에는 이곳의 경치가 참 아름다웠다.
① 현대　　② 최근　　③ 옛날　　④ 미래

※ [11~13] 다음 (　　)에 공통적으로 들어갈 단어를 고르십시오.

11
그 배우는 훌륭한 연기로 감동을 (　　) 냈다.
아버지는 주말마다 가족들을 (　　) 여행을 떠나신다.
선생님은 학생들의 참여를 (　　) 내기 위해 노력하셨다.

① 데리다　　② 이끌다　　③ 만들다　　④ 세우다

12
결과를 판단하기에는 아직 (　　).
(　　) 아침부터 출근을 하는 사람들이 많다.
아이부터 어른에 (　　)까지 많은 사람들이 좋아한다.

① 이르다　　② 빠르다　　③ 흐르다　　④ 부르다

13
꿈을 (　　) 때까지 열심히 노력할 것이다.
고민이 많아서 잠을 (　　) 못했다.
최고의 선수들이 모여서 한 팀을 (　　).

① 꾸다　　② 자다　　③ 이루다　　④ 나누다

※ [14~15] 다음 밑줄 친 부분과 의미가 반대인 것을 고르십시오.

14 경기에서 이기는 것보다 중요한 것은 최선을 다하는 것이다.
① 치는　　② 지는　　③ 때리는　　④ 싸우는

15 자신의 이익만 중요하게 생각하면 친구를 잃기 쉽다.
① 지출　　② 소득　　③ 수입　　④ 손해

정답　10. ③　11. ②　12. ①　13. ③　14. ②　15. ④

일부(一部)
명

part, portion / 一部 / 一部分
일부 사람들의 생각을 전부인 것처럼 말하면 안 된다.

기출 회차 24, 22, 21, 20, 19, 17, 16회

일부러
부

intentionally / わざと、故意に / 故意
그 사람이 일부러 잘못을 한 것은 아니니까 이해해 주세요.

기출 회차 25, 24, 20회

일시(一時)
명

the same time / 一時、同時(に) / 同時
수업이 끝나자 학생들이 일시에 교실을 나갔다.

기출 회차 24, 22, 19, 17, 16회

일어나다
동

1. to stand up / 立つ、立ち上がる / 站起来
화가 난 친구는 자리에서 일어나서 나가 버렸다.

2. to wake up / 起きる / 醒来
자고 일어나 보니까 집에 아무도 없었다.

3. to occur / 起こる、発生する / 发生
사고가 자주 일어나는 곳이니까 운전을 할 때 조심하십시오.

기출 회차 23, 22, 20, 19, 16회

일으키다
동

1. to cause / 起こす / 诱发
이 채소에는 배탈을 일으키는 성분이 들어 있다.

2. to cause / 起こす、もたらす / 引起
작은 불씨 하나가 큰 화재를 일으킬 수 있다.

기출 회차 25, 23, 21, 20, 19, 18, 16회

일자리
명

job, work / 職 / 工作
경제 상황이 좋지 않아서 일자리를 구하기가 어렵다.
기출 회차 23, 19, 18, 17, 16회

일정 (日程)
명

schedule / 日程 / 日程
여행 일정을 모두 짜 놓았다.

일정표
일정표대로 된다면 이번 달 안에 작업이 모두 끝날 것이다.
기출 회차 21, 19, 18, 17, 16회

일정하다 (一定--)
형

to be constant, to be steady / 一定だ / 恒定
언니는 먹는 양이 항상 일정하다.
기출 회차 25, 24, 17회

잃다
동

1. to lose / 無くす / 失去
그 사람은 지진으로 집을 잃었다.

2. to lose / 失う / 失去
무리해서 일을 하면 건강을 잃을 수 있다.

3. to lose / 失う / 喪失
시험 결과에 자신감을 잃었다.

4. to lose / (道に)迷う / 包裹
길을 잃어서 고생을 했다.

5. to lose / 失う / 失去
거짓말 때문에 친구를 잃었다.
기출 회차 25, 24, 23, 22, 21, 20, 19, 18, 17, 16회

입다
동

1. to wear / 着る / 穿(衣服)
밝은 색 옷을 입으니까 인상이 달라 보인다.

2. to receive an injury / (損害、傷などを)負う、受ける / 负(伤)
친구는 교통사고로 부상을 입었다.
기출 회차 25, 24, 23, 22, 21, 20, 19, 18, 17, 16회

입원 (入院)
명

hospitalization / 入院 / 住院
수술 결과가 좋지 않아서 입원 기간이 길어졌다.

입원하다
수술을 하려고 병원에 입원했다.

기출 회차 25, 22, 21, 20, 19회

입장 (入場)
명

admission / 入場 / 入场
공연이 곧 시작되니까 입장을 서둘러 주십시오.

입장권
공연장을 나갔다가 다시 들어올 때는 입장권을 보여줘야 한다.

입장료
입장료가 아깝지 않은 공연이다.

입장하다
신랑이 활짝 웃으면서 결혼식장에 입장했다.

기출 회차 25, 24, 23, 21, 20, 19, 18회

잇다
동

1. to succeed / 続く / 継承
친구는 부모님의 뒤를 이어 음식점을 운영하고 있다.

2. to follow / 継ぐ、継承する / 継
지난달에 이어 두 번째로 열리는 행사다.

기출 회차 25, 24, 23, 21, 16회

잊다
동

1. to forget / 忘れる / 忘记
중요한 약속을 잊고 있었다.

2. to forget / 忘れる / 忘
책이 너무 재미있어서 잠자는 것도 잊고 책을 읽었다.

기출 회차 22, 21, 18, 16회

자격 (資格)
명

1. qualification / 資格 / 身份
회사의 대표 자격으로 회의에 참석했다.

2. qualification / 資格 / 資格
친구는 회장이 될 자격이 충분하다.

자격증
언니는 열심히 공부해서 의사 자격증을 땄다.

기출 회차 25, 22, 21, 18, 17, 16회

자녀 (子女)
명

children / 子女 / 子女
누나는 자녀 교육에 신경을 많이 쓴다.

기출 회차 23, 22, 20, 18, 17, 16회

자라다
동

1. to be raised / 育つ、成長する / 长大
나는 바닷가 근처에서 자랐다.

2. to grow / 伸びる / 长高
아이의 키가 작년보다 많이 자랐다.

기출 회차 25, 24, 23, 22회

자랑
명

boast / 自慢 / 夸奖
삼촌은 자식 자랑이 지나치다.

자랑스럽다
형이 상을 받아서 아버지가 자랑스러워하셨다.

자랑하다
친구는 결혼 선물로 받은 반지를 자랑했다.

기출 회차 19, 18, 17, 16회

자료 (資料)
명

material, data / 資料 / 资料
글을 쓰는 데에 필요한 자료를 모았다.

기출 회차 25, 23, 22, 20, 19, 17회

자르다
동

to cut / 切る / 剪
가위로 종이를 잘랐다.

기출 회차 22, 19, 17회

자립심 (自立心)
명

sense of independence / 自立心 / 独立心
언니는 자립심이 강해서 부모님의 도움을 받지 않고 대학을 다녔다.

기출 회차 21, 20회

자세(姿勢)
명

1. posture / 姿勢 / 姿势
잘못된 자세로 오래 앉아 있으면 허리가 아프다.

2. attitude / 姿勢、態度 / 态度
그 학생은 언제나 성실한 자세로 수업을 듣는다.

기출 회차 23, 22, 21, 19회

자세하다(仔細--)
형

to be detailed / 詳しい / 详细
친구는 그 문제를 자세하게 설명해 줬다.

기출 회차 25, 24, 21, 20, 18, 16회

자신감(自信感)
명

self-confidence / 自信感 / 自信心
선생님이 칭찬을 많이 해 주셔서 자신감을 가질 수 있었다.

기출 회차 25, 23, 22, 19, 16회

자연(自然)
명

nature / 自然 / 自然
자연을 깨끗하게 보호해야 한다.

자연적
나이가 들면 시력이 나빠지는 것은 자연적인 현상이다.

자연스럽다
같이 일을 하면서 우리는 자연스럽게 친구가 되었다.

기출 회차 24, 23, 22, 21, 20, 19, 17, 16회

자원(資源)
명

resources / 資源 / 资源
내 고향은 관광 자원이 풍부한 곳이다.

기출 회차 24, 19, 18, 17, 16회

자유롭다(自由--)
형

to be free / 自由だ / 自由
우리는 자신의 생각을 자유롭게 이야기했다.

기출 회차 24, 22, 21회

자체 (自體)
명

itself / 自体 / 本身
할아버지가 옆에 계신 것 자체로도 큰 힘이 된다.

기출 회차 25, 22, 21, 20, 19회

연습 문제

※ [1~5] 다음 ( )에 알맞은 것을 고르십시오.

1 나는 차를 (   ) 속도로 운전했다.
① 신중한　　② 시급한　　③ 일정한　　④ 유용한

2 공연장에 (   ) 전에 전화기를 꺼 두는 게 좋다.
① 입장하기　② 수용하기　③ 신뢰하기　④ 연기하기

3 동생은 아버지의 뒤를 (   ) 회사를 운영하고 있다.
① 기어　　② 대어　　③ 이어　　④ 지어

4 천연 (   )이 부족한 나라에서는 인력과 기술을 개발해야 한다.
① 성분　　② 자원　　③ 수단　　④ 습성

5 식물이 잘 (   ) 위해서는 적당한 빛과 영양이 필요하다.
① 넘치기　② 자라기　③ 나타나기　④ 지나가기

※ [6~8] 다음 밑줄 친 부분과 의미가 비슷한 것을 고르십시오.

6 발표를 할 때는 자신감 있는 <u>자세</u>로 말하는 것이 좋다.
① 태도　　② 자리　　③ 의도　　④ 원리

7 출퇴근 시간에는 사람들이 <u>일시에</u> 지하철을 타고 내린다.
① 순간에　② 최근에　③ 요즈음에　④ 한꺼번에

8 <u>의도적으로</u> 나쁜 말을 한 것은 아니니까 용서해 줄 것이다.
① 일부러　② 스스로　③ 저절로　④ 아무리

정답: 1.③ 2.① 3.③ 4.② 5.② 6.① 7.④ 8.①

※ [9~11] 다음 (   )에 공통적으로 들어갈 단어를 고르십시오.

9
아이가 엄마를 (   ) 울고 있었다.
버스가 급하게 출발해서 중심을 (   ) 넘어졌다.
우리 팀이 우승할 수 있는 기회를 (   ) 속상하다.

① 잡다   ② 잃다   ③ 버리다   ④ 생기다

10
공기의 움직임이 바람을 (   ).
이번 태풍이 여러 사고를 (   ).
이 약은 부작용을 (   ) 수 있다.

① 만들다   ② 이루다   ③ 일으키다   ④ 데려오다

11
자리에서 (   ) 선생님께 인사를 드렸다.
눈이 녹지 않은 곳이 많아서 사고가 자주 (   ).
여러 사람의 도움과 정성으로 기적이 (   ).

① 나다   ② 터지다   ③ 맺히다   ④ 일어나다

※ [12~15] 다음 밑줄 친 부분과 의미가 반대인 것을 고르십시오.

12 초대 받은 사람들 중 일부만 모임에 오지 않았다.
① 전체   ② 조금   ③ 약간   ④ 절반

13 오래된 일이지만 아주 작은 일까지 다 기억할 수 있다.
① 담을   ② 잊을   ③ 받을   ④ 믿을

14 자립심이 없는 아이들은 무조건 부모에게 기대려고 한다.
① 독립심   ② 자존심   ③ 의존성   ④ 실제성

15 수술 결과가 좋아서 예정보다 일찍 퇴원할 수 있게 됐다.
① 입원   ② 지원   ③ 개원   ④ 소원

정답 9. ② 10. ③ 11. ④ 12. ① 13. ② 14. ③ 15. ①

자칫
부

by any possibility / ちょっと、万が一 / 一不小心
자칫 잘못하면 크게 다칠 수 있으니까 조심해야 한다.

기출 회차 21, 16회

작가 (作家)
명

writer / 作家 / 作家
드라마 작가가 되는 것이 꿈이다.

기출 회차 24, 22, 21, 20, 19, 18, 17회

작동하다 (作動--)
동

to operate / 作動する / 运转
컴퓨터가 고장 나서 작동하지 않는다.

작동시키다
날씨가 너무 더워서 에어컨을 작동시켰다.

기출 회차 24, 22, 17회

작성 (作成--)
명

making out / 作成 / 制作
프로그램을 다룰 줄 몰라서 그래프 작성에 어려움을 겪었다.

작성하다
다음 주까지 보고서를 작성해야 한다.

기출 회차 24, 23, 21, 20, 19, 18회

작업 (作業)
명

1. work / 作業 / 操作
밤늦게까지 작업을 계속해서 일을 끝냈다.

2. work / 作業 / 工作
외국인을 위한 한국 역사책을 만드는 작업을 시작했다.

기출 회차 25, 24, 22, 21, 17회

작품 (作品)
명

work (of art) / 作品 / 作品
그의 작품을 보기 위해 많은 사람들이 모였다.

기출 회차 25, 24, 23, 19, 17, 16회

잠들다
동

to fall asleep / 眠る、眠り込む / 睡着
아이가 책을 읽다가 잠들었다.

기출 회차 25, 22, 21회

잡다
동

1. to hold / (手を)つなぐ、取る、つかむ / 拉(手)
동생의 손을 잡고 집까지 걸어갔다.

2. to nab / 捕まえる、捕る / 抓住
경찰이 도둑을 잡았다.

3. to get / 選ぶ、決める / 找到
좋은 직장을 잡기가 쉽지 않다.

4. to hold / とめる / 拉拽
집에 가겠다고 일어서는 친구를 잡아 앉혔다.

5. to fix / 定める、決める / 定下
결혼식 날짜를 3월로 잡았다.

기출 회차 25, 24, 23, 22, 21, 19, 17, 16회

장면(場面)
명

scene / 場面 / 场面
드라마의 마지막 장면이 인상 깊었다.

기출 회차 21, 20, 16회

장사
명

commerce, trade / 商売 / 生意
과일 장사가 잘돼서 돈을 많이 벌었다.

장사하다
아버지께 장사하는 법을 배웠다.

기출 회차 25, 24, 23, 20회

장점(長點)
명

merit / 長所 / 好处
이 집의 장점은 지하철역과 가깝다는 것이다.

기출 회차 24, 23, 22, 21, 20, 19, 18, 16회

잦다
형

to be frequent / 頻繁だ / 频繁
친구가 집에 찾아오는 일이 잦았다.

기출 회차 19, 18회

재다
동

to measure / 測る / 量
오랜만에 키를 쟀더니 5cm나 컸다.

기출 회차 25, 24회

재료 (材料)
명

1. ingredient / 材料 / 材料
음식이 맛있으려면 재료가 좋아야 한다.

2. material / ネタ、題材 / 素材
이야기 재료를 찾기 위해 여러 곳에 여행을 다녔다.

재료비
음식을 만들어 먹는 재료비가 사 먹는 것보다 많이 든다.

기출 회차 25, 24, 23, 22, 21, 19, 17, 16회

재빨리
부

quickly, rapidly / すばやく / 赶忙
손님이 온다는 말에 재빨리 방을 치웠다.

기출 회차 25, 19회

재산 (財産)
명

property, wealth / 財産 / 财产
열심히 일해서 재산을 모았다.

기출 회차 24, 22, 20, 19, 17, 16회

재주
명

talent / 才能、腕前 / 才能
내 동생은 어렸을 때부터 피아노 연주에 재주를 보였다.

기출 회차 25, 21회

저렴하다 (低廉--)
형

to be cheap / 低廉だ、安い / 低廉
시장에서는 저렴한 가격에 물건을 살 수 있다.

기출 회차 24, 20회

저장하다 (貯藏--)
동

to store / 貯蔵する、セーブする / 保存
컴퓨터에 자료를 저장했다.

저장되다
휴대전화에 저장된 전화번호가 지워졌다.

기출 회차 25, 23, 21, 19회

저절로
부

naturally / 自然に、自ずから / 自动
바람에 문이 저절로 닫혔다.

기출 회차 25, 20, 19회

적극 (積極)
명

to be active / 積極 / 主动
그 사람은 우리를 적극 도와주겠다고 약속했다.

적극적
적극적으로 나서서 일을 하겠다는 사람이 없었다.

기출 회차 25, 23, 22, 21, 20, 18, 17, 16회

적당하다 (適當--)
형

to be suitable / 適当だ / 合适
이 자전거는 아이가 타기에 적당하다.

적당히
과식을 하는 것보다 적당히 먹는 것이 몸에 좋다.

기출 회차 25, 22, 20, 18, 16회

적성 (適性)
명

aptitude / 適性 / 性向
적성에 맞는 일을 찾는 것이 중요하다.

기출 회차 25, 20회

적용하다 (適用--)
동

to apply / 適用する / 适用
새로운 기술을 적용한 컴퓨터가 3월에 나온다.

적용되다
새로 만든 법은 내년부터 적용된다.

기출 회차 24, 23, 21, 20, 17회

적절하다 (適切--)
형

to be appropriate / 適切だ / 适度
봄은 소풍 가기에 적절한 계절이다.

적절성
표현의 적설성을 두고 여러 사람이 함께 고민하고 있다.

기출 회차 25, 24, 23, 22, 17, 16회

전공 (專攻)
명

major / 専攻、専門 / 专业
대학교 때 전공은 한국어였다.

전공하다
영어를 전공했지만 잘하지 못한다.

기출 회차 25, 22, 19, 18회

전국 (全國)
명

the whole country / 全国 / 全国
전국 대회에 나가 상을 받았다.

전국적
전국적으로 눈이 내릴 예정이다.

기출 회차 25, 24, 23, 22, 21, 19, 18, 17회

전기 (電氣)
명

electricity / 電気 / 电气
시골에도 전기가 들어오게 되었다.

기출 회차 25, 21, 17회

전달하다(傳達--)
동

to deliver / 伝達する、伝える / 传递
어려운 이웃에게 사랑의 쌀을 전달했다.

전달되다
내가 한 말의 의미가 잘 전달되었는지 모르겠다.

기출 회차 23, 21, 19, 18회

전망(展望)
명

1. view / 展望、眺め / 观景
이 아파트는 전망이 좋아서 값이 비싸다.

2. prospec / 展望、見通し / 估计
재료값이 오르면서 라면값도 오를 전망이다.

전망하다
과학 기술이 크게 발전할 것이라고 전망하고 있다.

전망되다
곧 물가가 오를 것으로 전망되고 있다.

기출 회차 25, 24, 23, 22, 20, 17, 16회

연습 문제

※ [1~6] 다음 (   )에 알맞은 것을 고르십시오.

1 휴대전화 가입 신청서를 (   ).
① 지원했다   ② 작동했다   ③ 적용했다   ④ 작성했다

2 운전을 하면서 전화를 받다가 (   ) 사고를 낼 뻔했다.
① 만약   ② 아마   ③ 자칫   ④ 별로

3 좋은 (   )을 만들기 위해 같은 장면을 여러 번 찍었다.
① 관람   ② 작품   ③ 그림   ④ 감상

4 무더위가 계속되면서 전기의 사용량이 늘어날 (   )이다.
① 생각   ② 배경   ③ 경치   ④ 전망

5 글 쓰는 (   )가 없어도 솔직하게 쓰면 좋은 글을 쓸 수 있다.
① 주제   ② 재료   ③ 단계   ④ 재주

6 컴퓨터가 (   ) 꺼졌다 켜졌다를 반복해서 수리를 맡겼다.
① 우연히   ② 저절로   ③ 당연히   ④ 일부러

※ [7~10] 다음 밑줄 친 부분과 의미가 비슷한 것을 고르십시오.

7 이 식당은 맛이 좋고 <u>저렴해서</u> 항상 손님이 많다.
① 싸서   ② 편해서   ③ 넓어서   ④ 가까워서

8 어린아이가 읽기에 <u>알맞은</u> 책을 찾고 있다.
① 가능한   ② 간단한   ③ 편리한   ④ 적절한

정답 1.④ 2.③ 3.② 4.④ 5.④ 6.② 7.① 8.④

9 오후 4시에 일을 마치고 공장 문을 닫았다.
① 직업 ② 산업 ③ 작업 ④ 수업

10 약속 시간에 늦지 않으려고 재빨리 일을 끝냈다.
① 벌써 ② 살짝 ③ 얼른 ④ 점차

※ [11] 다음 (   )에 공통적으로 들어갈 단어를 고르십시오.

11
한국에서 공부할 기회를 (   ).
아이의 손을 꼭 (   ) 타시기 바랍니다.
학교 근처에 하숙방을 (   ) 학교에 다니기가 편하다.

① 잡다 ② 얻다 ③ 구하다 ④ 정하다

※ [12~15] 다음 밑줄 친 부분과 의미가 반대인 것을 고르십시오.

12 아침부터 밖에서 시끄러운 소리가 들려서 일어났다.
① 앉았다 ② 세웠다 ③ 잠들었다 ④ 일으켰다

13 이 가방의 단점은 너무 무겁다는 것이다.
① 만점 ② 약점 ③ 결점 ④ 장점

14 그 학생은 숙제를 안 해 오는 경우가 드물다.
① 적다 ② 잦다 ③ 심하다 ④ 알맞다

15 나는 새로운 친구를 만나는 것에 소극적이다.
① 적극적 ② 경제적 ③ 세계적 ④ 전국적

정답 9.③ 10.③ 11.① 12.③ 13.④ 14.② 15.①

전문 (專門) 명

specialty / 專門 / 专业
학교 앞에 김밥을 전문으로 하는 식당이 생겼다.

전문가
동생이 매일 역사책을 읽더니 역사 전문가가 다 되었다.

전문점
고기를 마음대로 먹을 수 있는 고기 전문점이 많이 생겼다.

전문적
그는 한국 역사에 대해 전문적인 지식을 가지고 있다.

기출 회차 25, 24, 23, 22, 21, 20, 19, 18, 17, 16회

전부 (全部) 명/부

all / 全部 / 全部
내가 가진 돈은 오만 원이 전부이다.
1급과 2급 학생을 전부 합치면 50명쯤 된다.

기출 회차 19, 16회

전송 (電送) 명

transmission / 伝送、送り / 发送
친구에게 문자 메시지를 전송했다.

기출 회차 25, 23회

전시 (展示) 명

exhibition / 展示 / 展览
사진 전시가 끝났다.

전시장
전시장에 사람이 많이 왔다.

전시회
유명한 작가의 특별 전시회가 열렸다.

전시되다
도자기가 박물관에 전시되어 있다.

전시하다
선생님은 잘 그린 그림을 교실 뒤에 전시했다.

기출 회차 25, 24, 23, 21, 20, 19, 17, 16회

전원(全員)
명

all, everyone / 全員 / 全体
그 학교는 학생 전원이 시험에 합격하면서 유명해졌다.

기출 회차 22, 18회

전자제품(電子製品)
명

electronic goods / 電子製品、電気製品 / 电器
텔레비전, 냉장고와 같은 전자제품의 가격이 많이 올랐다.

기출 회차 24, 21, 17회

전체(全體)
명

the whole / 全体 / 整个儿
마을 전체가 힘을 하나로 모았다.

전체적
커피숍의 분위기가 전체적으로 바뀌었다.

기출 회차 25, 24, 21, 17회

전통(傳統)
명

tradition / 伝統 / 传统
불고기는 한국의 전통 음식이다.

전통문화
여러 나라의 전통문화를 다룬 책을 찾고 있다.

기출 회차 25, 22, 21, 18, 17, 16회

전하다(傳--)
동

1. to deliver / 手渡す、届ける / 转交
어머니께서 만드신 도시락을 동생에게 전했다.

2. to tell / 伝える / 传递(消息)
고향에 계신 부모님께 합격 소식을 전했다.

기출 회차 25, 24, 23, 22, 21, 20, 18, 17회

필수 어휘 1200 + 실전 연습 문제 660 ••• 281

전혀(全-)
부

completely / 全然、まったく / 压根
그 사람의 말은 전혀 믿을 수 없다.

기출 회차 25, 22, 17회

절대(絕對)
명
부

absolute / 絶対 / 绝对
환자에게는 절대 안정이 필요하다.

never / 絶対(に) / 千万
돈이 여기 있다는 것을 다른 사람에게 절대 알려주면 안 된다.

절대로
그 사람은 절대로 거짓말을 할 사람이 아니다.

절대적
우리 집에서는 아버지의 말씀이 절대적이다.

기출 회차 25, 24, 23, 21, 16회

절반(折半)
명

half / 半分 / 一半
남편은 출장이 잦아서 일 년의 절반 이상을 해외에서 보낸다.

기출 회차 24, 22, 21, 20, 18회

절약(節約)
명

saving / 節約 / 节约
에너지 절약을 위해 버스나 지하철을 자주 이용하기로 했다.

절약되다
이를 닦을 때 컵을 사용하면 물이 절약된다.

절약하다
KTX를 타면 부산까지 가는 시간을 절약할 수 있다.

기출 회차 25, 24, 23, 22, 21, 20, 19회

점검(點檢)
명

check / 点検 / 检查
한 달에 한 번은 가스 점검을 해야 한다.

점검하다
정기적으로 자동차 타이어를 점검하시기 바랍니다.

기출 회차 25, 21회

점차(漸次)
명
부

gradually / だんだん、次第に / 逐渐
아이가 없는 집이 점차로 늘고 있다.
지금처럼 열심히 공부하면 점수가 점차 오를 것이다.

기출 회차 23, 21, 20, 18, 17회

접수(接受)
명

receipt / 受付 / 受理
한국어능력시험은 인터넷 접수만 가능하다.

접수하다
대학병원에 접수하려면 오래 기다려야 한다.

기출 회차 25, 23, 21, 20, 17회

접하다(接--)
동

1. to be bounded by / 接する / 相邻
부산은 바다에 접해 있다.

2. to interact with / 接する / 交往
동아리 활동을 하면서 여러 사람들을 접하게 되었다.

기출 회차 21, 20회

정기적(定期的)
관
명

to be periodic / 定期的 / 定期
일주일에 한 번 정기적 모임을 가지고 있다.
정기적으로 건강 검진을 받는 것이 좋다.

기출 회차 24, 20, 19, 17회

정리(整理)
명

1. arrangement / 整理 / 整理
오빠는 책상 정리를 잘 못한다.

2. arrangement / 整理 / 归档
서류 정리에 많은 시간이 걸렸다.

정리되다
깨끗하게 정리된 방을 보니까 기분이 좋다.

정리하다
생각을 정리할 시간이 필요하다.

기출 회차 23, 21, 20, 19, 18, 17회

정보 (情報) 명

information / 情報 / 信息
인터넷에서 여러 가지 정보를 얻을 수 있다.

기출 회차 25, 23, 22, 21, 18, 17, 16회

정부 (政府) 명

government / 政府 / 政府
정부가 대학 등록금을 지원하기로 했다.

기출 회차 25, 24, 22, 21, 20, 19, 17회

정상 (正常) 명

normality / 正常 / 正常
오래 운동하면 피곤한 것이 정상이다.

정상적
회원 등록 후에는 정상적으로 시설을 이용할 수 있다.

기출 회차 22, 21회

정서 (情緒) 명

emotion / 情緒 / 情绪
책을 읽어 주는 것이 아이의 정서 발달에 좋다.

정서적
아이들은 정서적 안정이 필요하다.

기출 회차 25, 21회

정성 (精誠) 명

sincerity / 誠意、真心 / 精诚
무슨 일이든 정성을 다해 열심히 하는 것이 중요하다.

정성껏
어머니께서 정성껏 음식을 준비하셨다.

기출 회차 25, 24, 19회

정신 (精神) 명

1. mind / 精神 / 精神
몸이 건강한 사람이 정신도 건강하다.

2. consciousness / 精神 / 精神
어려운 때일수록 절약 정신이 필요하다.

정신적
아버지는 나에게 정신적으로 큰 힘이 되어 주신다.

정신없다
요즘 일이 너무 많아서 정신없다.

기출 회차 25, 24, 23, 22, 21, 19, 17회

정작
명

actually / 本当、実際に / 反倒
모두 형을 걱정하고 있는데 정작 형은 편안해 보였다.

기출 회차 21, 20, 19, 18, 16회

정책(政策)
명

policy / 政策 / 政策
정부가 다문화가정을 지원하는 정책을 세웠다.

기출 회차 22, 20, 18, 17회

정하다(定--)
동

to decide / 決める、定める / 确定
숙소를 먼저 정하고 출발하기로 했다.

기출 회차 25, 24, 23, 22, 21, 20, 19, 18, 17, 16회

정확하다(正確--)
형

to be accurate / 正確だ、確かだ / 准确
컴퓨터로 계산하는 것이 가장 정확하다.

정확히
정확히 15분 후에 여기에서 다시 만납시다.

기출 회차 25, 24, 23, 22, 20, 19, 18, 17, 16회

젖다
동

to get wet / 濡れる / 淋湿
비 때문에 신발이 젖었다.

기출 회차 24, 22, 20, 19, 18회

연습 문제

※ [1~5] 다음 ( )에 알맞은 것을 고르십시오.

1 한복은 한국의 ( ) 옷이다.
① 자세　　② 정책　　③ 역사　　④ 전통

2 대회 참가 ( )는 23일부터 할 수 있다.
① 정보　　② 접수　　③ 날짜　　④ 순서

3 봄이 되면 겨울옷을 ( )할 것이다.
① 이동　　② 청소　　③ 이사　　④ 정리

4 선물을 할 때는 돈보다 ( )이 중요하다.
① 정성　　② 정신　　③ 수입　　④ 지출

5 냉장고는 ( )인 관리가 필요하다.
① 경제적　　② 소극적　　③ 정기적　　④ 세계적

※ [6~12] 다음 밑줄 친 부분과 의미가 비슷한 것을 고르십시오.

6 한국 사람 <u>모두</u>가 매운 음식을 잘 먹는 것은 아니다.
① 전체　　② 거의　　③ 다수　　④ 단체

7 선생님이 학생들의 숙제를 <u>검사했다</u>.
① 조사했다　　② 판단했다　　③ 점검했다　　④ 이해했다

8 많은 이야기를 했지만 <u>정작</u> 하고 싶은 말은 꺼내지도 못했다.
① 더욱　　② 진짜　　③ 역시　　④ 과연

정답 1. ④ 2. ② 3. ④ 4. ① 5. ③ 6. ① 7. ③ 8. ②

9 그 사람은 <u>전혀</u> 모르는 일이다.
　① 자칫　　② 우선　　③ 완전히　　④ 오히려

10 나이를 먹을수록 <u>점차</u> 아픈 곳이 많아진다.
　① 약간　　② 무척　　③ 당연히　　④ 조금씩

11 친구 사이에도 돈 계산은 <u>정확히</u> 해야 한다.
　① 분명히　　② 천천히　　③ 열심히　　④ 충분히

12 이번 모임에서 다양한 문화권의 사람들을 <u>접할</u> 수 있었다.
　① 믿을　　② 받을　　③ 만날　　④ 붙을

※ [13~15] 다음 밑줄 친 부분과 의미가 반대인 것을 고르십시오.

13 평소에 <u>절약하는</u> 습관을 가지는 것이 중요하다.
　① 준비하는　　② 낭비하는　　③ 소비하는　　④ 대비하는

14 선생님께 메일을 <u>전송하고</u> 나서 연락을 드렸다.
　① 얻고　　② 받고　　③ 보내고　　④ 전하고

15 그 사업가는 재산의 <u>전부</u>를 대학에 기부했다.
　① 일부　　② 정부　　③ 고부　　④ 간부

정답 9.③ 10.④ 11.① 12.③ 13.② 14.② 15.①

제거 (除去)
명

elimination / 除去 / 消除
신발에 신문을 넣어 두면 냄새 제거에 도움이 된다.

제거하다
이 프로그램을 제거하는 방법을 모르겠다.

기출 회차 23, 20, 17회

제공 (提供)
명

offer / 提供 / 提供
시험에 관련된 정보의 제공이 필요하다.

제공되다
대회에 접수한 사람에게는 볼펜이 제공된다.

제공하다
정부에서 노인들에게 일자리를 제공했다.

기출 회차 24, 23, 21, 20회

제기하다 (提起--)
동

to raise / 提起する / 提出
시민들은 교통 정책에 문제점을 제기했다.

기출 회차 25, 22, 21, 20, 17, 16회

제대로
부

1. right / ちゃんと、きちんと / 像模像样
그 회사는 연필 하나를 만들어도 제대로 만들려고 노력하는 회사이다.

2. properly / うまく、思うまま / 说(明白)
많은 사람들 앞에서는 제대로 말도 못하는 학생이 있다.

3. well / 十分に、ろくに / 好好儿
시간이 없어서 제대로 먹지도 못했다.

4. well / 元通りに、ちゃんと / 照原样
네가 더럽힌 방을 제대로 치워 놓아야 한다.

기출 회차 25, 24, 22, 21, 20, 19, 18, 17, 16회

제도 (制度)
명

system / 制度 / 制度
잘못된 제도를 바꾸어야 한다.

기출 회차 25, 24, 23, 22, 20, 19, 16회

제목 (題目)
명

title / タイトル、題目 / 題目
노래 제목이 기억나지 않는다.

기출 회차 24, 19, 18, 16회

제법
부

fairly / なかなか、結構 / 颇为
동생이 20살이 되더니 제법 어른 같다.

기출 회차 18, 17회

제시간 (-時間)
명

in time / 定めた時間、定刻 / 按时
그 사람은 제시간에 오는 법이 없다.

기출 회차 21, 17회

제시하다 (提示--)
동

to suggest / 提示する / 提出
문제를 해결할 수 있는 방법을 제시했다.

제시되다
제시된 단어로 문장을 만들어야 한다.

기출 회차 25, 24, 23, 22, 21, 19, 18, 17, 16회

제안 (提案)
명

production / 提案 / 建议
그 친구의 제안을 받아들일 수가 없다.

제안하다
동아리의 회장이 여행을 가자고 제안했다.

제안되다
문제를 해결하기 위해 여러 가지 방법이 제안되었다.

기출 회차 25, 21, 17, 16회

제작 (製作)
명

suggestion / 製作 / 制作
드라마 제작 환경이 좋지 않다.

제작자
게임 제작자라고 해서 게임을 잘하는 것은 아니다.

제작진
추운 날씨 때문에 드라마 제작진이 고생하고 있다.

제작되다
새로운 음반이 제작되었다.

제작하다
돈이 모자라서 영화를 제작하는 일에 어려움을 겪고 있다.

기출 회차 24, 22, 21, 20, 18, 16회

제출 (提出)
명

submission / 提出 / 提交
제출 서류가 너무 많아서 준비하는 데에 시간이 걸린다.

제출하다
선생님께 숙제를 제출했다.

기출 회차 25, 24, 23, 21, 20, 17회

제품 (製品)
명

product / 製品 / 产品
좋은 제품을 만들어서 팔아야 한다.

기출 회차 25, 24, 23, 22, 21, 20, 19, 18, 17, 16회

제한 (制限)
명

restriction / 制限 / 限制
고속도로의 속도 제한을 어겨서 벌금을 내야 한다.

제한하다
접수 기간을 한 달로 제한했다.

기출 회차 23, 22, 19, 18, 17회

조건 (條件)
명

1. condition / 條件 / 条件
조건이 좋은 사람보다는 마음이 따뜻한 사람을 만나고 싶다.

2. terms / 條件 / (交易)条件
그 사람은 나에게 거래 조건을 제시했다.

기출 회차 23, 22, 21, 20, 19, 18, 16회

조사 (調査)
명

enquiry / 調査 / 调查
사고에 관련된 사람들이 경찰의 조사를 받았다.

조사되다
과자값이 작년보다 많이 오른 것으로 조사되었다.

조사하다
조사한 자료를 가지고 보고서를 쓸 생각이다.

기출 회차 25, 24, 23, 22, 21, 20, 19, 18, 17회

조심스럽다 (操心---)
형

to be cautious / 用心深い、つつましい / 小心翼翼
외국인에게 나이를 묻기가 조심스럽다.

조심하다
어두운 골목길을 걸을 때는 조심해야 한다.

기출 회차 25, 24, 22, 21, 20, 19, 18, 16회

조언 (助言)
명

advice / 助言、アドバイス / 指教
전문가에게 조언을 구했다.

기출 회차 19, 18회

조절하다 (調節--)
동

to regulate / 調節する / 调节
수술 후에는 식사량을 조절하는 것이 필요하다.

기출 회차 25, 23, 17회

조정하다 (調整--)
동

to adjust / 調整する / 调整
사정에 따라서 약속 시간을 조정할 수 있다.

기출 회차 25, 18, 17, 16회

조직 (組織)
명

organization / 組織 / 组织
조직 생활을 하는 것은 쉽지 않다.

기출 회차 25, 20회

조치 (措置)
명

measure / 措置 / 措施
사고가 났을 때는 빠른 조치가 중요하다.

기출 회차 25, 21, 16회

존경하다 (尊敬--)
동

to respect / 尊敬する / 尊敬
나는 우리 아버지를 존경한다.

기출 회차 17, 16회

존재 (存在)
명

existence / 存在 / 存在
그 친구는 나에게 꼭 필요한 존재이다.

존재하다
나는 UFO가 존재한다는 것을 믿지 않는다.

기출 회차 22, 17, 16회

좀처럼
부

rarely / なかなか、めったに / 向来
누나는 좀처럼 집밖에 나가지 않는다.

기출 회차 24, 23, 16회

종류 (種類)
명

kind / 種類 / 种类
시장에서는 여러 종류의 물건을 살 수 있다.

기출 회차 25, 23, 22, 17회

종목 (種目)
명

event / 種目 / 项目
올림픽에는 여러 종목의 운동 경기가 있다.

기출 회차 25, 21회

종합 (綜合)
명

general / 総合 / 综合
요즘 종합 비타민을 먹고 있다.

기출 회차 24, 17회

주거(住居)
명

dwelling / 住居 / 居住
주거 환경이 점차 좋아지고 있다.

기출 회차 22회

주로(主-)
부

mainly / 主に / 主要
이 화장품은 20대 여성들이 주로 사용하는 것이다.

기출 회차 25, 22, 20, 19, 18, 17회

주목(注目)
명

attention / 注目 / 关注
노란색 옷을 입으면 주목을 끌게 된다.

주목받다
새로 나온 영화가 주목받고 있다.

주목하다
누가 대통령이 될지 모두들 주목하고 있다.

기출 회차 22, 21, 17, 16회

주변(周邊)
명

surroundings / 周辺 / 周围
학교 주변에는 값이 싸고 맛있는 식당이 많다.

기출 회차 25, 24, 23, 22, 21, 20, 19, 18, 17, 16회

주요(主要)
명

major, main / 主要 / 重要
이번 방학에는 유럽의 주요 도시를 여행할 계획이다.

기출 회차 24, 23, 22, 21, 20회

주위(周圍)
명

surroundings / 周囲、回り / 身边
내 동생 주위에는 항상 사람이 많다.

기출 회차 25, 23, 18, 17, 16회

연습 문제

※ [1~4] 다음 (   )에 알맞은 것을 고르십시오.

1 선배에게 여행에 도움이 되는 (   )을 들었다.
① 조언　　② 실력　　③ 조건　　④ 행동

2 그 아이의 마음을 다치게 할까 봐 (   ).
① 자랑스럽다　② 정성스럽다　③ 자연스럽다　④ 조심스럽다

3 상황이 심각해지기 전에 빠르게 (   )를 해야 한다.
① 순서　　② 질서　　③ 조치　　④ 제도

4 처음 만들어 본 요리인데 (   ) 맛이 있었다.
① 제법　　② 역시　　③ 물론　　④ 서로

※ [5~15] 다음 밑줄 친 부분과 의미가 비슷한 것을 고르십시오.

5 뷔페에서는 여러 가지의 음식을 먹을 수 있다.
① 조직　　② 종목　　③ 종류　　④ 차례

6 값이 비싸더라도 좋은 제품을 사는 것이 좋다.
① 식품　　② 물건　　③ 작품　　④ 선물

7 서울, 대전, 대구, 부산은 한국의 주요 도시이다.
① 개요　　② 소요　　③ 중요　　④ 필요

8 우리 부모님은 바닷가 주변에 사신다.
① 정면　　② 근처　　③ 위치　　④ 자리

정답 1.① 2.④ 3.③ 4.① 5.③ 6.② 7.③ 8.②

9 음식 냄새를 <u>제거하기</u> 위해 창문을 열었다.
① 잊기　　② 잡기　　③ 없애기　　④ 자르기

10 이 애니메이션은 3년에 걸쳐 <u>제작했다</u>.
① 고쳤다　　② 그렸다　　③ 내보냈다　　④ 만들었다

11 환경 전문가들이 관련 보고서를 <u>제출했다</u>.
① 썼다　　② 냈다　　③ 적었다　　④ 다뤘다

12 이 센터는 혼자 사는 노인들에게 무료로 식사를 <u>제공한다</u>.
① 준다　　② 낸다　　③ 받는다　　④ 남는다

13 수업 시간에는 휴대전화 사용을 <u>제한할</u> 필요가 있다.
① 멈출　　② 끝낼　　③ 금지할　　④ 허락할

14 결혼식에 갈 때에는 옷을 잘 갖춰 입어야 한다.
① 반드시　　② 제대로　　③ 분명히　　④ 절대로

15 요즘 나는 <u>대부분</u> 치마를 입고 다닌다.
① 주로　　② 오래　　③ 항상　　④ 일단

정답 9.③ 10.④ 11.② 12.① 13.③ 14.② 15.①

주의(注意) 명

caution / 注意 / 注意
아이가 계단에서 넘어지지 않도록 주의를 주었다.

주의력
운전을 할 때는 주의력이 필요하다.

주의하다
일을 할 때는 실수하지 않도록 주의해야 한다.

기출 회차 25, 24, 23, 22, 21, 20, 19, 18, 17, 16회

주인공(主人公) 명

hero, heroine / 主人公 / 主人公
소설 속 주인공의 행동에 감동을 받았다.

기출 회차 21, 17, 16회

주장(主張) 명

insistence / 主張 / 主张
자기 주장만 하는 사람과는 같이 일하기 힘들다.

주장하다
시민 단체는 이 일에 정부가 나서야 한다고 주장했다.

기출 회차 25, 24, 22, 21, 20, 19, 18, 17, 16회

주제(主題) 명

1. topic / 主題 / 主题
다음 주 회의 주제가 무엇인지 모르겠다.

2. theme / 主題 / 主题
이번 전시회는 자연을 주제로 하고 있다.

3. subject / 主題 / 主题
주제에 맞는 글을 써야 한다.

기출 회차 22, 21, 19, 17회

주택(住宅) 명

house / 住宅 / 住宅
정부는 신도시에 주택을 건설하기로 계획했다.

주택가
조용한 주택가에 갑자기 시끄러운 음악 소리가 들렸다.

기출 회차 21, 19, 18, 17회

줄다
동

1. to lose (weight) / 減る、縮む / 减轻
몸무게가 줄어서 옷이 커졌다.

2. to decrease / 減る、減少する / 减少
경제가 어려워져서 여행객이 줄었다.

3. to lessen / 減る、落ちる / 减少
과거에 비해 어려운 이웃에 대한 관심이 줄었다.

4. to diminish / 落ちる / 下降
오랫동안 테니스를 하지 않았더니 실력이 줄었다.

줄어들다
빨래를 잘못했더니 옷이 줄어들었다.

줄이다
원피스가 커서 줄여 입었다.

기출 회차   24, 21, 19, 18, 17, 16회

줍다
동

1. to pick up / 拾う / 捡
학생들이 아침마다 학교 근처의 쓰레기를 줍는다.

2. to pick up / 拾う / 拾得
길에서 지갑을 주웠다.

기출 회차   24, 20회

중단하다 (中斷--)
동

to stop / 中断する、打ち切る / 中断
밖에서 큰 소리가 들려서 하던 이야기를 중단하고 창밖을 봤다.

중단시키다
공사 현장에서 사고가 나서 일을 중단시켰다.

기출 회차   25, 20, 17회

중심 (中心)
명

1. center / 中心 / 中心
아파트를 중심으로 주변에 가게가 많이 생겼다.

2. center / 中心 / 为主
국민 중심의 정책이 필요하다.

기출 회차   20, 19, 18, 17회

중요성 (重要性) 명

importance / 重要性 / 重要性
경제가 어려울수록 절약의 중요성이 강조된다.

중요하다
돈을 버는 것보다 잘 쓰는 것이 중요하다.

중요시하다
나는 외모보다 성격을 중요시한다.

기출 회차 25, 24, 23, 22, 21, 20, 19, 18, 17, 16회

즉시 (卽時) 명

immediately / すぐ、直ちに、次第 / 立刻
나는 친구에게 집에 가는 즉시 전화부터 하라고 했다.

기출 회차 24, 21회

즐기다 동

1. to enjoy / 楽しむ / 享受
따뜻한 봄 날씨를 즐기러 많은 사람들이 공원을 찾았다.

2. to enjoy / 楽しむ、好む / 喜欢
우리 아버지는 평소에 등산을 즐기신다.

기출 회차 25, 24, 23, 22, 21, 20, 19, 18, 17, 16회

증가 (增加) 명

increase / 増加 / 增加
인구 증가가 계속되고 있다.

증가세
외국인 관광객이 꾸준한 증가세를 보이고 있다.

증가폭
신용카드를 이용하는 사람의 증가폭이 컸다.

증가하다
계절이 바뀌면서 감기 환자가 증가하고 있다.

기출 회차 25, 24, 23, 22, 21, 20, 19, 17, 16회

지구 (地球) 명

earth / 地球 / 地球
지구는 둥글다.

지구촌
전 세계가 하나의 지구촌이 되었다.

기출 회차 24, 22, 20회

지급 (支給)
명

payment / 支給 / 支付
월급의 지급이 늦춰지면서 직원들이 생활에 어려움을 겪고 있다.

지급하다
그 노인은 정부에서 지급하는 돈으로 생활하고 있다.

기출 회차 25, 23, 21회

지나가다
동

1. to pass / 経つ、過ぎる / 逝去
하는 일 없이 주말이 지나가 버렸다.

2. to be past / 過ぎ去る、経つ / 过去
사진을 보면 지나간 일들이 생각난다.

3. to pass / 通り過ぎる / 经过
경찰차가 집 앞을 지나갔다.

기출 회차 23, 22, 20회

지나다
동

1. to pass around / 経つ、過ぎる / 流逝
어릴 때 친구를 시간이 지나 다시 만나게 되었다.

2. to pass by / 過ぎる / 穿过
운동장을 지나서 교실로 들어갔다.

지나다니다
매일 서점 앞을 지나다닌다.

기출 회차 25, 24, 23, 22, 21, 20, 19, 18, 17, 16회

지나치다
동
형

to go by / 通り過ぎる / 错过
신문을 읽다가 가게를 지나쳐 버렸다.
사람들의 지나친 관심이 부담스럽다.

기출 회차 23, 22, 20, 18, 17, 16회

지내다
동

1. to live / 暮らす、過ごす / 过活
유학 간 친구가 잘 지내고 있는지 궁금하다.

2. to get along / 付き合う、過ごす / 交往
형제가 사이좋게 지내면 보기 좋다.

3. to serve as / 勤める / 就任
그 사람은 대통령을 지낸 후에 시골에서 살고 있다.

기출 회차 25, 23, 22, 21, 20, 19, 18, 16회

지다[1]
동

to sink / 沈む、暮れる / (日)落
해가 지니까 어두워졌다.

기출 회차 18, 17회

지다[2]
동

1. to carry / 背負う、担ぐ / 背
그 남자는 무거운 가방을 등에 졌다.

2. to take / (責任などを)負う、持つ / 负(责任)
목욕탕에서는 잃어버린 물건에 대해 책임을 지지 않는다.

기출 회차 18, 17회

지도하다 (指導--)
동

to instruct / 指導する / 指导
그 감독은 국가 대표 선수를 지도하고 있다.

기출 회차 22, 18회

지방[1] (地方)
명

1. local area / 地方 / 地区
그 가수는 여러 지방에 공연을 하러 다녔다.

2. local area / 地方 / 地方
내 친구는 지방에서 서울로 전학 왔다.

기출 회차 21, 17회

지방² (脂肪)
명

fat / 脂肪 / 脂肪
삼겹살에는 지방이 많다.

기출 회차 25, 16회

지속되다 (持續--)
동

to continue / 続く / 持续
당분간 더운 날씨가 지속될 것으로 전망됩니다.

지속적
혼자 사는 노인들에게는 지속적인 관심이 필요하다.

기출 회차 25, 23, 22, 20, 19, 17회

지식 (知識)
명

1. knowledge / 知識 / 知识
그는 독서를 통해 풍부한 지식을 쌓았다.

2. knowledge / 知識 / 知识
문화재를 보존하기 위해서는 전문 지식을 갖춘 사람이 필요하다.

기출 회차 23, 22, 19회

지역 (地域)
명

1. area / 地域 / 地区
서울에서 대구에 전화하려면 지역 번호를 눌러야 한다.

2. area / 地域 / 地区
도시 지역은 물가가 높은 편이다.

지역성
제주도는 지역성이 강하다.

지역적
지역적 발전이 골고루 이루어져야 한다.

기출 회차 25, 23, 22, 21, 20, 19, 18, 17, 16회

연습 문제

※ [1~6] 다음 (   )에 알맞은 것을 고르십시오.

1 지하철에서 잠이 드는 바람에 내릴 역을 (   ).
① 나갔다   ② 멈췄다   ③ 바라봤다   ④ 지나쳤다

2 그 지역은 지진이 난 이후로 여행객이 (   ).
① 발전했다   ② 성장했다   ③ 감소했다   ④ 결석했다

3 주민들이 그곳에 길을 만들어야 한다고 (   ).
① 노력했다   ② 주장했다   ③ 변화했다   ④ 참가했다

4 바닥에 떨어진 책을 친구가 (   ) 주었다.
① 주워   ② 내려   ③ 덜어   ④ 나눠

5 안내원이 그림을 만지지 말라고 (   )를 주었다.
① 강의   ② 주의   ③ 경우   ④ 정보

6 아침 식사의 (   )이 강조되면서 아침을 먹는 사람들이 늘고 있다.
① 중요성   ② 다양성   ③ 가능성   ④ 경제성

※ [7~10] 다음 밑줄 친 부분과 의미가 비슷한 것을 고르십시오.

7 오랫동안 물가 상승이 <u>이어졌다</u>.
① 늘어났다   ② 적어졌다   ③ 지나갔다   ④ 지속됐다

8 이 아이는 내가 글쓰기를 <u>가르치는</u> 학생이다.
① 배우는   ② 만나는   ③ 지도하는   ④ 검사하는

9 연락을 받으면 <u>바로</u> 나에게 이야기해야 한다.
① 따로   ② 즉시   ③ 오직   ④ 미리

정답 1.④ 2.③ 3.② 4.① 5.② 6.① 7.④ 8.③ 9.②

10 정부가 홍수로 집을 잃은 사람들에게 식품을 <u>지급하고</u> 있다.

① 제공하고   ② 유지하고   ③ 보관하고   ④ 검토하고

※ [11~13] 다음 (　　　)에 공통적으로 들어갈 단어를 고르십시오.

11
연습을 하지 않아서 실력이 (　　　).
이사를 하면서 내 방 크기가 (　　　).
가게를 옮긴 뒤로 손님이 크게 (　　　).

① 줄다   ② 늘다   ③ 작다   ④ 많다

12
동아리 회장을 (　　　) 후에 성격이 많이 바뀌었다.
일하는 동안 좋은 관계로 (　　　) 좋겠다.
고향에 계신 부모님이 잘 (　　　) 계신지 궁금하다.

① 살다   ② 먹다   ③ 지내다   ④ 가지다

13
방학을 한 지도 벌써 한 달이 (　　　).
회사에 가는 길에 학교 앞을 (　　　).
은행일을 보다가 점심 시간이 (　　　) 버렸다.

① 흐르다   ② 지나다   ③ 건너다   ④ 넘기다

※ [14~15] 다음 밑줄 친 부분과 의미가 반대인 것을 고르십시오.

14 두 사람은 바닷가에서 해가 <u>뜨기</u>를 기다렸다.

① 지기   ② 죽기   ③ 내리기   ④ 커지기

15 갑작스러운 사고 때문에 방송을 <u>중단하게</u> 되었다.

① 끝내게   ② 마치게   ③ 계속하게   ④ 시작하게

정답 10. ① 11. ① 12. ③ 13. ② 14. ① 15. ③

지우다
동

1. to erase / 消す / 擦
반장은 쉬는 시간에 칠판을 지웠다.

2. to erase / 消す / 抹去(记忆)
헤어진 남자친구에 대한 기억을 지우려고 노력했다.

기출 회차 24, 23, 22회

지원¹ (志願)
명

application / 志願 / 申请
내가 들어가고 싶은 대학의 지원 자격을 알아봤다.

지원서
조건이 좋은 회사에 지원서를 냈다.

지원하다
가고 싶은 회사에 지원하려면 준비해야 할 것이 많다.

기출 회차 25, 23, 21, 20, 19, 16회

지원² (支援)
명

support / 支援 / 支持
부모님의 지원이 없었다면 유학을 갈 수 없었을 것이다.

지원하다
정부에서 생활이 어려운 학생에게 대학 등록금을 지원하기로 했다.

기출 회차 24, 23, 22, 21, 19, 17회

지정 (指定)
명

1. designation / 指定 / 指定
지정 좌석에 앉아 주십시오.

2. designation / 指定 / 指定
지정 병원에서 예방주사를 맞을 수 있다.

지정되다
지정된 장소에서만 담배를 피울 수 있다.

기출 회차 21, 19회

지출 (支出)
명

expense / 支出 / 支出
신용카드를 사용하기 시작하면서 지출이 늘었다.

기출 회차 24, 22, 18회

지치다
동

to be tired / 疲れる、くたびれる / 疲倦
더위에 지쳐서 아무것도 하기 싫다.

기출 회차 24, 21, 19회

지켜보다
동

to watch / 見守る / 看护
어머니는 아픈 아이를 밤새 지켜보았다.

기출 회차 20, 18, 17회

지키다
동

1. to guard / 見張る、留守番する / 看(家)
개는 집을 잘 지키는 동물이다.

2. to keep / 守る、遵守する / 守
그 사람은 약속을 잘 지키지 않는다.

3. to maintain / 保つ / 维护
젊었을 때부터 꾸준히 운동해서 건강을 지켜야 한다.

기출 회차 25, 24, 23, 22, 21, 20, 19, 18, 17, 16회

진정하다 (眞正--)
형

to be true / 本当だ、真の / 真实性
힘들 때 옆에 있어 주는 친구가 진정한 친구이다.

진정성
선생님의 진정성이 학생들을 감동시켰다.

기출 회차 25, 18, 17, 16회

진행 (進行)
명

1. progress / 進行 / 进行
축구 경기가 진행 중이다.

2. progress / 進行 / 讲(课)
밖이 너무 시끄러워서 수업 진행이 어렵다.

진행자
이 토크쇼는 진행자가 매우 재미있어서 사람들이 많이 본다.

진행되다
모든 수업은 한국어로 진행된다.

진행하다
비가 오면 실내에서 운동 경기를 진행하기로 했다.

기출 회차 25, 24, 22, 21, 20, 19, 18, 17, 16회

질 (質) 명

quality / 質 / 质量
그 가게의 물건은 질이 좋고 값도 싸다.

기출 회차 24, 21, 20, 17회

질병 (疾病) 명

disease / 病気、病 / 疾病
질병을 예방하려면 평소에 손을 자주 씻어야 한다.

기출 회차 25, 21회

집중 (集中) 명

1. concentration / 集中 / 密集
인구 집중 현상 때문에 서울은 집값이 비싸다.

2. concentration / 集中 / 集中
주변이 너무 시끄러워서 집중이 되지 않는다.

집중력
집중력이 떨어질 때는 잠시 쉬었다가 공부하는 것이 좋다.

집중적
한국어를 좋아해서 한국어만 집중적으로 공부했다.

집중호우
집중호우로 많은 사람들이 다치거나 집을 잃었다.

집중되다
한국의 주요 기관들은 서울에 집중되어 있다.

집중하다
학생들이 선생님의 말씀에 집중했다.

기출 회차 25, 24, 23, 21, 20, 19, 18, 17회

짓다 동

1. to build / 建てる / 盖建
학교 주변에 아파트를 지었다.

2. to smile / (表情などを)する、あらわす / 做出
어머니께서 행복한 표정을 지으셨다.

기출 회차 25, 24, 23, 22, 21, 18회

차다¹ 동

to be filled with / 満ちる、いっぱいになる / (坐)満
교실에 사람이 가득 찼다.

기출 회차 24, 23회

차다²
동

to wear / (身に)つける / 戴(手表)
선물 받은 시계를 찼다.

기출 회차 20, 18회

차라리
부

rather / むしろ、かえって / 倒不如
길이 이렇게 막힌다면 차를 타고 가는 대신에 차라리 걸어서 가겠다.

기출 회차 23, 22, 16회

차량(車輛)
명

car, vehicle / 車両 / 车辆
차량이 많아서 교통이 복잡하다.

기출 회차 22, 20, 18회

차례(次例)
명

order / 順序、順番 / (依)次
사람들이 차례대로 버스를 탔다.

기출 회차 24, 20, 19, 16회

차리다
동

1. to prepare / 準備する、整える / 准备
어머니께서 저녁을 차리고 계신다.

2. to wake up / (精神などを)取り戻す / 抖(神儿)
정신을 차리려고 세수를 했다.

기출 회차 24, 23, 19회

차이(差異)
명

difference / 差、違い / 差异
두 사람은 성격 차이로 헤어졌다.

기출 회차 25, 24, 23, 22, 20, 19, 18, 17, 16회

차지하다
동

1. to hold / 占める、取る / 获得
그 학생이 이번 시험에서 1등을 차지했다.

2. to comprise / 占める / 占
이 과자는 지방이 16%를 차지한다.

기출 회차 25, 24, 21, 20, 19회

차츰
부

gradually / だんだん、しだいに / 渐渐
매일 운동을 하다 보니까 차츰 날씬해졌다.

기출 회차 20, 18회

찬성(贊成)
명

consent / 賛成 / 赞成
그 정책에 대한 찬성 의견이 많다.

찬성하다
학교 운동장을 동네 주민들에게 개방하는 것을 찬성한다.

기출 회차 24, 19, 17회

참가(參加)
명

participation / 参加 / 参加
한국어 말하기 대회의 참가 신청은 홈페이지에서 가능하다.

참가비
이번 대회는 참가비를 받지 않는다.

참가율
우리 반 학생들의 문화 수업 참가율이 낮다.

참가자
마라톤 참가자에게는 물과 도시락을 제공한다.

참가하다
마라톤에 참가하려고 매일 연습을 하고 있다.

기출 회차 25, 24, 23, 22, 21, 20, 19, 18, 17, 16회

참다
동

to bear / 我慢する、堪える / 忍受
다리가 아픈 것을 참고 걸었다.

기출 회차 24, 22, 18, 17, 16회

참석(參席)
명

attendance / 出席 / 出席
급한 일이 생겨서 회의 참석이 어렵게 됐다.

참석하다
모임에 전원 참석했다.

기출 회차 24, 20, 18, 17, 16회

참여(參與)
명

participation / 参与、参加 / 参与
어려운 사람을 돕는 일에 많은 사람들이 참여했다.

참여율
기름값이 오르자 차량요일제 참여율이 높아졌다.

참여시키다
그 분야의 전문가를 회의에 참여시켜야 한다.

참여하다
어머니께서 숲 가꾸기 운동에 참여하셨다.

기출 회차 25, 24, 23, 22, 21, 20, 19, 18, 17, 16회

창고(倉庫)
명

warehouse / 倉庫 / 仓库
창고에 쌓아 둔 물건을 정리했다.

기출 회차 25, 24, 16회

창구(窓口)
명

window / 窓口 / 窗口
은행 창구에 사람이 너무 많아서 오래 기다렸다.

기출 회차 20, 19회

연습 문제

※ [1~7] 다음 ( )에 알맞은 것을 고르십시오.

1 화장은 하는 것보다 깨끗이 ( ) 것이 중요하다.
① 덮는 ② 숨는 ③ 지우는 ④ 끝내는

2 너무 많은 일에 ( ) 쉬기로 했다.
① 지쳐서 ② 싸워서 ③ 잠겨서 ④ 넘쳐서

3 수업 시간에 ( ) 학생이 시험을 잘 본다.
① 조절하는 ② 감상하는 ③ 인정하는 ④ 집중하는

4 안 쓰는 물건을 ( )에 넣었다.
① 창구 ② 창고 ③ 지방 ④ 지역

5 아이의 행동을 가만히 ( )로 했다.
① 들어보기 ② 만져보기 ③ 지켜보기 ④ 물어보기

6 영화표를 사기 위해 ( )를 기다리고 있다.
① 대기 ② 자료 ③ 차례 ④ 결과

7 대회에 ( ) 사람은 신청서를 내야 한다.
① 참여할 ② 개최할 ③ 실패할 ④ 가입할

※ [8~11] 다음 밑줄 친 부분과 의미가 비슷한 것을 고르십시오.

8 이제부터는 <u>정해진</u> 장소에서만 담배를 피울 수 있다.
① 이용된 ② 지정된 ③ 마련된 ④ 검토된

9 부모님의 <u>도움</u>으로 공부를 계속할 수 있었다.
① 생각 ② 지원 ③ 계산 ④ 경험

정답 1.③ 2.① 3.④ 4.② 5.③ 6.③ 7.① 8.② 9.②

10 머리가 아팠지만 수업이 끝날 때까지 <u>참았다</u>.

① 아꼈다   ② 쉬었다   ③ 견뎠다   ④ 멈췄다

11 비가 <u>점차</u> 그치고 있다.

① 차츰   ② 금방   ③ 이미   ④ 계속

※ [12~14] 다음 (   )에 공통적으로 들어갈 단어를 고르십시오.

12
나는 약속 시간을 (   ) 않는 사람을 싫어한다.
화장실에 간 친구를 대신해서 가방을 (   ) 있다.
아버지께서는 우리 가족의 행복을 (   ) 위해 최선을 다 하신다.

① 만들다   ② 전하다   ③ 지키다   ④ 옮기다

13
공을 발로 (   ).
누나가 시계를 (   ) 있다.
옷장에 옷이 가득 (   ) 있다.

① 차다   ② 밀다   ③ 하다   ④ 담다

14
두 사람은 아기의 이름을 (   ).
아버지께서 미소를 (   ) 계셨다.
바다 근처에 집을 (   ) 살고 싶다.

① 쓰다   ② 짓다   ③ 세우다   ④ 붙이다

※ [15] 다음 밑줄 친 부분과 의미가 <u>반대인</u> 것을 고르십시오.

15 어머니께서는 항상 저녁을 <u>차려</u> 주신다.

① 비워   ② 지워   ③ 세워   ④ 치워

정답 10. ③ 11. ① 12. ③ 13. ① 14. ② 15. ④

창업 (創業)
명

foundation / 創業 / 创业
친구와 함께 회사를 창업했다.

기출 회차 23, 19회

창의적 (創意的)
관
명

creative / 独創的 / 独创的
초등학교 때부터 창의적 학습을 할 수 있도록 지도해야 한다.
어머니께서는 나를 창의적인 사람으로 키우기 위해 노력하셨다.

창의력
창의력을 기르기 위해서는 책을 많이 읽는 것이 좋다.

창의성
작가에게는 창의성이 꼭 필요하다.

기출 회차 19, 17, 16회

창피하다 (猖披--)
형

to be ashamed / 恥ずかしい / 惭愧
슬픈 영화를 보면서 우는 것은 창피한 일이 아니다.

기출 회차 22, 18회

찾다
동

1. to look for / 探す / 找
아버지께서 양말을 찾고 계신다.

2. to see a doctor / 訪れる、訪ねる / 访问
감기에 걸려서 병원을 찾았다.

3. to seek / 求める / 寻找
건강식품을 찾는 손님들이 늘고 있다.

찾아내다
옷장 밑에서 고등학교 때 찍은 사진을 찾아냈다.

찾아보다
친구에게 자료를 찾아봐 달라고 부탁했다.

기출 회차 25, 24, 23, 22, 21, 20, 19, 18, 17, 16회

책임 (責任)
명

1. responsibility / 責任 / 责任
선생님은 학생들을 잘 가르쳐야 할 책임이 있다.

2. responsibility / 責任 / 责任
그 일이 잘못된 것은 모두의 책임이다.

책임지다
식당에서는 손님이 잃어버린 신발을 책임지지 않는다.

기출 회차 24, 22, 21, 19, 18, 17, 16회

처리 (處理)
명

process / 処理 / 处理
새로 산 컴퓨터는 처리 속도가 빠르다.

처리장
정부는 쓰레기 처리장을 늘리기로 했다.

처리하다
그 일은 다른 부서에서 처리하기로 했다.

기출 회차 25, 24, 23, 21, 20, 19, 17, 16회

처벌 (處罰)
명

punishment / 処罰 / 处罚
다른 사람의 물건을 훔친 사람이 처벌을 받았다.

처벌하다
오래된 음식 재료를 사용한 식당 주인을 처벌했다.

기출 회차 25, 21, 19회

철저하다 (徹底--)
형

to be thorough / 徹底している、厳しい / 彻底
내 동생은 자기가 맡은 일에는 철저한 사람이다.

철저히
그 일은 철저히 비밀로 해야 한다.

기출 회차 23, 21, 19, 18회

청년 (靑年)
명

young man / 青年 / 青年
아버지는 청년 시절에 여자들에게 인기가 많으셨다고 한다.

기출 회차 23, 18, 17회

청소년 (靑少年)
명

youth / 青少年 / 青少年
청소년에게 술을 팔아서는 안 된다.

기출 회차 25, 24, 23, 21, 20, 18, 17회

체온 (體溫)
명

body heat / 体温 / 体温
체온을 유지할 수 있도록 아이에게 두꺼운 옷을 입혔다.

체온계
체온계를 잃어버려서 체온을 잴 수 없다.

기출 회차 25, 23, 22회

체조 (體操)
명

gymnastics / 体操 / 体操
우리 가족은 건강을 위해 아침마다 체조를 한다.

기출 회차 24, 23, 19, 16회

체험 (體驗)
명

experience / 体験 / 体験
농촌 체험을 하기 위해 아이들이 시골로 내려갔다.

체험하다
전통문화를 체험하려고 민속촌을 찾았다.

기출 회차 25, 24, 22, 21, 19, 18, 17, 16회

촬영 (撮影)
명

shooting / 撮影 / 撮影
이곳에서 드라마 촬영을 했다.

촬영되다
새끼 사자가 태어나는 장면이 촬영되었다.

기출 회차 22, 21, 19회

최고 (最高)
명

the best / 最高 / 最
그 사람은 요즘 최고로 인기 있는 배우이다.

기출 회차 25, 24, 22, 16회

최대한 (最大限)
명

the maximum / 最大限 / 最大限度
이번 기회를 최대한으로 이용합시다.

기출 회차 22, 21, 20, 19, 17, 16회

최선 (最善)
명

1. the best / 最善、一番 / 最好
아플 때는 잘 쉬는 것이 최선이다.

2. the utmost / 最善 / 竭尽全力
무슨 일이든 최선을 다해야 한다.

기출 회차 24, 22, 21, 19, 18, 16회

최초 (最初)
명

the first / 最初 / 第一
그 여자는 한국 최초의 우주인이다.

기출 회차 22, 16회

추가 (追加)
명

addition / 追加 / 追加
공기밥을 추가로 주문했다.

추가하다
삼겹살 2인분을 추가했다.

기출 회차 23, 18, 16회

추구하다 (追求--)
동

to pursue / 求める、追求する / 追求
사람은 누구나 행복을 추구한다.

기출 회차 22, 20, 19회

추억 (追憶)
명

memory / 思い出 / 回忆
사진을 보면서 추억에 잠겼다.

기출 회차 25, 22, 20, 16회

추천 (推薦)
명

recommendation / 推薦 / 推荐
형은 교수님의 추천으로 회사에 들어갔다.

추천하다
친구가 재미있는 책을 추천해 주었다.

기출 회차 21, 19, 16회

축제 (祝祭)
명

festival / 祝祭、祭り / 庆典
주말에 남자친구와 봄꽃 축제에 다녀왔다.

기출 회차 25, 23, 22, 16회

출연 (出演)
명

appearance / 出演 / 演出
그것이 언니의 첫 번째 연극 출연이었다.

출연자
방송 출연자의 이름이 궁금하여 알아보았다.

출연시키다
드라마에 개를 출연시켰다.

출연하다
그 배우는 이 영화에 출연하면서 유명해졌다.

기출 회차 22, 21, 20, 18회

출입 (出入)
명

entry / 出入、出入り / 出入
이곳은 일반 사람의 출입을 제한한다.

출입하다
여기는 직원만 출입하는 곳이다.

기출 회차 25, 19회

출장 (出張)
명

business trip / 出張 / 出差
남편이 회사 일로 외국에 출장을 갔다.

기출 회차 24, 20, 18, 17회

충분하다 (充分--)
형

to be enough / 十分だ / 足够
피자 한 판은 세 사람이 먹기에 충분하다.

충분히
회사를 그만두는 것은 충분히 생각하고 결정해라.

기출 회차 25, 24, 23, 21, 20, 19, 17회

취소 (取消)
명

cancellation / 取り消し、キャンセル / 取消
이 상품은 전화로 주문 취소가 가능하다.

취소되다
날씨 때문에 공연이 취소되었다.

취소하다
급한 일이 생겨서 공연 예약을 취소했다.

기출 회차 22, 19, 18, 17회

취업 (就業)
명

employment / 就業、就職 / 就业
일자리의 부족으로 청년들의 취업이 점점 어려워지고 있다.

취업률
경제 성장으로 취업률이 올랐다.

취업하다
취업하기 위해 자격증을 땄다.

기출 회차 22, 20, 18, 17, 16회

취직 (就職)
명

employment / 就職 / 就职
아는 사람에게 아들의 취직을 부탁했다.

취직하다
대학교를 졸업하자마자 취직할 생각이다.

기출 회차 20, 19, 18, 16회

연습 문제

※ [1~8] 다음 (   )에 알맞은 것을 고르십시오.

1 이 일을 하기 위해서는 (   )으로 생각하는 사람이 필요하다.
① 창의적   ② 필연적   ③ 역사적   ④ 경제적

2 관계자에게 사고의 (   )을 물었다.
① 역할   ② 자격   ③ 책임   ④ 수단

3 친구가 (   ) 곳으로 여행을 가기로 했다.
① 반복하는   ② 존경하는   ③ 추천하는   ④ 간직하는

4 아기는 어른보다 (   )이 약간 높다.
① 고온   ② 수온   ③ 기온   ④ 체온

5 회사 일 때문에 제주도로 (   )을 가게 되었다.
① 산책   ② 출장   ③ 출근   ④ 외출

6 어떤 일이든지 (   )을 다하면 후회가 없다.
① 최선   ② 관심   ③ 규칙   ④ 소원

7 너무 피곤해서 다음 일정을 (   ) 호텔에서 쉬기로 했다.
① 교환하고   ② 취소하고   ③ 참석하고   ④ 적용하고

8 술에 취해서 사람들 앞에서 노래를 부른 것이 (   ).
① 대단하다   ② 유명하다   ③ 창피하다   ④ 부드럽다

정답 1.① 2.③ 3.③ 4.④ 5.② 6.① 7.② 8.③

※ [9~12] 다음 밑줄 친 부분과 의미가 비슷한 것을 고르십시오.

9 방송에 한번 <u>나오는</u> 것이 내 꿈이다.
① 촬영하는   ② 운영하는   ③ 취업하는   ④ 출연하는

10 컴퓨터 게임을 개발하는 회사에 <u>취직하고</u> 싶다.
① 들어가고   ② 찾아가고   ③ 이용하고   ④ 출입하고

11 정해진 시간 안에 음식을 <u>최대한</u> 많이 먹는 사람이 이긴다.
① 거의   ② 가장   ③ 대개   ④ 항상

12 이 가방은 우리 가게에서 <u>최고로</u> 잘 팔리는 물건이다.
① 제일   ② 먼저   ③ 물론   ④ 조금

※ [13] 다음 (   )에 공통적으로 들어갈 단어를 고르십시오.

13
책을 빌리려고 도서관을 (   ).
자료를 (   ) 데에 시간이 오래 걸린다.
저렴한 화장품을 (   ) 손님이 늘고 있다.

① 찾다   ② 사다   ③ 빌리다   ④ 바르다

※ [14~15] 다음 밑줄 친 부분과 의미가 반대인 것을 고르십시오.

14 손님이 오실 때에는 음식을 <u>충분하게</u> 준비하는 것이 좋다.
① 따뜻하게   ② 아름답게   ③ 부족하게   ④ 깨끗하게

15 휴대전화에 새로운 기능을 <u>추가했다</u>.
① 졌다   ② 뺐다   ③ 뗐다   ④ 깼다

정답 9.④ 10.① 11.② 12.① 13.① 14.③ 15.②

취하다(取--)
동

1. to take / 取る / 采取
일을 한 후에는 충분한 휴식을 취하는 것이 좋다.

2. to take / 取る / 采取(措施)
건강이 더 나빠지기 전에 조치를 취해야 한다.

기출 회차 23, 21, 20, 17회

취향(趣向)
명

taste, liking / 趣向、好み / 喜好
내 동생과 나는 취향이 달라서 텔레비전을 볼 때마다 싸운다.

기출 회차 24, 22, 16회

치다
동

1. to punch / 打つ、たたく / 拍
형이 화가 나서 책상을 손으로 쳤다.

2. to clap / 拍手する / 击(掌)
공연이 끝나자 사람들이 일어나서 박수를 쳤다.

3. to play / テニスをする、打つ / 打(球)
나는 테니스를 치는 것이 취미이다.

4. to scold / 叱り付ける / 训(人)
어머니가 장난감을 사 달라고 우는 아이에게 야단을 쳤다.

5. to play / いたずらをする / 打(闹)
에스컬레이터에서 장난을 치면 다칠 수 있으니 조심해야 한다.

6. to take / (試験を)受ける / 考(试)
내일 한국어능력시험을 친다.

기출 회차 25, 23, 22, 21, 20, 19회

치료(治療)
명

treatment / 治療 / 治疗
언니는 우울증으로 오랫동안 병원에서 치료를 받았다.

치료되다
병이 완전히 치료되었는지 확인하러 병원에 간다.

치료하다
의사가 정성을 다해 환자를 치료했다.

기출 회차 25, 23, 22, 21, 20, 19, 17회

치르다
동

to test / (試験を)受ける / 考
동생이 대학 입학시험을 치렀다.

기출 회차 25, 24회

치열하다(熾烈--)
형

to be intense / 激しい、激烈だ / 激烈
취업 경쟁이 치열하다.

기출 회차 25, 20회

치우다
동

1. to remove / 移す / 搬走
약을 아이의 손이 닿지 않는 곳으로 치웠다.

2. to clean up / 片付ける / 整理
어머니께서 내 방을 치우셨다.

기출 회차 25, 24, 23, 20, 17회

친근하다(親近--)
형

to be familiar / 身近だ、親しい / 亲切
아내는 이웃과 친근하게 지냈다.

친근감
외국에서 고향 사람을 만나면 친근감이 느껴진다.

기출 회차 25, 20, 17회

친밀하다(親密--)
형

to be intimate / 親密だ、懇意だ / 亲密
그 집은 형제가 매우 친밀하게 지낸다.

친밀감
같이 일하는 사람끼리 친밀감을 느끼는 것은 매우 중요하다.

친밀도
제품을 팔려면 고객과 친밀도를 높이는 것이 필요하다.

기출 회차 25, 17, 16회

친숙하다 (親熟--)
형

to be familiar with / 親しい、馴染む / 亲切熟悉
처음 만난 사람인데 친숙하게 느껴진다.

기출 회차 25, 17회

친환경 (親環境)
명

eco-friendly / 環境にやさしい / 环保
환경오염이 심각해지면서 친환경 에너지의 중요성이 강조되고 있다.

기출 회차 25, 23, 21, 17회

침착하다 (沈着--)
형

to be calm / 落ち着いている / 沉着
사고가 났을 때는 침착하게 행동하는 것이 좋다.

기출 회차 25, 24, 23, 21, 18회

칭찬 (稱讚)
명

praise / 賞賛、ほめ称え / 称赞
숙제를 열심히 해서 선생님께 칭찬을 들었다.

칭찬하다
감독이 열심히 운동하는 선수를 칭찬했다.

기출 회차 23, 19회

키우다
동

to improve / 養う / 培养(能力)
외국어 실력을 키우기 위해 열심히 공부했다.

기출 회차 25, 24, 22, 21, 20, 19, 17, 16회

타다¹
동

1. to burn / 燃える / 烧
불이 나서 모든 것이 타 버렸다.

2. to get tanned / 日焼けする / 晒黑
햇볕에 얼굴이 검게 탔다.

3. to be scorched / 焦げる / 焦
밥이 너무 타서 먹을 수가 없다.

기출 회차 22, 16회

타다²
동

1. to ride / 乗る / 骑
나는 날씨가 좋은 날에 자전거 타는 것을 좋아한다.

2. to get (time free) / (チャンスなどを)利用する / 趁
쉬는 틈을 타서 김밥을 먹었다.

3. to skate / 滑る、スケートする / 溜
친구와 함께 스케이트를 탔다.

4. to ride / (乗り物などに)乗る / 乘坐
놀이공원에서 롤러코스터를 탔다.

기출 회차 25, 24, 23, 22, 21, 20, 18, 17, 16회

탈출(脫出)
명

escape / 脱出 / 逃脱
화재 현장에서 탈출에 성공했다.

탈출하다
불이 난 집에서 탈출했다.

기출 회차 25, 19, 17회

태도(態度)
명

1. attitude / 態度 / 态度
그 아이는 예의 바른 태도로 어른을 대했다.

2. attitude / 態度 / 态度
긍정적으로 생각하는 태도를 가지는 것이 좋다.

기출 회차 25, 24, 23, 22, 21, 20, 19, 18회

태어나다
동

to be born / 生まれる / 出生
아기가 태어나자 가족들이 모두 기뻐했다.

기출 회차 25, 24, 22회

토론(討論)
명

discussion / 討論 / 讨论
전문가들이 모여서 환경 정책에 대해 토론했다.

기출 회차 24, 23, 18회

통보 (通報)
명

notification / 通報、知らせ / 通知
어머니는 오빠의 합격 통보를 받고 기뻐하셨다.

기출 회차 20, 17회

통역 (通譯)
명

interpretation / 通訳 / 口译
외국인과 이야기하려면 통역이 필요하다.

통역사
형은 통역사가 되기 위해 외국어를 공부하고 있다.

기출 회차 24, 23, 22회

통제되다 (統制--)
동

to be controlled / 統制される、コントロールされる / 控制
드라마 촬영 때문에 일부 도로의 교통이 통제되었다.

통제하다
이 건물은 일반 사람의 출입을 통제한다.

기출 회차 22, 19, 17회

통행 (通行)
명

passage / 通行 / 通行
인사동에서는 주말에 차량 통행이 제한된다.

통행하다
자전거 도로가 없어서 자전거로 통행하기가 어렵다.

기출 회차 22, 18, 17, 16회

퇴원하다 (退院--)
동

to leave hospital / 退院する / 出院
치료를 마치고 병원에서 퇴원했다.

기출 회차 23, 21, 20, 19회

퇴직 (退職)
명

retirement / 退職 / 退休
아버지께서는 퇴직 후에 옷가게를 열었다.

기출 회차 21, 17회

특별 (特別)
명

special / 特別 / 特别
어린이들을 위한 특별 공연이 마련되었다.

특별히
이것은 친구를 위해 특별히 준비한 선물이다.

특별하다
나는 이 책에 특별한 추억을 가지고 있다.

기출 회차 25, 24, 22, 21, 20, 19, 16회

특산물 (特産物)
명

specialty / 特産品 / 特产品
한라봉은 제주도 특산물이다.

특산품
휴게소에서는 그 지역의 특산품을 판다.

기출 회차 25, 18회

특색 (特色)
명

peculiarity / 特色 / 特色
지역적 특색을 살린 관광지를 개발해야 한다.

기출 회차 22, 19, 17, 16회

특성 (特性)
명

characteristic / 特性 / 特点
조리법이 다양한 것이 한국 음식의 특성이다.

기출 회차 23, 22, 18, 17회

연습 문제

※ [1~4] 다음 (   )에 알맞은 것을 고르십시오.

1 신제품 개발 경쟁이 (   ).
① 복잡하다   ② 자세하다   ③ 정확하다   ④ 치열하다

2 지진이 났을 때는 (   ) 건물 밖으로 나가는 것이 좋다.
① 심각하게   ② 충분하게   ③ 침착하게   ④ 대단하게

3 공사 때문에 길이 (   ) 다닐 수가 없다.
① 연결돼서   ② 통제돼서   ③ 안내돼서   ④ 금지돼서

4 소나무는 추위에 강한 (   )이 있다.
① 특성   ② 예절   ③ 책임   ④ 판단

※ [5~8] 다음 밑줄 친 부분과 의미가 비슷한 것을 고르십시오.

5 내일 친구와 함께 한국어능력시험을 <u>친다</u>.
① 오른다   ② 가른다   ③ 치른다   ④ 따른다

6 여행을 하고 난 다음에는 충분한 휴식을 <u>취하는</u> 것이 좋다.
① 가지는   ② 보이는   ③ 느끼는   ④ 갖추는

7 태권도 실력을 <u>키우기</u> 위해 매일 연습한다.
① 세우기   ② 붙이기   ③ 살리기   ④ 기르기

8 오랜만에 방을 <u>청소했더니</u> 기분이 좋다.
① 채웠더니   ② 바꿨더니   ③ 치웠더니   ④ 밀었더니

정답 1. ④ 2. ③ 3. ② 4. ① 5. ③ 6. ① 7. ④ 8. ③

※ [9~10] 다음 (   )에 공통적으로 들어갈 단어를 고르십시오.

9
- 피아노를 (   ) 남자가 멋있다.
- 도서관에서 장난을 (   ) 안 된다.
- 아버지께서 동생에게 야단을 (   ).

① 하다   ② 보다   ③ 치다   ④ 매다

10
- 버스보다 지하철을 (   ) 것이 좋다.
- 불을 끈다는 것을 잊어버려서 냄비가 (   ).
- 방학 동안 시골에 가서 놀았더니 얼굴이 검게 (   ).

① 타다   ② 끓다   ③ 만들다   ④ 변하다

※ [11~15] 다음 밑줄 친 부분과 의미가 반대인 것을 고르십시오.

11 매일 다니는 동네가 오늘은 <u>낯설게</u> 느껴진다.
① 반갑게   ② 똑같게   ③ 친숙하게   ④ 궁금하게

12 <u>특별한</u> 날에는 옷차림에 신경을 쓴다.
① 중요한   ② 평범한   ③ 친근한   ④ 부족한

13 선생님께 <u>꾸중</u>을 들어서 기분이 별로 좋지 않다.
① 칭찬   ② 소문   ③ 말씀   ④ 연주

14 어제 저녁에 강아지가 열 마리나 <u>태어났다</u>.
① 살렸다   ② 죽었다   ③ 일어났다   ④ 깨어났다

15 동생이 <u>취직한</u> 것을 기념해서 가족들끼리 식사를 했다.
① 취업한   ② 조직한   ③ 퇴직한   ④ 참여한

정답 9. ③ 10. ① 11. ③ 12. ② 13. ① 14. ② 15. ③

특정 (特定)
명

to be specific / 特定 / 特定
주요 정부 기관이 특정 지역에만 집중되지 않도록 해야 한다.

기출 회차 22, 21, 18, 16회

특징 (特徵)
명

characteristic / 特長 / 特征
우리 집 강아지는 눈 밑에 검은 점이 있는 것이 특징이다.

기출 회차 25, 24, 23, 22, 21, 20, 18, 17회

특히 (特-)
부

in particular / 特に / 尤其
우리 형은 특히 닭고기를 좋아한다.

기출 회차 25, 24, 23, 22, 21, 19, 18, 17회

튼튼하다
형

1. to be solid / (物が)丈夫だ / 结实
이 의자는 튼튼해서 오래 사용할 수 있다.

2. to be strong / (体が)丈夫だ / 结实
내 동생은 몸이 튼튼해서 감기에 잘 걸리지 않는다.

기출 회차 24, 20회

틀림없다
형

to be certain / 確かだ、間違いない / 没错
눈을 피하는 것을 보니까 거짓말을 하는 것이 틀림없다.

기출 회차 20, 17회

틈
명

1. gap / 隙間 / 缝隙
우리 집 창문에는 틈이 있어서 바람이 많이 들어온다.

2. time to spare / 暇、余裕 / 时间
요즘은 일이 너무 많아서 친구를 만날 틈이 없다.

기출 회차 23, 20, 17회

파괴 (破壞) 명

destruction / 破壊 / 破坏
도시 개발은 환경 파괴의 원인이 될 수 있다.

파괴되다
환경오염 때문에 생태계가 파괴되었다.

파괴하다
전쟁은 모든 것을 파괴한다.

기출 회차 20, 16회

파악하다 (把握--) 동

to figure out / 把握する / 掌握
잘 팔리지 않는 물건을 파악하는 것이 내 일이다.

기출 회차 25, 23, 22, 21, 18, 17회

판단 (判斷) 명

judgement / 判断 / 判断
정부는 노인들을 위한 지원이 필요하다고 판단을 내렸다.

판단하다
하루에 책 한 권씩 읽는 것은 무리라고 판단했다.

기출 회차 25, 23, 17회

판매 (販賣) 명

sale / 販売 / 销售
기념우표는 판매 기간이 정해져 있다.

판매량
그 가수는 나오자마자 5만 장의 앨범 판매량을 기록했다.

판매율
이 회사에서 만든 휴대전화가 판매율 1위를 차지하고 있다.

판매되다
이 제품은 다음 달까지 판매된다.

판매하다
편의점에서도 김밥을 판매하고 있다.

기출 회차 25, 24, 21, 20, 19, 18, 17, 16회

퍼지다 동

to spread out / 広がる / 发散
담배 냄새가 방 안에 퍼졌다.

기출 회차 18, 16회

편리하다 (便利--) 형

to be convenient / 便利だ / 方便
새로 이사 간 동네는 교통이 매우 편리하다.

기출 회차 24, 23, 22, 21, 17, 16회

편안하다 (便安--) 형

to be comfortable / 安らかだ、気楽だ / 安舒
편안한 마음으로 시험을 봤더니 점수가 잘 나왔다.

편안함
시골집에 가면 편안함을 느낀다.

편안히
부모님께서 편안히 지내시는지 궁금하다.

기출 회차 25, 24, 22, 20, 19, 18, 17, 16회

편의 (便宜) 명

convenience / 便宜 / 便利
회사에서 편의를 봐줘서 출근 시간을 늦출 수 있었다.

기출 회차 17, 16회

펼치다 동

1. to open / 広げる、開く / 张开
지도를 펼쳐 놓고 여행 갈 곳을 정했다.

2. to play / 繰り広げる / 展开
두 팀은 치열한 경기를 펼쳤다.

3. to argue / 広げる / 展示
주장을 펼칠 때에는 근거가 필요하다.

펼쳐지다
산 위에 오르니까 눈앞에 아름다운 경치가 펼쳐졌다.

기출 회차 25, 24, 20, 19, 18회

평가 (評價) 명

evaluation / 評価 / 评价
그 회사의 제품은 소비자에게 좋은 평가를 받았다.

평가되다
다양한 방법으로 학생들의 쓰기 능력이 평가되었다.

평가하다
두 명의 선생님이 학생들의 말하기 능력을 평가한다.

기출 회차 25, 22, 21, 19, 18회

평균(平均)
명

average / 平均 / 平均
한국 사람의 평균 키가 커지고 있다.

기출 회차 25, 24, 22, 19, 16회

평범하다(平凡--)
형

to be ordinary / 平凡だ / 平凡
나는 평범하게 사는 것이 좋다.

기출 회차 24, 22, 20, 19, 18회

평생(平生)
명

lifetime / 一生、生涯 / 终生
아버지는 평생 동안 가족을 위해 사셨다.

기출 회차 25, 22, 21회

평소(平素)
명

the usual / 普段、常日頃 / 平时
평소에 조금씩 운동을 하면 몸이 튼튼해진다.

기출 회차 25, 24, 23, 22, 21, 20, 18, 17, 16회

포기하다(抛棄--)
동

to give up / やめる、放棄する / 放弃
나는 이 일을 포기하고 다른 일을 찾을 것이다.

기출 회차 23, 19, 17회

포장(包裝)
명

packaging / 包装 / 包装
예쁘게 포장을 하는 것이 어렵다.

포장지
예쁜 포장지로 포장된 선물을 받으면 기분이 좋다.

포장하다
식당에서 먹다가 음식이 남으면 포장해 갈 수 있다.

기출 회차 24, 23, 22, 19, 16회

포함 (包含) 명

inclusion / 包含、含め / 包括
이 여행 상품에 식사비는 포함이 안 되어 있다.

포함되다
이 책에는 CD가 포함되어 있다.

포함하다
'15세 이상'이라는 말은 15세를 포함한다.

기출 회차 25, 23, 22, 19, 18, 17, 16회

폭우 (暴雨) 명

heavy rain / 暴雨 / 暴雨
계속되는 폭우로 다리가 무너졌다.

기출 회차 23, 21, 18회

표면 (表面) 명

surface / 表面 / 表面
이 종이는 표면이 아주 부드럽다.

기출 회차 20, 18회

표시 (表示) 명

mark / 表示 / 标示
모든 식품에는 유통기한 표시를 꼭 해야 한다.

표시하다
올해부터 과자에 가격을 표시하지 않기로 했다.

기출 회차 25, 23, 20, 16회

표정 (表情) 명

look / 表情 / 表情
친구의 표정이 좋지 않은 것을 보니까 무슨 일이 있는 것 같다.

기출 회차 25, 23, 17회

표지 (標識) 명

sign / 標識、目じるし / 标识
나라마다 화장실 표지가 다르다.

표지판
운전을 할 때는 표지판을 잘 확인해야 한다.

기출 회차 25, 21회

표현 (表現)
명

expression / 表現 / 表达

'강이 돼고'는 잘못된 표현이므로 '강이 되고'로 고쳐야 한다.

표현되다
이 그림에는 현대 서울의 모습이 자세하게 표현되어 있다.

표현하다
남자들은 보통 마음을 표현하는 것을 어려워한다.

기출 회차 25, 21, 20, 19, 18, 17, 16회

연습 문제

※ [1~6] 다음 ( )에 알맞은 것을 고르십시오.

1 나는 간식 먹는 것을 좋아하는데 ( ) 떡볶이를 좋아한다.
① 더욱 ② 몹시 ③ 아주 ④ 특히

2 버스가 출발하기 전에 인원수를 ( ) 한다.
① 이해해야 ② 설명해야 ③ 담당해야 ④ 파악해야

3 꽃향기가 방안에 가득 ( ).
① 퍼졌다 ② 채웠다 ③ 널렸다 ④ 흘렸다

4 집 근처에 ( ) 시설이 많이 생겼다.
① 자유 ② 편의 ③ 정보 ④ 개인

5 물건을 살 때는 유통기한 ( )를 확인한다.
① 표지 ② 태도 ③ 표시 ④ 자세

6 교사는 학생의 능력을 정확하게 ( ) 위해서 시험을 친다.
① 시도하기 ② 요청하기 ③ 경험하기 ④ 평가하기

※ [7~12] 다음 밑줄 친 부분과 의미가 비슷한 것을 고르십시오.

7 식당 주인에게 남은 음식을 <u>싸</u> 달라고 했다.
① 대여해 ② 보관해 ③ 포장해 ④ 마련해

8 나는 한번 시작한 일을 끝까지 <u>포기하지</u> 않는다.
① 끝내지 ② 마치지 ③ 그만두지 ④ 후회하지

정답 1.④ 2.④ 3.① 4.② 5.③ 6.④ 7.③ 8.③

9 선배에게 좋아하는 마음을 <u>표현하기</u> 힘들다.
① 찾아가기　② 드러내기　③ 내보내기　④ 밀어내기

10 인터넷의 발달로 먼 곳에 있는 친구에게 연락하는 것이 <u>편해졌다</u>.
① 쉬워졌다　② 멀어졌다　③ 넓어졌다　④ 짧아졌다

11 표정이 어두운 것을 보니 뭔가 안 좋은 일이 있는 것이 <u>틀림없다</u>.
① 충분하다　② 답답하다　③ 분명하다　④ 위험하다

12 동생은 어릴 때부터 <u>튼튼해서</u> 감기조차 걸린 적이 없었다.
① 건강해서　② 편리해서　③ 평범해서　④ 완벽해서

※ [13] 다음 (　　) 에 공통적으로 들어갈 단어를 고르십시오.

13
> 동아리에서 연극 공연을 (　　).
> 여름옷을 모두 (　　) 놓고 무엇을 입을지 고민했다.
> 사람들 앞에서 자신의 의견을 (　　) 것은 쉽지 않다.

① 하다　② 널다　③ 펼치다　④ 세우다

※ [14~15] 다음 밑줄 친 부분과 의미가 <u>반대</u>인 것을 고르십시오.

14 낯선 곳으로 이사를 가려니까 마음이 <u>불안하다</u>.
① 행복하다　② 편안하다　③ 안전하다　④ 위험하다

15 이것은 서비스 비용을 <u>제외한</u> 가격이다.
① 나눈　② 지운　③ 표시한　④ 포함한

정답　9. ②　10. ①　11. ③　12. ①　13. ③　14. ②　15. ④

풀다 동

1. to unpack / 解く、下ろす / 解开
여행을 다녀온 지 한참 되었는데 아직도 짐을 풀지 않았다.

2. to relieve (stress) / 晴らす / 缓解
스트레스를 풀기 위해 노래방에 갔다.

3. to realize (one's wish) / 遂げる、叶える / 实现
아버지께서 집을 사겠다는 소원을 푸셨다.

4. to solve (a problem) / (問題を)解く / 解答
그 학생은 짧은 시간 안에 문제를 풀었다.

5. to take (a rest) / 解きほぐす、リラックスする / 解除
나는 목욕을 하면서 피로를 푼다.

6. to relax / 解きほぐす、リラックスする / 松(气)
긴장을 풀고 편안한 마음으로 경기를 하는 것이 좋다.

풀리다
생각보다 일이 잘 풀려서 일찍 집에 갈 수 있게 되었다.

기출 회차 25, 23, 22, 21, 19, 17, 16회

품질 (品質) 명

quality / 品質 / 质量
이 회사의 물건은 품질이 좋아서 사람들이 많이 찾는다.

기출 회차 24, 20, 19회

풍부하다 (豊富--) 형

to be abundant / 豊富だ / 丰富
과일은 비타민이 풍부하다.

기출 회차 25, 24, 21, 19, 17회

풍요롭다 (豊饒--) 형

to be rich / 豊かだ / 富饶
돈을 많이 벌어서 풍요로운 생활을 할 수 있게 되었다.

풍요로움
예술 작품은 마음에 풍요로움을 가져다준다.

기출 회차 24, 16회

피다
동

to bloom / 咲く / 开
무궁화 꽃이 피었다.

기출 회차 25, 19, 16회

피로 (疲勞)
명

fatigue / 疲労、疲れ / 疲劳
피로가 쌓이면 병이 나기 쉽다.

기출 회차 24, 23, 22, 20회

피부 (皮膚)
명

skin / 皮膚 / 皮肤
물을 많이 마셨더니 피부가 좋아졌다.

기출 회차 24, 17회

피하다 (避--)
동

1. to avoid / 避ける / 躲避
친구의 도움으로 위험을 피할 수 있었다.

2. to exclude / 避ける、雨宿りする / 避(雨)
갑자기 내리는 비를 피하기 위해 카페에 들어갔다.

3. to avoid / 避ける / 背(人)
아버지의 눈을 피해 친구들과 놀러 다녔다.

기출 회차 24, 23, 21, 20, 18, 17, 16회

피해 (被害)
명

harm, damage / 被害 / 损失
홍수 피해를 입지 않도록 미리 주변을 살펴보시기 바랍니다.

기출 회차 25, 24, 23, 22, 21, 20, 19, 18, 17, 16회

필수 (必須)
명

necessariness / 必須 / 必不可少
여행을 갈 때는 사진기가 필수이다.

기출 회차 18, 16회

하마터면
부

almost, nearly / 危うく / 差一点
운전을 하면서 전화를 받다가 하마터면 사고가 날 뻔했다.

기출 회차 22, 19, 16회

학부모(學父母)
명

school parent / 学生の父母 / 家长
학생들의 안전을 위한 학부모 모임이 생겼다.

기출 회차 21, 19, 16회

학습(學習)
명

study / 学習 / 学习
학습 환경은 성적과 밀접한 관련이 있다.

기출 회차 24, 23, 22, 21, 19, 18, 16회

학자(學者)
명

scholar / 学者 / 学者
언니는 유명한 학자가 되는 것이 꿈이다.

기출 회차 22, 20회

한계(限界)
명

limit(s), limitation(s) / 限界 / 局限
인간의 능력에는 한계가 있다.

기출 회차 24, 21, 20, 16회

한참
명

a good while / しばらく、ずっと / 许久
그 남자는 한참 동안 말이 없었다.

기출 회차 25, 24, 22, 21, 19, 18, 16회

할인 (割引)
명

discount / 割引 / 打折
생일에 놀이공원에 가면 할인을 받을 수 있다.

할인율
대형할인점은 할인율이 높아서 손님이 많다.

할인되다
쿠폰이 있으면 10% 할인된다.

할인하다
단체로 가면 박물관 입장료의 5%를 할인해 준다.

기출 회차 24, 23, 22, 19, 18, 17회

함부로
부

thoughtlessly / むやみに、やたらに、みだりに / 隨意
쓰레기를 아무 데나 함부로 버리면 안 된다.

기출 회차 23, 20, 19, 18, 17회

합격하다 (合格--)
동

to pass, to get through / 合格する、受かる / 合格
좋은 성적으로 대학에 합격했다.

합격자
합격자 발표는 이번 달 23일에 한다.

기출 회차 22, 20, 17회

합리적 (合理的)
관
명

to be reasonable / 合理的 / 合理
물건을 구매할 때는 합리적 판단이 필요하다.
소비자는 합리적인 소비를 해야 한다.

기출 회차 20, 16회

합치다 (合--)
동

to put together / 合わせる / 湊(钱)
친구와 돈을 합쳐서 방을 구했다.

기출 회차 25, 24, 23회

해결 (解決) 명

settlement, solution / 解決 / 解决
그 문제의 해결 방법을 찾기 위해 전문가가 나섰다.

해결책
별다른 해결책을 찾지 못해 아직까지 고민 중이다.

해결되다
일이 잘 해결되어서 다행이다.

해결하다
이 일은 나 혼자서도 해결할 수 있다.

기출 회차 24, 23, 22, 21, 20, 19, 18, 17, 16회

해롭다 (害--) 형

to be harmful / 有害だ、悪い / 危害
밥을 먹지 않고 술을 지나치게 마시는 것은 건강에 해롭다.

해로움
담배의 해로움은 모두 알고 있는 사실이다.

기출 회차 21, 19, 16회

해소하다 (解消--) 동

to solve / 解消する / 缓解
정부가 교통 문제를 해소할 방법을 찾고 있다.

해소법
나의 스트레스 해소법은 애니메이션을 보는 것이다.

기출 회차 23, 22, 16회

해치다 (害--) 동

to damage / 損なう / 危害
담배를 피우면 가족의 건강도 해칠 수 있다.

기출 회차 25, 21, 20회

핵심 (核心) 명

core / 核心 / 核心
시험 전에는 핵심 내용을 중심으로 공부를 해야 한다.

기출 회차 24, 19, 17회

행동 (行動)
명

conduct / 行動 / 行动
어른들 앞에서는 행동을 조심해야 한다.

행동하다
내 동생은 가끔 어른처럼 행동한다.

기출 회차 25, 24, 23, 22, 21, 20, 19, 18, 17, 16회

행사 (行事)
명

event / 行事、イベント / 活动
백화점은 고객을 끌기 위해 다양한 행사를 연다.

행사장
행사가 끝나고 행사장에서 나가려는 사람들로 출입구가 복잡하다.

기출 회차 25, 22, 21, 20, 19, 18, 17, 16회

향상 (向上)
명

improvement / 向上 / 提高
말하기 실력의 향상을 위해 매일 한국 사람과 이야기했다.

향상되다
꾸준히 운동했더니 운동 능력이 향상되었다.

향상시키다
예술은 삶의 질을 향상시킨다.

기출 회차 25, 24, 19, 18, 17회

향수 (香水)
명

perfume / 香水 / 香水
그 남자는 손수건에 향수를 뿌려서 가지고 다닌다.

기출 회차 21, 16회

연습 문제

※ [1~4] 다음 (   )에 알맞은 것을 고르십시오.

1 과학 프로그램을 보고 평소에 가지고 있었던 궁금증이 (   ).
① 확인됐다   ② 파악됐다   ③ 실행됐다   ④ 해소됐다

2 언니는 항상 여성스럽게 (   ).
① 지원한다   ② 계획한다   ③ 행동한다   ④ 주의한다

3 한국에서는 5월에 가족들을 위한 (   )가 많다.
① 개최   ② 행사   ③ 검사   ④ 강요

4 자연 재해로 (   )를 입지 않도록 항상 대비해야 한다.
① 결과   ② 한계   ③ 피해   ④ 조치

※ [5~10] 다음 밑줄 친 부분과 의미가 비슷한 것을 고르십시오.

5 이 글에서는 <u>핵심</u> 내용을 찾기가 어렵다.
① 주위   ② 필요   ③ 주요   ④ 주변

6 그 가게에서는 현금으로 물건을 사면 가격의 10퍼센트를 <u>할인해</u> 준다.
① 깎아   ② 올려   ③ 늘려   ④ 줄여

7 동생과 힘을 <u>모아서</u> 그 문제를 해결했다.
① 맡겨서   ② 합쳐서   ③ 빌려서   ④ 받아서

8 나이가 많다고 어린 사람을 <u>막</u> 대하면 안 된다.
① 함부로   ② 가까이   ③ 열심히   ④ 저절로

정답 1.④ 2.③ 3.② 4.③ 5.③ 6.① 7.② 8.①

9 운전을 하면서 졸다가 <u>하마터면</u> 큰일 날 뻔했다.
　① 별로　　② 아마　　③ 혹시　　④ 자칫

10 아이가 귀여워서 <u>오랫동안</u> 쳐다봤다.
　① 한참　　② 순간　　③ 잠깐　　④ 평소

※ [11~12] 다음 (　　)에 공통적으로 들어갈 단어를 고르십시오.

11
　긴장을 (　　) 숨을 크게 쉬었다.
　이 문제는 (　　) 어려운 문제이다.
　친구의 화를 (　　) 위해 편지를 썼다.

　① 풀다　　② 열다　　③ 보다　　④ 내다

12
　가까스로 사고를 (　　).
　비를 (　　) 가게에 들어갔다.
　돈을 빌려간 친구가 나를 (　　) 것이 느껴진다.

　① 줄이다　　② 피하다　　③ 만나다　　④ 비키다

※ [13~15] 다음 밑줄 친 부분과 의미가 <u>반대인</u> 것을 고르십시오.

13 비가 온 다음에는 꽃이 많이 <u>진다</u>.
　① 핀다　　② 숨는다　　③ 시든다　　④ 떨어진다

14 의사의 처방 없이 약을 먹는 것은 몸에 <u>해로울</u> 수 있다.
　① 외로울　　② 새로울　　③ 괴로울　　④ 이로울

15 건강을 <u>지키기</u> 위해서는 꾸준한 운동이 필요하다.
　① 살피기　　② 해치기　　③ 망치기　　④ 때리기

정답　9. ④　10. ①　11. ①　12. ②　13. ①　14. ④　15. ②

향하다 (向--)
동

to head for / 向かう / 朝着
달리는 기차를 향해 손을 흔들었다.

기출 회차 25, 24, 22, 21, 19회

허락 (許諾)
명

permission / 許し、許可 / 允许
교실을 사용해도 좋다는 학교의 허락을 받았다.

허락하다
부모님께서 여자 친구와의 결혼을 허락하셨다.

기출 회차 20, 17회

현대 (現代)
명

modern times / 現代 / 现代
현대 여성의 삶은 예전과 많이 달라졌다.

현대미술
7월부터 현대미술 전시회가 있다.

현대인
휴대전화는 현대인의 필수품이 되었다.

현대적
이 건물은 현대적인 시설을 갖추고 있다.

기출 회차 25, 24, 22회

현명하다 (賢明--)
형

to be wise / 賢い / 明智
너라면 이 일을 현명하게 잘 처리할 것이라고 믿는다.

기출 회차 25, 24, 18, 16회

현상 (現象)
명

phenomenon / 現象 / 现象
지구 온난화 현상으로 생태계가 파괴되고 있다.

기출 회차 25, 24, 21, 20, 18회

현실 (現實)
명

reality / 現実 / 现实
선생님이 되겠다던 꿈이 현실이 되었다.

현실성
그 드라마는 현실성이 너무 떨어져서 사람들의 비판을 받았다.

현실적
우주 여행을 하는 것이 현실적으로 가능해졌다.

현실화
외국에 있는 친구와 실시간으로 대화하는 것이 현실화되었다.

기출 회차 25, 23, 22, 20, 18, 16회

현장 (現場)
명

1. scene (of the accident) / 現場 / 现场
교통사고 현장에 경찰차와 구급차가 도착했다.

2. field (of construction) / 現場 / 现场
공사 현장에서는 안전이 제일 중요하다.

기출 회차 25, 22, 21, 19, 18, 17, 16회

현황 (現況)
명

present condition / 現況 / 现况
기자가 폭우로 인한 피해 현황을 전했다.

기출 회차 25, 21, 19회

협조 (協助)
명

cooperation / 協力、助け合い / 协助
시민들의 적극적인 협조로 무사히 영화 촬영을 마쳤다.

협조하다
학교에서 동아리 행사에 협조해 주기로 했다.

기출 회차 21, 18회

혜택 (惠澤)
명

benefit / 恵み / 优惠
백화점 회원에게는 여러 가지 혜택이 있다.

기출 회차 22, 19, 16회

호기심 (好奇心)
명

curiosity / 好奇心 / 好奇心
아이들은 호기심이 많아서 항상 질문을 한다.

기출 회차 23, 20, 18회

혹시 (或是)
부

1. by any possibility / 万一、ひょっとして / 即使
혹시 실패하더라도 포기하지 마세요.

2. by any chance / もしも、ひょっとして / 如果
혹시 이 근처를 지나갈 일이 있으면 한번 들렀다 가세요.

3. maybe / もしかすると / 或许
혹시 전에 대구에 있는 학교에서 일하시던 분 아니세요?

기출 회차 25, 24, 23, 22, 21, 20, 19, 18, 17, 16회

혼란 (混亂)
명

confusion / 混乱 / 混乱
꿈과 현실이 구분되지 않아 혼란을 겪었다.

기출 회차 25, 19회

홍보 (弘報)
명

publicity / 広報 / 宣传
새로 나온 제품의 홍보를 위한 광고를 만들었다.

홍보하다
드라마를 통해 제품을 홍보하는 경우가 많다.

기출 회차 25, 23, 22, 21, 20, 17, 16회

홍수 (洪水)
명

flood / 洪水 / 洪水
홍수로 집과 차가 물에 잠겼다.

기출 회차 24, 21회

화려하다 (華麗--)
형

to be splendid / 華麗だ / 华丽
어머니는 화려한 색의 옷을 좋아하신다.

기출 회차 22, 17, 16회

화면 (畫面)
명

picture / 画面 / 画面
텔레비전 화면이 선명하게 나오지 않는다.

기출 회차 21, 20, 17, 16회

화재(火災)
명

fire / 火災 / 火灾
화재로 집과 공장이 모두 불타 버렸다.

기출 회차 24, 22, 20, 17, 16회

화제(話題)
명

topic / 話題 / 话题
목숨을 걸고 아이를 구한 청년이 화제가 되고 있다.

기출 회차 25, 24, 23, 21, 19, 16회

확대하다(擴大--)
동

to expand / 拡大する / 扩大
공사장에 안전시설을 확대할 예정이다.

확대되다
내년부터 정부의 교육 지원이 확대된다.

기출 회차 25, 21, 18회

확률(確率)
명

probability / 確率 / 概率
담배를 피우는 사람은 암에 걸릴 확률이 높다.

기출 회차 22, 18회

확실히(確實-)
부

certainly / 確実に / 确实
그 약은 확실히 효과가 있었다.

확실하다
작년에 출제되었던 문제이니까 확실하게 공부해 두기를 바란다.

기출 회차 23, 22, 20회

확인(確認)
명

identification / 確認 / 确认
그 건물에 들어가려면 신분증 확인이 필요하다.

확인하다
여행을 가기 전에 빠진 물건이 없는지 확인해야 한다.

기출 회차 24, 23, 22, 21, 20, 19, 18, 17, 16회

환경 (環境)
명

1. environment / 環境 / 环境
개발보다 환경을 보호하는 것이 더 중요하다.

2. environment / 環境 / 环境
주위 환경이 성격에 많은 영향을 미친다.

환경오염
자동차로 인한 환경오염이 심각하다.

환경적
환경적 요인 때문에 탈모가 생길 수 있다.

기출 회차 25, 24, 23, 22, 21, 19, 18, 17, 16회

환영 (歡迎)
명

welcome / 歡迎 / 欢迎
대학교에서 신입생 환영을 위한 행사를 열었다.

환영하다
우리 집에 오신 것을 환영합니다.

기출 회차 24, 23, 22, 16회

환자 (患者)
명

patient / 患者 / 患者
날씨가 추워서 그런지 감기 환자가 꾸준히 늘고 있다.

기출 회차 25, 24, 22, 21, 17, 16회

활동 (活動)
명

1. activity / 活動 / 活動
장마 때문에 야외 활동이 어렵다.

2. activity / 活動 / (服务)活动
우리 누나는 봉사 활동을 꾸준히 하고 있다.

활동량
겨울에는 활동량이 많지 않아서 살이 찌기 쉽다.

활동하다
고양이는 밤에 주로 활동한다.

기출 회차 25, 24, 23, 22, 21, 20, 18, 17회

활발하다 (活潑--)
형

to be active / 活発だ / 活泼
우리 형은 성격이 활발하다.

활발히
신기술을 개발하기 위한 연구가 활발히 진행되고 있다.

기출 회차 25, 24, 22, 21, 17회

활용 (活用)
명

application / 活用 / 应用
내 동생은 컴퓨터 활용 능력이 좋다.

활용도
작은 테이블은 활용도가 높다.

활용되다
노래가 언어교육 자료로 활용되기도 한다.

활용하다
가구 배치를 잘 하면 공간을 넓게 활용할 수 있다.

기출 회차 25, 24, 23, 21, 20, 19, 17회

연습 문제

※ [1~9] 다음 (　　　)에 알맞은 것을 고르십시오.

1 아이들이 바다를 (　　　) 달리기 시작했다.
① 넘어　　② 취해　　③ 향해　　④ 내려

2 (　　　) 사람은 기회를 놓치지 않는다.
① 다양한　　② 복잡한　　③ 고유한　　④ 현명한

3 오늘은 박물관으로 (　　　) 학습을 가는 날이다.
① 현장　　② 취미　　③ 전시　　④ 안내

4 보고서를 쓰기 위해 농촌의 인구 (　　　)을 조사했다.
① 성적　　② 현황　　③ 걱정　　④ 요인

5 새롭게 바뀐 정책은 국민들에게 (　　　)을 주었다.
① 혼란　　② 습관　　③ 특징　　④ 인상

6 시험지를 내기 전에 잘못 쓴 것이 없는지 다시 한 번 (　　　) 것이 좋다.
① 주장하는　　② 제출하는　　③ 긴장하는　　④ 확인하는

7 신입사원을 (　　　) 뜻으로 오늘 회식을 하기로 했다.
① 대신하는　　② 완성하는　　③ 환영하는　　④ 감동하는

8 출판사에서 새로 나온 책을 (　　　) 위해 출판 기념행사를 열었다.
① 요구하기　　② 홍보하기　　③ 질문하기　　④ 보장하기

정답: 1.③ 2.④ 3.① 4.② 5.① 6.④ 7.③ 8.②

9 아버지께서는 친구의 집에서 자는 것을 절대 (　　　)하지 않으셨다.
　① 인식　　② 담당　　③ 허락　　④ 교환

※ [10~12] 다음 밑줄 친 부분과 의미가 비슷한 것을 고르십시오.

10 쌀을 씻은 물을 <u>활용해서</u> 설거지를 했다.
　① 예측해서　② 이용해서　③ 적용해서　④ 설치해서

11 사람들이 많이 가는 것을 보니 <u>틀림없이</u> 이 길이 맞는 것 같다.
　① 확실히　② 우연히　③ 여전히　④ 특별히

12 <u>혹시</u> 그 사람이 이곳에 오면 저에게 꼭 전화해 주세요.
　① 가끔　② 과연　③ 물론　④ 만약

※ [13~15] 다음 밑줄 친 부분과 의미가 <u>반대인</u> 것을 고르십시오.

13 아무 일도 하지 않고 집에서 쉰다는 것은 <u>꿈같은</u> 일이다.
　① 마음　② 현실　③ 생각　④ 미래

14 내 친구는 평소에 <u>단순한</u> 무늬의 옷을 즐겨 입는다.
　① 화려한　② 평범한　③ 비슷한　④ 심각한

15 나는 그 사건이 <u>확대되는</u> 것을 원하지 않는다.
　① 관련되는　② 축소되는　③ 이용되는　④ 연결되는

정답　9. ③　10. ②　11. ①　12. ④　13. ②　14. ①　15. ②

기출 속담 예문 (10회~25회)

소 잃고 외양간 고친다 [25회]

To lock the stable door after the horse is stolen.
後の祭り、泥棒を見て縄をなう(牛を盗まれてから、牛舎を修繕する。)
亡羊补牢

가: 왜 그렇게 힘이 없어요?
나: 요즘 부모님 생각이 많이 나네요. 살아 계셨을 때 좀 더 잘해드렸어야 했는데 늘 걱정만
    시켜드린 것 같아서 마음이 아파요.
가: <u>소 잃고 외양간 고친다</u>는 말처럼 부모님이 돌아가신 후에는 후회해도 소용이 없어요.

원숭이도 나무에서 떨어진다 [25회]

Even Homer sometimes nods.
猿も木から落ちる
人有失手, 马有失蹄。(猴子也有失手的时候。)

가: 어제 방송을 보니까 아나운서가 발음을 잘못하더라고요.
나: 그래요? <u>원숭이도 나무에서 떨어진다</u>는데 아나운서도 사람이니까 실수를 할 때가 있겠지요.

고래 싸움에 새우 등 터진다 [25회]

An innocent bystander gets hurt in a fight.
けんかのそば杖になる(鯨のケンカにエビの背中が裂ける。)
龙虎相斗, 鱼虾遭殃; 城门失火, 殃及池鱼。

　　요즘 대형 할인점들이 서로 경쟁하듯 가격을 내리고 있다. <u>고래 싸움에 새우 등 터지듯</u> 대형
할인점들의 가격 경쟁으로 동네의 작은 가게들만 피해를 입고 있다.

개구리 올챙이 적 생각 못한다 [25회]

It is old cow's notion that she never was a calf.
初心忘れるべからず(蛙は、おたまじゃくしの頃のことを思い出せぬ。)
得了金饭碗, 忘了叫街时, 得鱼忘筌；(青蛙忘了蝌蚪时。)

가: 아까 김 과장이 나한테 하는 행동을 보셨어요?
나: 아니요, 무슨 일 있었어요?
가: 신입사원 때에는 일 좀 가르쳐 달라고 매일 찾아오더니 <u>개구리 올챙이 적 생각 못한다</u>고
    이제는 보고 인사도 안 하네요.

말 속에 뼈가 있다 `24회`

There is something to be considered in what he says.
何気ない言葉の中に真意がひそんでいることを意味する。(言葉に骨がある。)
话中带刺儿/ 话里有话。

가: 어머니가 친구들이 모두 홍콩 여행을 가서 심심하다고 하시네.
나: 말 속에 뼈가 있다고 어머니도 가고 싶으신 게 아닐까?
가: 그러면 우리도 다음에 여행을 보내 드려야겠다.

앓던 이가 빠진 것 같다 `24회`

Feel sudden relief.
悩みが無くなってすっきりした気持ちをたとえる。(傷んでいた歯が抜けたようだ。)
如释重负，除去心病。

가: 발표는 잘 했어요?
나: 너무 긴장해서 어떻게 발표를 했는지 잘 모르겠어요.
가: 그래도 끝나서 좋겠어요.
나: 네, 잘했든 못했든 일단 발표를 끝내고 나니까 앓던 이가 빠진 것 같이 시원하네요.

입에 쓴 약이 병에는 좋다 `24회`

Bitter pills may have blessed effects.
良薬は口に苦し
良药苦口

가: 우리 엄마는 나만 보면 잔소리를 해.
나: 다 너를 위해서 하시는 말씀이잖아.
가: 나도 아는데 자꾸 들으니까 짜증이 나.
나: 원래 입에 쓴 약이 병에는 좋은 법이야.

윗물이 맑아야 아랫물이 맑다 `24회`

A servant is only as honest as his master.
上清ければ下濁らず(川上が澄んでこそ川下の水が澄む。)
上梁不正，下梁歪。(上水清，下水才能清。)

가: 아이들이 책은 안 읽고 텔레비전만 봐서 큰일이에요. 어떡하지요?
나: 그래요? 그럼, 민수 엄마는 집에서 책을 읽어요?
가: 집안일기도 바쁜데 책 읽을 시간이 어디 있어요?
나: 윗물이 맑아야 아랫물이 맑다고 먼저 책 읽는 모습을 보여 주세요. 그러면 아이들도 따라서 책을 읽게 될 거예요.

아는 길도 물어 가라 23회

Look before you leap.
念には念を入れ(知っている道でも聞いて行け。)
多问不吃亏。

가: 뭘 그렇게 열심히 보고 있어요?
나: 컴퓨터 사용 설명서요.
가: 영훈 씨는 컴퓨터를 아주 잘 다루는데도 사용 설명서를 읽어요?
나: 그럼요. <u>아는 길도 물어 가라</u>고 하잖아요.

믿는 도끼에 발등 찍힌다 23회

Trust makes way for treachery.
飼い犬に手を噛まれる(信じている斧に足の甲を切られる。)
信斧斩足(你所信任的斧头劈你脚背。)

가: 은행 직원이 고객의 돈을 마음대로 썼다고 하더라고요.
나: 고객은 은행을 믿고 돈을 맡기는 건데 <u>믿는 도끼에 발등 찍혔네요</u>.

열 번 찍어 안 넘어 가는 나무 없다 23회

Little strokes fell great oaks.
あきらめずに挑戦すると必ず成功するという意味。(10回切って倒れない木はない。)
人不经百语,柴不经百斧。

가: 그 고객은 설득하기가 너무 어려워서 계약이 힘들 것 같아.
나: <u>열 번 찍어 안 넘어가는 나무 없다</u>니까 더 노력해 봐. 원래 한두 번 해서는 성공하기 어려워.

오르지 못할 나무는 쳐다보지도 마라 23회

Do not let it dwell in the mind what you cannot obtain.
身の程を知れ(登れない気は見上げるな。)
量力而行(爬不上去的树最好连看也别看--指不要好高骛远。)

가: 이번에 들어온 신입 사원이 머리도 좋고, 집안도 좋고, 잘생겼다더라.
가: 그래? 그럼 내가 한 번 만나자고 해 볼까?
나: 꿈도 꾸지 마. 사장님 아들이라는 소문도 있어. <u>오르지 못할 나무는 쳐다보지도 마</u>.

겉 다르고 속 다르다 『22회』

He says one thing and means another.
本音と建前が違う(表と裏が異なる。)
表里不一

가: 오늘 회식하는 거 알지요? 내가 한턱내는 거니까 모두 빠지지 말고 오세요.
나: 역시 부장님밖에 없습니다. 제가 좋은 식당을 알아보겠습니다.
가: 그래요. 그럼 영훈 씨에게 부탁 좀 할게요. 이따가 봅시다.
다: 영훈 씨, 아까는 피곤해서 회식을 안 했으면 좋겠다고 하지 않았어요? 너무 <u>겉 다르고 속 다르게</u> 행동하는 거 아니에요?

배보다 배꼽이 더 크다 『22회』

It is the tail wagging the dog.
本末転倒(腹よりもへそが大きい)
本末倒置(肚脐眼比肚子还大。)

가: 10원짜리 동전을 만드는 데 40원이나 들어간대요.
나: 그래요? <u>배보다 배꼽이 더 크네요</u>.

말 한마디로 천 냥 빚 갚는다 『22회』

A soft answer turns away wrath.
言葉使いはとても大切だという意味。(一言で千両の借金をを返す。)
一句话抵千两债，喻会说话、说好话有多重要。

가: 차는 수리를 맡겼고요. 수리비가 나오면 다시 연락드리겠습니다. (뚝)
나: 누구랑 통화한 거야? 차 산 지 얼마 안 됐잖아. 수리 맡긴 거야?
가: 다른 차가 와서 조금 부딪쳤는데 그냥 넘어가려고 하다가 그 사람 태도가 너무 기분 나빠서 수리비를 받기로 했어. <u>말 한마디로 천 냥 빚 갚는다고</u> 그 사람이 사과만 했어도 그냥 넘어갔을 텐데……

보기 좋은 떡이 먹기에도 좋다 『22회』

Names and natures do often agree.
見かけも大事(形がよいお餅は食べる時もよい、美味しい。)
好看的年糕也好吃。

가: 뭘 하고 있어요?
나: 여자 친구에게 줄 선물을 포장하고 있어요.
가: 선물만 좋으면 됐지 뭘 그렇게 열심히 포장해요?
나: <u>보기 좋은 떡이 먹기에도 좋다고</u> 포장이 예쁘면 받는 사람 기분이 더 좋을 것 같아서요.

등잔 밑이 어둡다 21회

The beacon does not shine on its own base.
灯台下暗し
灯下不明

가: 좋은 사람 있으면 소개 좀 해 주세요.
나: 멀리서 찾지 말고 우리 회사 안에서 찾아보세요. 등잔 밑이 어둡다는데 가까운 곳에 좋은 사람이 있을지 누가 알아요?

공든 탑이 무너지랴 21회

A man's labors will be crowned with success.
力を尽くしやったことはその結果が必ずしも無駄ではないことのたとえ。(念を入れて積んだ塔は崩れるはずがない。)
老天不负苦心人。

가: 내일 발표를 잘할 수 있을지 모르겠어요.
나: 너무 걱정하지 마세요. '공든 탑이 무너지랴' 라는 말도 있잖아요. 열심히 준비하셨으니까 잘하실 수 있을 거예요.

아니 땐 굴뚝에 연기 나랴 21회

Where there's smoke, there's fire.
火のないところに煙は立たぬ
无风不起浪。(烟囱不会无故冒烟。)

가: 그 소문 들었어요? 영화배우 김민수와 이수진이 결혼한대요.
나: 정말이요? 전에 TV에 나와서 서로 아무 사이 아니라고 했잖아요.
가: 아니 땐 굴뚝에 연기 나겠어요? 두 사람 사이에 무슨 일이 있었으니까 그런 소문이 났었겠지요.

돌다리도 두들겨 보고 건너라 21회

Look before you leap.
非常に用心深いことのたとえ。(石橋をたたいて渡れ。)
石桥也要敲着过，喻三思而后行。

가: 제가 이번에 장사를 시작해 볼까 해요.
나: 그래요? 장사를 하려면 준비할 게 많을 텐데 잘 알아보고 있어요?
가: 네. 안 그래도 여기저기에서 정보를 얻고 있어요.
나: 주변에 장사하는 사람들에게도 조언을 구해 보세요. 돌다리도 두들겨 보고 건너라고 하잖아요.

싼 게 비지떡이다 `20회`

You get what you pay for.
安いものはおから入りの餅だ(安物買いの銭失い。)
便宜没好货。

가: 못 보던 가방인데 새로 샀어요?
나: 네, 전에 산 가방이 찢어져 버렸어요.
가: 어머! 그 가방 산 지 얼마 안 됐잖아요?
나: 네, 시장에서 싸게 팔아서 샀는데 역시 싼 게 비지떡이더라고요. 한 달도 안 됐는데 찢어졌어요.

남의 떡이 더 커 보인다 `20회`

The grass is always greener on the other side of the fence.
隣の芝生は青い(他人のお餅がより大きく見える。)
这山望着那山高。

가: 자장면 맛있어요?
나: 네, 맛있네요.
가: 저도 자장면을 시킬 걸 그랬나 봐요.
나: 짬뽕도 맛있어 보이는데 왜요?
가: 남의 떡이 더 커 보인다고 자장면이 더 맛있어 보이네요.

발 없는 말이 천 리 간다 `20회`

Bad news travels fast.
悪事千里を走る(足のない言葉が千里を行く。)
无足之言,飞于千里。

가: 결혼한다면서요? 축하해요.
나: 어제 결혼 날짜를 잡았는데 어떻게 알았어요?
가: 발 없는 말이 천 리 간다잖아요. 회사 사람들은 다 알고 있던데요.

말 한마디에 천 냥 빚 갚는다 `20회`

22회 참고

기출 속담 예문 (10회~25회)

수박 겉 핥기 19회

Superficiality, shallowness.
内実や本質を見抜けないまま表面的に事を行うという意味。(スイカの皮舐め。)
一知半解

가: 시험 잘 봤어요?

나: 아니요, 잘 못 봤어요.

가: 책을 처음부터 끝까지 다 읽었다고 했잖아요. 그런데 왜요?

나: 읽기는 다 읽었죠. 그런데 수박 겉 핥기였나 봐요. 시험지를 보니까 하나도 생각이 안 나더라고요.

식은 죽 먹기 19회

That's a piece of cake.
朝飯前(冷めたお粥を食べること。)
(像喝凉粥似的。)易如反掌

가: 저……. 영수 씨, 부탁이 있는데요. 제가 내일 회사에서 출장을 가는데 우리 집 강아지를 하루만 맡아 줄 수 있어요?

나: 아, 알겠어요. 그게 뭐 어려운 일이라고. 그 정도쯤은 식은 죽 먹기죠. 제가 잘 돌봐 줄 테니까 걱정하지 말고 다녀오세요.

도토리 키 재기 19회

They are of more or less the same average ability.
どんぐりの背比べ
矬子里头选将军。

가: 영훈이하고 민재가 뭐 하고 있지?

나: 아까부터 둘이 누구 성적이 더 나은지 이야기하더라고.

가: 응? 내가 보기에는 둘 다 비슷비슷해서 도토리 키재기인 것 같은데……. 둘 다 성적이 좋지 않잖아.

계란으로 바위 치기 19회

The elephant does not feel a flea bite.
タマゴで岩打ち(やっても無駄なことのたとえ。)
以卵击石

가: 세계 대회에 나가려고 준비한다는 선수가 저 사람이에요.

나: 저 선수는 경험이 부족하지 않아요? 그 대회에는 세계적으로 인정받는 선수들이 많이 나온다는데 계란으로 바위 치기 아닐까요?

산 넘어 산   18회

Out of the frying pan into the fire.
一難去ってまた一難(山越えてまた山。)
山外有山

가: 오늘도 일이 많아서 야근을 해야 해요. 일찍 퇴근해 본 게 언제인지 모르겠어요.
나: 힘드시겠어요. 너무 무리하면 건강을 해칠 수 있으니까 좀 쉬면서 일하세요.
가: 쉬기는요. 다음 주에는 출장까지 겹쳤어요. 산 넘어 산이랍니다.

티끌 모아 태산   18회

Many drops make a shower.
ちりも積れば山となる
积少成多

가: 동전이 왜 이렇게 많아요?
나: 전자사전을 사려고 동전을 모으는 거예요.
가: 그렇게 해서 언제 전자사전을 사겠어요?
나: 티끌 모아 태산이라고 지난번에 산 자전거도 이렇게 해서 샀어요.

하늘의 별 따기   18회

Like getting blood from a stone.
どんなに努力を傾注しても達成しにくい場合をたとえる。(天の星摘み。)
上天摘星(比喻十分困难的事情。)

가: 축하해요. 취직했다면서요?
나: 네, 고마워요. 다음 주부터 출근하기로 했어요.
가: 그 회사는 지원하는 사람이 많아서 들어가기가 하늘의 별 따기만큼 어렵다던데 정말 대단하네요.

천 리 길도 한 걸음부터   18회

Step by step one goes a long way.
千里の道も一歩から
千里之行, 始于足下.

가: 지수 씨는 어떻게 다이어트를 했어요?
나: 먹는 음식을 줄이고 매일 두 시간씩 걸었더니 살이 많이 빠졌어요.
가: 저도 운동을 하면 지수 씨처럼 날씬해질 수 있을까요?
나: 그럼요. 천 리 길도 한 걸음부터라고 지금부터 매일 운동을 해 보세요.

식은 죽 먹기 　17회

19회 참조

쇠귀에 경 읽기 　17회

Preaching to deaf ears.
馬の耳に念仏(牛の耳に経をよむ。)
对牛弹琴

가: 너는 왜 매일 술을 마시고 다니는 거야? 쇠귀에 경 읽기도 아니고, 그렇게 매일 마시면 몸 상한다고 얼마나 더 얘기해야 알아듣겠니?
나: 엄마, 알았으니까 그만 하세요. 제가 알아서 할게요.

긁어 부스럼 만들기 　17회

Wake a sleeping wolf.
藪をつついて蛇を出す(掻いて吹き出物を作る。)
没事找事, 自讨苦吃。

　학교 폭력 문제를 근본적으로 해결하려면 학교 측의 적극적인 대응이 가장 필요하다. 하지만 학교 내에서 폭력이 발생하면 학교 측에서는 감추기에 바쁘다. 괜히 긁어 부스럼 만들지 않을까 해서 숨기는 것이다.

소 잃고 외양간 고치기 　17회

25회 참조

부모만한 자식 없다 `16회`

Any child is not better than parent.
子供がいくら親を愛しても親の子供への愛情には敵わないという意味。
子女爱父母永远不及父母爱子女。

가: 진우 씨가 부모님을 못 모시겠다고 했다지요?
나: 부모님은 진우 씨를 공부시키기 위해서 집도 팔았다고 들었는데 어떻게 그럴 수가 있지요?
가: 그래서 부모만한 자식 없다고 하나 봐요.

실패는 성공의 어머니 `16회`

Failure is a wonderful teacher.
失敗は成功の母
失败是成功之母。

가: 어떻게 됐어? 합격했어?
나: 아니. 떨어졌어.
가: 너무 실망하지 마. 실패는 성공의 어머니라고 하잖아. 이번 실패의 경험을 바탕으로 더 열심히 노력하면 분명히 좋은 결과가 있을 거야.

필요는 발명의 어머니 `16회`

Necessity is the mother of invention.
必要は発明の母
需要是发明的原动力。

　평생 실패만 한 발명가가 빚을 갚기 위해서 백화점에서 청소하는 일을 했다. 그런데 카펫에서 나오는 먼지 때문에 기관지염에 걸리고 말았다. 그래서 발명가는 선풍기 모터를 이용해서 먼지를 빨아들이는 청소기를 발명했다. 이렇듯 필요는 발명의 어머니라고 할 수 있다.

자식 이기는 부모 없다 `16회`

Parents have a soft spot for their children.
子供が本当にやりたいことなら親は結局賛成するという意味。(子共に勝つ親はいない。)
天下没有赢得了儿女的父母。

가: 웬 고양이예요?
나: 우리 집에서 키우는 고양이예요.
가: 집에서 키운다고요? 동물을 싫어한다고 했잖아요?
나: 그랬지요. 그런데 자식 이기는 부모 없다고 아이들이 며칠을 밥도 안 먹고 졸라서 하는 수 없이 키우기로 했어요.

시간은 금   15회

Time is gold.
時は金なり
时间就是金钱。

가: 지선 씨는 항상 시간을 아껴 쓰는 것 같아요.
나: 아버지를 보고 배워서 그런가 봐요. 어렸을 때부터 아버지께서 늘 <u>시간은 금</u>이라고 하셨거든요.

그림의 떡   15회

Pie in the sky.
高嶺の花(絵に描いた餅)
画中之饼

가: 이번 휴가 때 뭐 할 거예요?
나: 휴가는 무슨……. 일이 많아서 휴가를 못 갈 것 같아요.
가: 그렇게 일이 많아요?
나: 네. 휴일에도 일하는 저에게 휴가는 '<u>그림의 떡</u>'이에요.

시간이 약   15회

Time heals all wounds.
どんなに辛いことも時間が経てば消えうせるという意味。(時間が薬だ。)
时间就是药。

친구야, 너무 슬퍼하지 마. 지금은 좀 힘들어도 시간이 지나면 모두 잊을 수 있을 거야. <u>시간이 약</u>이라고 하잖니? 힘내!

싼 게 비지떡   15회

20회 참고

발 없는 말이 천 리 간다 `14회`

20회 참고

호랑이도 제 말 하면 온다 `14회`

Speak of the devil, and he will appear.
噂をすれば影をさす(虎も自分の話をすると現れる。)
说曹操，曹操就到。

가: 규원 씨가 그 회사에 취직했다는 소식 들었어요?
나: 그렇게 열심히 준비를 하더니 정말 잘됐네요.
가: 그렇죠? 어! 호랑이도 제 말 하면 온다더니 저기 규원 씨가 오네요.

말 한마디로 천 냥 빚 갚는다 `14회`

22회 참고

가는 말이 고와야 오는 말이 곱다 `14회`

Nice words for nice words.
売り言葉に買い言葉(話しかける言葉が優しければ帰ってくる言葉も優しい。)
你敬我一尺，我敬你一丈。(去有好言来有好语。)

가: 영훈 씨하고 다퉜어요?
나: 가는 말이 고와야 오는 말이 고운 법인데 영훈 씨가 자꾸 기분 나쁘게 이야기하니까 저도 말이 좋게 안 나오더라고요.

시작이 반 　　　　　　　　　　　　　　　　　　　　　　　13회

Well begun is half done.
とにかく始めさえすれば、半ば成功したようなものだという意味。(始まりが半分だ。)
良好的开端是成功的一半。

가: 아이가 다 컸으니까 일을 하고 싶은데 제가 할 수 있는 게 있을까요?
나: 일자리센터에 가서 등록부터 하세요. <u>시작이 반</u>이라고 하잖아요.

산 넘어 산 　　　　　　　　　　　　　　　　　　　　　　　13회

18회 참조

식은 죽 먹기 　　　　　　　　　　　　　　　　　　　　　　13회

19회 참조

티끌 모아 태산 　　　　　　　　　　　　　　　　　　　　　13회

18회 참조

꿩 대신 닭 12회

If you can't get a horse, ride a cow.
次善の策(キジの代わりに鶏。)
无牛捉了马耕田。(喻无优者退求其次。)

가: 맛이 어때요? 괜찮아요?
나: 맛있는데요. 이건 떡볶이는 아닌 것 같은데 뭐예요?
가: 원래 떡볶이를 하려고 했는데 떡이 없어서 꿩 대신 닭이라고 라면을 넣어 만들었어요.

갈수록 태산 12회

Out of the frying pan into the fire.
一難去ってまた一難(行けば行くほど泰山だ。)
避坑落井(比喻躲过一害，又受一害。)

가: 그 이야기 들었어요? 김대성 씨가 다른 사람의 논문을 베껴 썼다면서요?
나: 네. 게다가 그 논문도 자기가 직접 쓴 게 아니라 다른 사람이 대신 써 준 거래요.
가: 정말요? 갈수록 태산이네요.

싼 게 비지떡 12회

20회 참고

가는 날이 장날 12회

That's bad timing.
偶然に何か予想外の悪いことに出くわすことを意味する。(行った日が市の日だ。)
来得早不如来得巧。(去的那天正好是赶集日。)

　며칠 전부터 매운탕이 먹고 싶어서 친구에게 제일 유명한 매운탕 집에 가자고 했다. 별로 먹고 싶지 않다는 친구에게 밥을 사 주겠다고 하고 식당에 데리고 갔다. 그런데 가는 날이 장날이라고 식당이 쉬는 바람에 먹지도 못하고 돌아왔다.

그림의 떡 11회

15회 참고

갈수록 태산 11회

12회 참고

싼 게 비지떡 11회

20회 참고

모르는 게 약 11회

Ignorance is bliss.
知らぬが仏(知らないのが薬だ。)
无知是福

가: 이걸 혜란이한테 말해 줘야 해, 말아야 해?
나: 내 생각에는 말하지 않는 게 좋을 것 같아.
가: 그렇지? 모르는 게 약이라는데.
나: 그래, 괜히 말했다가 긁어 부스럼 될지도 몰라.

우물 안 개구리 `10회`

He who is in hell knows not what heaven is.
井の中の蛙
井底之蛙

가: 규원 씨, 방학 동안 해외여행을 갔다 왔지요? 어땠어요?
나: 여행을 해 보니까 세상이 정말 넓다는 걸 느낄 수 있었어요. 그 동안 제가 얼마나 <u>우물 안 개구리</u>였는지 알게 되었어요.
가: 그래요. 그래서 새로운 경험을 해 보는 게 좋은 것 같아요.

땅 짚고 헤엄치기 `10회`

Swimming while touching the ground.
誰にも出来る非常にたやすい仕事や出来事を意味する。(地について泳ぐ。)
踩着地游泳。(比喻十拿九稳。)

가: 집에 손님이 오기로 했는데 할 줄 아는 음식이 없어서 걱정이에요.
나: 제가 도와 드릴 테니까 너무 걱정하지 마세요.
가: 소연 씨는 요리를 잘하니까 이런 일이 <u>땅 짚고 헤엄치기</u>겠네요.
나: 아니요, 저도 요리를 그렇게 잘하지는 못해요.

하늘의 별 따기 `10회`

18회 참고

밑 빠진 독에 물 붓기 `10회`

Shovel sand against the tide.
焼け石に水(底の抜けた釜に水を注ぐ。)
灌漏底之罐,填无底洞。

가: 민재 씨, 한 달에 얼마씩 저축해요?
나: 저축은 꿈도 못 꾸고 있어요.
가: 왜요? 월급 받아서 다 어디에 써요?
나: 월급을 받아도 집세와 생활비를 내고 나면 남는 게 하나도 없어요. 정말 <u>밑 빠진 독에 물 붓기</u> 같아요.